Roger Kusch / Der Vollrausch

Strafrechtliche Abhandlungen · Neue Folge

Herausgegeben von Dr. Eberhard Schmidhäuser
ord. Professor der Rechte an der Universität Hamburg

in Zusammenarbeit mit den Strafrechtslehrern der deutschen Universitäten

Band 53

Der Vollrausch

§ 323a StGB in teleologischer Auslegung

Von

Dr. Roger Kusch

Regierungsrat in der
Jugendvollzugsanstalt Adelsheim

DUNCKER & HUMBLOT / BERLIN

In die Reihe aufgenommen von
Prof. Dr. Eberhard Schmidhäuser

CIP-Kurztitelaufnahme der Deutschen Bibliothek

Kusch, Roger:
Der Vollrausch: § 323 a StGB in teleolog.
Auslegung / von Roger Kusch. — Berlin:
Duncker und Humblot, 1984.
(Strafrechtliche Abhandlungen; N. F., Bd. 53)
ISBN 3-428-05686-8

NE: GT

Gedruckt 1984 bei Berliner Buchdruckerei Union GmbH., Berlin 61
Printed in Germany

ISBN 3-428-05686-8

Herrn Prof. Dr. Eberhard Schmidhäuser danke ich für die Betreuung dieser Arbeit, besonders deshalb, weil er mir kritische Hilfe auch da zukommen ließ, wo er selbst eine andere Auffassung vertritt.

Roger Kusch

Inhaltsverzeichnis

4. Kapitel

5. Kapitel

Abkürzungen

aA	anderer Ansicht
aaO	am angegebenen Ort
aE	am Ende
aF	alte(r) Fassung
Anm.	Anmerkung
Art.	Artikel
AT	Allgemeiner Teil
B	Beilage
BA	Blutalkohol (zit. nach der Nummer des Bandes)
BAK	Blutalkoholkonzentration
BayObLG	Bayerisches Oberstes Landesgericht
BayObLG (St)	Entscheidungssammlung des BayObLG in Strafsachen
BGBl	Bundesgesetzblatt
BGH	Bundesgerichtshof
BGHSt	Entscheidungssammlung des BGH in Strafsachen
BR	Bundesrat
BT	Besonderer Teil / auch: Deutscher Bundestag (im Zusammenhang mit: Drucksache)
BVerfG	Bundesverfassungsgericht
BVerfGE	Entscheidungssammlung des BVerfG
DAR	Deutsches Autorecht
Diss.	Dissertation
DJ	Deutsche Justiz
DR	Deutsches Recht
DRiZ	Deutsche Richterzeitung
DStR	Deutsches Strafrecht
DZgesgerMed	Deutsche Zeitschrift für die gesamte gerichtliche Medizin
EGStGB	Einführungsgesetz zum Strafgesetzbuch vom 2. 3. 1974 (BGBl I S. 469)
Fn	Fußnote
GA	Goltdammer's Archiv für Strafrecht
GG	Grundgesetz
GS	Der Gerichtssaal
HRR	Höchstrichterliche Rechtsprechung
JA	Juristische Arbeitsblätter
Jg	Jahrgang

JR	Juristische Rundschau
JuS	Juristische Schulung
JW	Juristische Wochenschrift
JZ	Juristenzeitung
KG	Kammergericht
Lb	Lehrbuch
LM	Entscheidungen des BGH im Nachschlagewerk des BGH von Lindenmaier-Möhring
MDR	Monatsschrift für Deutsches Recht
mg	Milligramm
MSchrKrim	Monatsschrift für Kriminologie und Strafrechtsreform
MSchrKrimPsych	Monatsschrift für Kriminalpsychologie und Strafrechtsreform
mwN	mit weiteren Nachweisen
NJW	Neue Juristische Wochenschrift
NmilBl	Neue militärrechtliche Blätter (herausgegeben von H. Dietz, Berlin-Grunewald; erster und einziger Jahrgang: 1935/36)
NsRPfl	Niedersächsische Rechtspflege
NStZ	Neue Zeitschrift für Strafrecht
OLG	Oberlandesgericht
OLGSt	Entscheidungen der Oberlandesgerichte zum Straf- und Strafverfahrensrecht
OWiG	Ordnungswidrigkeitengesetz
RG	Reichsgericht
RGBl	Reichsgesetzblatt
RGSt	Entscheidungssammlung des RG in Strafsachen
Rn	Randnummer
SchlHA	Schleswig-Holsteinische Anzeigen
StGB	Strafgesetzbuch
StÄndG	Strafrechts-Änderungsgesetz
Urt.	Urteil
Var.	Variante
VRS	Verkehrsrechtssammlung
ZdAkDR	Zeitschrift der Akademie für Deutsches Recht
ZfWR	Zeitschrift für Wehrrecht
zit.	zitiert
ZStR	Schweizerische Zeitschrift für Strafrecht
ZStW	Zeitschrift für die gesamte Strafrechtswissenschaft

Gesetzeschronologie

Die gegenwärtig (1984) geltende Vorschrift des § 323 a mit der amtlichen Überschrift „Vollrausch" hat in der Geschichte des Strafgesetzbuches Vorläufer seit 1934:

1. 1. 1934: § 330 a StGB

(Gesetz vom 24. 11. 1933, RGBl I S. 995)

I. Wer sich vorsätzlich oder fahrlässig durch den Genuß geistiger Getränke oder durch andere berauschende Mittel in einen die Zurechnungsfähigkeit (§ 51 Abs. 1) ausschließenden Rausch versetzt, wird mit Gefängnis bis zu zwei Jahren oder mit Geldstrafe bestraft, wenn er in diesem Zustande eine mit Strafe bedrohte Handlung begeht.

II. Die Strafe darf jedoch nach Art und Maß nicht schwerer sein als die für die vorsätzliche Begehung der Handlung angedrohte Strafe.

III. Die Verfolgung tritt nur auf Antrag ein, wenn die begangene Handlung nur auf Antrag verfolgt wird.

11. 9. 1941:

(Gesetz vom 4. 9. 1941, RGBl I S. 549)

Erhöhung der Strafandrohung auf 5 Jahre Gefängnis.

1. 1. 1975: § 330 a StGB Vollrausch

(EGStGB vom 2. 3. 1974, BGBl I S. 469)

I. Wer sich vorsätzlich oder fahrlässig durch alkoholische Getränke oder andere berauschende Mittel in einen Rausch versetzt, wird mit Freiheitsstrafe bis zu fünf Jahren oder mit Geldstrafe bestraft, wenn er in diesem Zustand eine rechtswidrige Tat begeht und ihretwegen nicht bestraft werden kann, weil er infolge des Rausches schuldunfähig war oder weil dies nicht auszuschließen ist.

II. Die Strafe darf nicht schwerer sein als die Strafe, die für die im Rausch begangene Tat angedroht ist.

III. Die Tat wird nur auf Antrag, mit Ermächtigung oder auf Strafverlangen verfolgt, wenn die Rauschtat nur auf Antrag, mit Ermächtigung oder auf Strafverlangen verfolgt werden könnte.

1. 7. 1980: § 323 a StGB Vollrausch
(18. StrÄndG vom 28. 3. 1980, BGBl I S. 373)

§ 330 a StGB umbenannt in § 323 a StGB.

Gesetzeszitate

§ 323 a:	§ 323 a StGB
§ 330 a aF oder § 330 a (1934/41/75):	§ 330 a StGB alter Fassung

Einleitung

Diese Dissertation[1] ist das Ergebnis von Überlegungen, die ursprünglich unter dem Thema „Irrtum im Rausch" standen. Einen ersten Eindruck von den strafrechtlichen Problemen, die sich aus solch einem Irrtum ergeben, soll folgendes **Einleitungsbeispiel** vermitteln:

Der Kunstliebhaber K kauft mehrere teure Graphiken und leiht sich außerdem eine Graphik in der Stadtbücherei aus. In der Folgezeit plagt ihn die Sorge, bei den gekauften Bildern könne es sich um wertlose Imitationen handeln. Eines Abends ist K seiner Drangsal leid; er greift zur Whiskyflasche, trinkt diese leer und gerät dadurch — wie von ihm vorhergesehen — in einen Rauschzustand. Plötzlich meint er, in einer grellfarbigen Graphik eine ihn verhöhnende Fratze zu erkennen. Voller Wut nimmt er das Bild von der Wand und wirft es auf den Boden. Erst am nächsten Tag wird ihm bewußt, daß die zerstörte Graphik aus der Stadtbücherei stammt. Der Bibliotheksdirektor stellt Strafantrag wegen Sachbeschädigung.

Zu einer Bestrafung nach § 303 I wird dieser Strafantrag nicht führen, da K das Bild nicht vorsätzlich zerstört hat: Er war sich im Augenblick seines Handelns der Fremdheit des Bildes nicht bewußt, er irrte also über das in § 303 I geschilderte Unrechtsmerkmal „fremd". In Betracht kommt aber eine Bestrafung nach § 323 a: K hat sich vorsätzlich durch ein alkoholisches Getränk in einen Rausch versetzt. Ob jedoch das Zerstören des Bildes dem entspricht, was in § 323 a I als „eine rechtswidrige Tat" geschildert ist, erscheint zweifelhaft.

Für die heute übliche Art und Weise, wie solche Zweifel erkannt und gleichwohl übergangen werden, ist das nachfolgende Zitat Cramers[2] beispielhaft: „Beschädigt der Rauschtäter z. B. eine fremde Sache im Glauben, es sei seine eigene[3], so ist er nach § 323 a nicht strafbar, weil es einen Tatbestand der fahrlässigen Sachbeschädigung nicht gibt. Nach früherem Recht konnte ... eine Ausnahme gemacht werden, wenn der Irrtum durch den Rausch bedingt ist; denn die typische Gefährlichkeit

[1] Sie wurde im März 1984 vom Fachbereich Rechtswissenschaft I der Universität Hamburg angenommen.

[2] S/S/Cramer Rn 18.

[3] Die Formulierung ist mißverständlich, denn bei § 303 ist nicht nach dem Glauben des Täters an sein Eigentum zu fragen, sondern danach, ob er sich der Fremdheit der Sache bewußt war oder nicht.

des Berauschten beruht gerade darauf, daß er infolge seines mangelnden Einsichts- und Unterscheidungsvermögens nicht in der Lage ist, Situationen richtig zu erkennen (...). Nach heutigem Recht ist eine von den allgemeinen Regeln abweichende Behandlung des rauschbedingten Irrtums nicht mehr möglich, weil die Straflimitierung des Abs. 2 sich an der konkreten Rauschtat (z. B. vorsätzlicher oder fahrlässiger Körperverletzung) orientiert".

Die „Ausnahme", die nach früherem Recht — § 330 a (1934) — möglich war, d. h. die Unbeachtlichkeit des rauschbedingten Irrtums, wird von Cramer durchaus schlüssig begründet: Wenn Irrtümer für den als gefährlich bewerteten und daher strafwürdigen Rausch typisch sind, dann kann daraus für die Auslegung des § 323 a nur folgen, daß solche Irrtümer die Strafbarkeit nach § 323 a nicht ausschließen — ohne daß es darauf ankommt, welche „allgemeinen Regeln" ansonsten für Irrtümer gelten. Doch Cramer aaO hält eine Abweichung von diesen Regeln „nach heutigem Recht" für unmöglich: Sonach bliebe K im Einleitungsbeispiel straflos, obwohl seine Handlung im Rausch eben der Gefährlichkeit entspricht, um derentwillen der Vollrausch bestraft wird. Das kann nicht richtig sein: Wenn die Gefährlichkeit des Rausches Grund der Strafbarkeit ist[4] und wenn der Rausch wegen der Möglichkeit rauschbedingter Irrtümer als gefährlich bewertet wird, dann muß der rauschbedingte Irrtum unbeachtlich sein. Die Anwendung der allgemeinen Irrtumsregeln wäre nur dann geboten, wenn es bei der Bestrafung nach § 323 a auf die Gefährlichkeit des Rausches nicht ankäme.

Der Widerspruch, in dem die einzelnen Aussagen Cramers zueinander stehen, macht deutlich, wie notwendig eine teleologische — im Einklang mit dem Gesetzeszweck stehende — Auslegung des § 323 a ist. Da bei einer solchen Auslegung alle Begriffe im Hinblick auf die Strafrechtsfolge gebildet werden[5] und nicht im Hinblick darauf, daß sie sich in vorgegebene „allgemeine" Regeln einfügen, können die einzelnen Begriffe nicht in Widerspruch zueinander stehen. Dafür ist allerdings eine begriffsbezogene Terminologie vorauszusetzen. Denn die Widerspruchslosigkeit beim Gebrauch von Termini, deren Begriffe nicht geklärt sind, ist nur eine scheinbare; in der Strafrechtsanwendung wird die „Subsumtion" unter solche Temini zu einem rational nicht nachprüfbaren und daher willkürlichen Vorgang. Folgender Leitsatz eines BGH-Urteils aus dem Jahre 1971[6] möge dies belegen: „Für die im Rausch begangene Tat genügt es, daß sie mit natürlichem Vorsatz begangen wird. In dieser Beschränkung kann auch der Volltrunkene

---

[4] So S/S/Cramer Rn 1.

[5] Schmidhäuser AT 4/36.

[6] BGH VRS 41, 93, 94.

einen Willen und eine Vorstellung haben.“ Worin aber, so muß hier polemisch gefragt werden, besteht nun die Beschränkung gegenüber dem „unnatürlichen“ Vorsatz des Nüchternen? Wie will der Richter einen auf das Maß des Natürlichen beschränkten Willen des Angeklagten feststellen?

Aus dem bisher Gesagten ergibt sich, daß die Bedeutung von Irrtümern im Rausch nur erfaßt werden kann auf der Grundlage einer teleologischen Auslegung des § 323 a. An Hand eines so gewonnenen Grundverständnisses des Vollrauschtatbestandes lassen sich ohne große Mühe auch die anderen Vollrausch-Probleme lösen, die in der Lehre strittig erörtert werden. So entspricht es durchaus der Aufgabe dieser Dissertation, daß ihr ursprüngliches Thema einem weiter ausholenden Platz gemacht hat. Es geht nicht mehr nur um den „Irrtum im Rausch“, sondern um eine Gesamtauslegung des § 323 a.

1. Kapitel

Die Rechtsgutsverletzung

Die Auslegung eines Straftatbestandes hat von der Frage nach dem verletzten Rechtsgut auszugehen. Die Antwort auf diese Frage ist vielfach der Schlüssel zum Verständnis der Struktur des auszulegenden Straftatbestandes und dessen einzelner Merkmale. Die Rechtsgutsanalyse ist mithin nicht Ziel der Auslegung, sondern notwendige Voraussetzung eines sachgerechten Auslegungsergebnisses[1]. Was dies für den Straftatbestand des Vollrausches bedeutet, soll nachfolgend erörtert werden.

Bei dieser Erörterung werden Termini verwendet, die in der Arbeit häufig wiederkehren und deshalb kurz zu erläutern sind. In § 323 a I sind u. a. zwei Merkmale geschildert: *die Berauschung* (das Sich-in-einen-Rausch-Versetzen) und *die Rauschtat* („eine rechtswidrige Tat")[2]. Eine Bestrafung nach § 323 a hängt einerseits von der Begehung einer Rauschtat und andererseits davon ab, daß der Täter „ihretwegen nicht bestraft werden kann, weil er infolge des Rausches schuldunfähig war oder weil dies nicht auszuschließen ist". Dieser aus dem Gesetz zitierte Passus wird in der Arbeit als *Subsidiaritätsregel* bezeichnet[3]. Unter dem Begriff des *Unrechtstatbestand*es schließlich sind die gesetzlich geschilderten unrechtsbegründeten Geschehensmomente zu verstehen[4].

Sowohl zum Begriff der Berauschung als auch zum Begriff der Rauschtat finden sich in Rechtsprechung und Lehre höchst unterschiedliche Auffassungen. Bezögen sich diese Unterschiede nur auf den Be-

---

[1] So für andere: S/S/Lenckner Rn 10 vor § 13 und S/S/Eser § 1 Rn 52.

[2] Abzulehnen ist der abweichende Sprachgebrauch, die Straftat des § 323 a als „Rauschtat" zu bezeichnen: OLG Koblenz VRS 45, 173 (1973, Leitsatz 3) und OLGSt § 330 a StGB S. 57, 60 (1975); OLG Zweibrücken VRS 54, 113, 114 (1977); Schultz, Behandlung S. 22; Brauneck, S. 132. Schewe, BA XX S. 529 will die Rauschtat „Bezugstatbestand" nennen, gibt hierfür aber keine einleuchtende Begründung.

[3] Dieser Terminus ist im Gegensatz zu „Berauschung" und „Rauschtat" unüblich; eine bessere Bezeichnung ist in der Literatur aber nicht zu finden. Dencker, JZ 1984 S. 456 spricht von einer „Subsidiaritätsanordnung". Unklar ist folgende Formulierung von Puppe, Jura 1982 S. 284: Die objektive Strafbarkeitsbedingung in § 323 a wirke „als gesetzliche Subsidiaritätsklausel"; begrifflich nicht eindeutig auch Schmidhäuser BT 15/21 und 15/29.

[4] Jescheck Lb S. 196; Schmidhäuser AT 5/4; vgl. auch Lackner Erl. III 2 vor § 13.

griffsinhalt, so ergäben sich bei der Auslegung, die auf einer Rechtsgutsanalyse basiert, keine besonderen methodischen Schwierigkeiten: Zunächst wäre nach dem verletzten Rechtsgut zu fragen, und sodann wären die übrigen Auslegungsprobleme zu lösen. Die beiden auszulegenden Begriffe sind aber nicht nur ihrem Inhalt nach, sondern auch insoweit umstritten, als es um ihre Zuordnung zum Unrechtstatbestand geht, also um die Frage, ob nur die Berauschung, nur die Rauschtat oder beide Merkmale zum Unrechtstatbestand gehören. Diese Frage läßt sich nicht auf der Basis einer Rechtsgutsanalyse beantworten, sondern nur gemeinsam mit ihr: Jeder Stellungnahme zum Rechtsgut, das durch den Vollrausch verletzt wird, liegt eine bestimmte Vorstellung von der Struktur des Straftatbestandes zugrunde. Rechtsgut und Struktur des § 323 a bilden eine Sinneinheit, zu der außerdem die (vor allem früher) problematisierte Zuordnung des Vollrausch-Delikts zur Gruppe der abstrakten Gefährdungsdelikte[5] gehört. Obwohl keiner der drei Einzelaspekte dieser Sinneinheit (1. Rechtsgut, 2. abstraktes Gefährdungsdelikt, 3. Berauschung und Rauschtat als Merkmale des Unrechtstatbestandes) ohne die jeweils anderen beiden erfaßt werden kann, gebietet die Fülle der zu erörternden Argumente, jeden Aspekt einzeln darzustellen, und zwar in der soeben genannten Reihenfolge. Das bedeutet, daß sowohl bei der Rechtsgutsanalyse (unten B), als auch bei der daran anschließend zu prüfenden Zuordnung des Vollrausches zu den abstrakten Gefährdungsdelikten (unten C) von einem Vorverständnis der Struktur des § 323 a ausgegangen wird, dessen Richtigkeit sich endgültig erst im Rahmen des Unrechtstatbestandes (2. Kapitel) und der systematischen Einordnung der Rauschtat (3. Kapitel) erweisen kann.

A. Der Rechtsgutsbegriff

Die verschiedenen Rechtsgutsbegriffe, die gegenwärtig in der strafrechtlichen Diskussion gebraucht werden, sind hier nicht darzustellen. Es genügt, den in dieser Arbeit verwendeten Begriff zu erläutern.

In der Gesellschaft ist eine Vielzahl von wertvollen Sachverhalten (Gütern[6]) anerkannt. Diese Güter sind Richtschnüre des Soziallebens; sie behaupten sich dadurch in der Gesellschaft, daß sie im Verhalten desjenigen, der am Sozialleben geistig teilhat, Beachtung finden. Bestimmte, als besonders wichtig anerkannte Güter beanspruchen, von jedermann beachtet zu werden. Alle Straftatbestände schildern Verhaltensweisen, in denen der von einem Gut ausgehende Anspruch miß-

---

[5] Deren Begriff wird unten auf S. 27 bestimmt.

[6] Vgl. etwa Schmidhäuser AT 5/25; von Hippel S. 11.

achtet wird; ein solches Gut heißt Rechtsgut[7]. Die Mißachtung des vom Rechtsgut ausgehenden Anspruchs ist die Rechtsgutsverletzung[8].

B. Die verletzten Rechtsgüter

Die Überlegung, welches Rechtsgut durch die Straftat des Vollrausches verletzt wird, hat mit der Frage zu beginnen, welches Merkmal das Wertwidrige des Vollrausches ausmacht. In Betracht kommen die Berauschung und die Rauschtat.

Die einzelne Rauschtat verletzt je nach konkreter Fallgestalt unterschiedliche Rechtsgüter, die sich abstrakt — also ohne Kenntnis der begangenen Tat — nicht bestimmen lassen: Erschießt der Rauschtäter einen Menschen, so verletzt diese Rauschtat nur das Rechtsgut „Leben", zerstört er eine fremde Sache, so ist nur das Rechtsgut „Eigentum" verletzt. Ein gemeinsames, von allen denkbaren Rauschtaten verletztes Rechtsgut läßt sich nicht finden. Ebensowenig können für eine einzelne Rauschtat alle Rechtsgüter als verletzt angesehen werden, denn jede Rauschtat verletzt nur einige bestimmte oder auch nur ein einziges. Somit bietet die Rauschtat als Straftatmerkmal keinen brauchbaren Ansatzpunkt einer Rechtsgutsanalyse. Hierfür spricht auch der Gesetzeswortlaut: Nach § 323 a I wird der Täter allein wegen der Rauschtat gerade *nicht* bestraft. Für die Rechtsgutsverletzung eines Vollrausches kann also nur die Berauschung maßgeblich sein[9].

Die Berauschung umfaßt zwei Teilmomente: erstens die Einnahme des Rauschmittels und zweitens den Rausch als Folge der Rauschmitteleinnahme. Fragt man nach dem Rechtsgut, das durch die Berauschung verletzt wird, so hängt die Antwort davon ab, in welchem der beiden Teilmomente man den Schwerpunkt des rechtsgutsverletzenden Verhaltens sieht.

I. Die Rauschmitteleinnahme als Rechtsgutsverletzung

Hellmuth Mayer vertritt in einem Aufsatz, der nur das Rauschmittel Alkohol berücksichtigt, die Ansicht, § 330 a (1934) verbiete zwar nicht das maßvolle Trinken, wohl aber die Unmäßigkeit[10]. Diese Auslegung

[7] So der von Schmidhäuser AT 5/27 gebildete Begriff, allerdings ohne die Beschränkung auf strafrechtliche Rechtsgüter.

[8] Schmidhäuser AT 5/32; ähnlich Jescheck Lb S. 6 und 186.

[9] Anderer Ansicht sind diejenigen Autoren, die die Rauschtat als Teil des Vollrausch-Unrechts ansehen (vgl. unten S. 58 ff.).

[10] Hellmuth Mayer, ZStW 59 S. 301 f. Auch Stratenwerth, ZStW 71 S. 569 und Bockelmann BT S. 208 sehen in § 323 a bzw. 330 a aF ein Verbot der Unmäßigkeit; der Sache nach ebenso: BGHSt 1, 124, 125 (1951).

geht — wenn auch nicht expressis verbis — von zwei Voraussetzungen aus: erstens davon, daß die Rauschmitteleinnahme das entscheidende Teilmoment der Berauschung bilde, und zweitens von der Annahme, „Maßhalten" sei das Rechtsgut, das durch die Straftat des Vollrausches verletzt werde.

Ob im „Maßhalten" überhaupt ein Rechtsgut gesehen werden kann, erscheint zweifelhaft[11]. Die Antwort auf diese allgemeine Frage kann dann offenbleiben, wenn sich speziell beim Vollrausch im Rahmen des Unrechtstatbestandes zeigen sollte, daß es auf die Menge des eingenommenen Rauschmittels nicht ankommt, denn „Maßhalten" als das durch den Vollrausch verletzte Rechtsgut würde voraussetzen, daß sich ein Maß der erlaubten Rauschmitteleinnahme bestimmen läßt. Dieses Problem wird unten auf S. 32 erörtert; dort findet sich auch die Stellungnahme zur Ansicht Hellmuth Mayers.

II. Das Herbeiführen des Rausches als Rechtsgutsverletzung

Der Rausch läßt sich bestimmen als psychischer Zustand, der gegenüber dem vorausgegangenen Zustand verändert ist, wobei die Veränderung somatisch bedingt ist. Hält man sich an diesen Begriff des Rausches, dann ist Rausch im Sinne des § 323 a I ein durch Rauschmitteleinnahme veränderter Zustand der Psyche. Mit dieser ersten Begriffserklärung ist zwar noch keine endgültige Definition gewonnen, wohl aber die Grundlage der Rechtsgutsanalyse geschaffen. Alle denkbaren Veränderungen der Psyche interessieren im Rahmen des § 323 a nur insoweit, als sie zu Rauschtaten einen (jedenfalls möglichen) Bezug aufweisen. Als Rauschtat kommt jede Tat in Betracht, „die den Tatbestand eines Strafgesetzes verwirklicht" (§ 11 I Nr. 5). Ob an dieser vorläufigen Begriffsbildung festzuhalten ist, wird im 3. Kapitel dieser Arbeit untersucht. Vorläufig jedenfalls wird die Rauschtat als ein „tatbestandsmäßig-rechtswidriges" (= unrechtes), von der Schuld des Täters unabhängiges Verhalten verstanden. Welcher Bezug nun zwischen der rauschmittelbedingt veränderten Psyche des Täters und der Rauschtat hergestellt wird, hängt davon ab, worin die Bedeutung der Rauschtat vornehmlich gesehen wird: Im Mangel an nachweisbarer Schuld (nachfolgend 1) oder in der schuldunabhängigen Unrechtsverwirklichung (2).

[11] Hinsichtlich allgemeinen Maßhaltens verneinend: Schmidhäuser, Gesinnungsmerkmale S. 220. Ingeborg Puppe, GA 1974 S. 107 erwähnt eine „allgemeine sittliche Mißbilligung" der Unmäßigkeit, will diese aber zur Begründung strafbaren Unrechts nicht heranziehen. Jagusch ist der Ansicht, der schuldhaft Unmäßige richte seinen Willen nicht gegen Rechtsgüter. Fuld S. 102 sprach schon im Jahre 1890 dem Staat das Recht ab, die Unmäßigkeit zu bestrafen.

1. „Die Erhaltung der Schuldfähigkeit“ als verletztes Rechtsgut

Maurach ist der Ansicht, beim Delikt des Vollrausches gehe es darum, Verbrechen ihrer Bestrafung zuzuführen[12]. Der Täter werde deshalb bestraft, weil er seine Schuldfähigkeit vernichte[13]. Diese Auffassung, die als Rechtsgut des Vollrausches die Erhaltung der eigenen Schuldfähigkeit voraussetzt, stammt aus dem Jahre 1948; sie ist auf die damalige Gesetzesfassung zugeschnitten, die nur bis 1974 galt. § 330 a 1941) schilderte „einen die Zurechnungsfähigkeit (§ 51 Abs. 1) ausschließenden Rausch“.

Aus der Subsidiaritätsregel des heute geltenden § 323 a I ergibt sich, daß der Begriff des Rausches auch solche Zustände umfaßt, in denen die Schuldunfähigkeit des Täters „nicht auszuschließen ist“. Eine Bestrafung nach § 323 a I setzt also nicht die rauschbedingte Schuldunfähigkeit des Rauschtäters voraus, sondern ist auch dann vorgeschrieben, wenn der Täter die Rauschtat im Zustand verminderter (oder voller[14]) Schuldfähigkeit begeht — sofern nur im nachfolgenden Strafverfahren die Schuldunfähigkeit nicht ausgeschlossen werden kann. Mit anderen Worten: Der Rauschtäter kann nach § 323 a I auch dann bestraft werden, wenn er durch die Berauschung seine Schuldfähigkeit nicht vernichtet hat.

Selbst wenn die „Erhaltung der Schuldfähigkeit“ das Rechtsgut des § 330 a (1941) gewesen sein sollte, so wird dieses „Rechtsgut“ durch die heute in § 323 a I geschilderte Straftat nicht mehr verletzt. Dies wird besonders deutlich an dem mißglückten Versuch des Oberlandesgerichts Karlsruhe, die Auffassung Maurachs dem neuen Gesetzeswortlaut anzupassen[15]: Einem Täter werde in § 330 a (1975) „allein“ der Schuld-

---

[12] Maurach, Schuld S. 105. Ähnlich der Auffassung Maurachs ist die oft wiederholte Behauptung, § 330 a aF solle eine Strafbarkeitslücke schließen; so beispielsweise RGSt 73, 11, 14 (1938) und BGHSt 9, 390, 397 (Großer Senat für Strafsachen, 1956).

[13] Maurach, Schuld S. 117. Maurach/Schröder S. 304, bezeichnen auf S. 306 den Täter „als Garanten seiner Schuldfähigkeit“; ebenso schon Dorbritz S. 175. Schewe, BA XVI S. 61 sieht den Sinn des § 330 a (1975) „darin, solche Vorgänge zu erfassen, bei denen sich jemand vorsätzlich oder fahrlässig seiner Einsichts- oder Steuerungsfähigkeit begeben und dann im Zustande der Schuldunfähigkeit strafbare Handlungen begangen hat“; zustimmend Gerchow, BA XVI S. 101. — Vgl. in ähnlichem Sinne auch Teile der Darstellung bei Lackner, der in Erl. 1 meint, Gegenstand des Schuldvorwurfs sei allein das vorsätzliche oder fahrlässige Herbeiführen eines „solchen Zustandes“ (d. h. eines die Schuldfähigkeit ausschließenden Rauschzustandes); in Widerspruch hierzu hält Lackner in Erl. 2 b allerdings einen Rausch dann für gegeben, wenn verminderte (!) Schuldfähigkeit sicher bejaht werden kann. Eine ähnliche Widersprüchlichkeit findet sich bei Bockelmann (vgl. unten S. 52 f., Fn 70).

[14] Vgl. zur Frage, ob neben verminderter auch volle Schuldfähigkeit in Betracht kommt, unten S. 51 ff.

[15] OLG Karlsruhe VRS 57, 420, 422 (1979).

vorwurf gemacht, „daß er ... durch den verschuldeten Rausch schuldunfähig war oder dies nicht auszuschließen ist“[16]. Hier geht es nicht mehr um die Erhaltung der Schuldfähigkeit; „Schuldvorwurf“ ist nunmehr die Beweisschwierigkeit im späteren Strafverfahren. Das kann nicht richtig sein: Dem Täter darf die Begrenztheit richterlicher Erkenntnismittel nicht zum Vorwurf gemacht werden.

2. Die Verletzung aller Rechtsgüter

Die vorangegangene Erörterung hat gezeigt, daß die „Vernichtung der Schuldfähigkeit“ und die daraus folgende Straflosigkeit der Rauschtat für die Rechtsgutsanalyse keinen brauchbaren Ansatzpunkt bieten, da für die Bestrafung nach § 323 a keine im Zustand der Schuldunfähigkeit begangene Rauschtat vorausgesetzt ist. Auch soweit die Funktion des § 323 a darin gesehen wird, daß durch die Vollrausch-Strafe die Straflosigkeit der Rauschtat „aufgefangen“ wird (vgl. hierzu unten S. 134 ff.), ist kein spezielles Rechtsgut zu erkennen, das einem solchen „Auffangcharakter“ des § 323 a zugrunde liegen könnte.

Somit bleibt die Beziehung zu prüfen, die zwischen dem Rausch (als dem psychischen Zustand, während dessen die Rauschtat begangen wird) und derjenigen Unrechtsverwirklichung besteht, die in der Rauschtat enthalten ist. Jede Rauschtat („rechtswidrige Tat“, § 11 I Nr. 5) entspricht dem Unrechtstatbestand irgendeines Strafgesetzes. Da jeder Unrechtstatbestand eine Rechtsgutsverletzung schildert[17], ist notwendiges Merkmal der Rauschtat die Rechtsgutsverletzung, d. h. die Mißachtung des Anspruchs, der von einem Rechtsgut bzw. mehreren Rechtsgütern ausgeht.

Der Bestand der Rechtsgüter in der Gesellschaft hängt weniger von ihrem „Schutz“ durch die Strafgesetze ab[18] als vielmehr davon, daß sie im Verhalten jedes einzelnen Mitgliedes der Gesellschaft Beachtung finden. Diese Funktion der Rechtsgüter als Verhaltensrichtschnüre setzt die geistige Teilhabe des einzelnen an den Gütern des Soziallebens voraus; sie ist bei demjenigen, der sich berauscht, um so schwächer, je stärker seine psychische Veränderung ist; um so geringer ist auch die „Wirkungskraft“ des einzelnen Achtungsanspruchs als Verhaltensricht-

[16] Dieser Formulierung ist die Sachverhaltsdarstellung in BGH VRS 61, 215 (1981) ähnlich: Der Angeklagte erkannte „mangels genügender Sorgfalt nicht, daß er auf Grund Alkoholgenusses in einen seine Schuldfähigkeit möglicherweise ausschließenden Rauschzustand geraten könnte“. Auch Schewe, Alkoholdelinquenz S. 67 meint, zum „inneren Tatbestand“ sei erforderlich, daß der Täter sich *schuldhaft* in den Zustand sicherer oder *möglicher* Schuldunfähigkeit versetzt hat.

[17] Schmidhäuser AT 4/17; ähnlich Jescheck Lb S. 207.

[18] Vgl. hierzu Schmidhäuser Lb 5/15; anders beispielsweise Maurach/Zipf § 19 Rn 1 und Jescheck Lb S. 6.

schnur. Mit der Veränderung seiner Psyche vermindert der Mensch die Bedeutung der Achtungsansprüche als Verhaltensmotivatoren[19] und bereitet damit gleichsam einen „Nährboden" für die Verletzung von Rechtsgütern. Weder sind einige wenige Rechtsgüter erkennbar, deren Verletzung auf diesem „Nährboden" besonders naheliegt, noch lassen sich ohne weiteres Rechtsgüter nennen, deren Achtungsansprüche bei psychisch veränderten Menschen ebenso wirken wie vor der Änderung. Durch die Straftat des Vollrausches werden folglich nicht einige bestimmte, sondern alle Rechtsgüter verletzt[20].

C. § 323 a I als abstraktes Gefährdungsdelikt

Die bisherige Rechtsgutsanalyse läßt sich skizzenhaft so zusammenfassen: Alle Straftatbestände, also auch § 323 a I, sind nach einem oder mehreren Rechtsgütern ausgerichtet[21], — von allen in § 323 a I geschilderten Momenten kommt als rechtsgutsverletzendes Verhalten nur das Herbeiführen des Rausches in Betracht, — verletzt sind nicht einige bestimmte, sondern alle Rechtsgüter.

Nunmehr ist noch der Frage nachzugehen, von welcher Intensität an die psychische Änderung als rechtsgutsverletzend anzusehen ist, denn es leuchtet unmittelbar ein, daß nicht jede — noch so geringfügige — Änderung der seelischen Befindlichkeit rechtsgutsverletzend sein kann. Zur Abgrenzung der rechtsgutsverletzenden Berauschung von anderen psychischen Änderungen eignet sich der Begriff der Gefahr (der gleich anschließend definiert wird): Rechtsgutsverletzend ist das Herbeiführen eines solchen Rausches, der die Gefahr birgt, es werde zu Rechtsgutsverletzungen irgendeiner Art kommen[22].

I. Die Begriffe Gefahr und Gemeingefahr

Gefahr ist die Wahrscheinlichkeit, d. h. nahe Möglichkeit des Schadenseintritts[23]. Sie ist kein Zustand[24], sondern ein auf einen bestimmten

---

[19] Feuerbach S. 694 schreibt, beim Berauschten seien „die Sterne sittlicher und rechtlicher Ordnung tief unter seinem engen Horizonte untergegangen, so daß endlich kein Strahl von ihnen seine Seele mehr erreicht".

[20] Schmidhäuser BT 15/19. Der Sache nach ebenso: SK-Horn Rn 2; Hardwig, Studien S. 473; Otto S. 385; BGHSt 26, 363 (1976).

[21] Jescheck Lb S. 207.

[22] Zu Recht hält es Schröder, DRiZ 1958 S. 219 für „unbestreitbar", daß nur der gefährliche Rausch strafrechtliche Ahndung nach sich zieht.

[23] Bemmann, GA 1961 S. 70; Dreher/Tröndle § 34 Rn 3; RGSt 10, 173, 176 (1884).

[24] So aber Jescheck Lb S. 211.

Zeitpunkt bezogenes Urteil über einen künftigen Zustand, also eine Prognose. Das Urteil, ein Schaden sei möglich, wird in bezug auf einen gegenwärtigen Zustand gefällt und berücksichtigt nur einen Teil der Bedingungen, die den weiteren Geschehensablauf bestimmten[25]. „Möglichkeit" drückt insoweit nur die Methode der Urteilsbildung aus, während das Merkmal „nah" den Grund kennzeichnet, warum ein denkbarer Schadenseintritt als gefährlich bewertet wird. Die Änderung der Psyche ist dann gefährlich, wenn die Möglichkeit eines Schadenseintritts nach der Änderung näher liegt als davor[26].

Das Merkmal „nah" ist keine empirische Größe; dies läßt sich erkennen an den unfruchtbaren und unbewiesenen Behauptungen, Schäden im Rausch seien häufig bzw. selten[27]. Als „nah" ist eine Schadensmöglichkeit vielmehr dann zu bezeichnen, wenn der Zustand vom Beurteilenden als bedrohlich empfunden wird[28], wobei diese Empfindung auch auf der Erfahrung beruht, daß bestimmte Situationen häufiger zu Schäden geführt haben als andere. Da das Gefahrurteil nicht bloß das Ergebnis eines kognitiven Vorgangs ist[29], sondern auch von der Empfindung des Beurteilenden abhängt, basiert es auf einer nicht bis ins letzte begründbaren Wertung[30].

Das, was soeben als „Schaden" bezeichnet wurde, ist im Falle der gefährlichen Berauschung deren befürchtete Folge: die Rauschtat, also eine vom Berauschten begangene Rechtsgutsverletzung. Aus einer Äußerung von Montenbruck ist zu entnehmen, daß er die Gefährlichkeit des Rausches in dem möglichen Angriff auf ein Rechtsgutsobjekt

---

[25] Schmidhäuser Lb 8/33; vgl. zum Schadensbegriff ausführlich: S/S/Lenckner § 34 Rn 13 ff.

[26] Schultz, Behandlung S. 31 bezeichnet das als „verstärkte Möglichkeit".

[27] Roeder S. 211 meint, Körper- und Eigentumsbeschädigungen sowie Sittlichkeitsdelikte seien im Rausch an der Tagesordnung; ähnlich Laubichler/Klimesch S. 88. Auch Schultz, Behandlung S. 30 hält Rauschexzesse für häufig. Demgegenüber wird behauptet, im allgemeinen bleibe der Rausch folgenlos (OLG Celle NsRPfl 1950, 128; OLG Oldenburg NsRPfl 1951, 131, 132; Lange, JZ 1951 S. 462; Heinitz, Anmerkung JR 1957 S. 349; Kohler S. 51; Gunther Weber, Volltrunkenheit S. 22). Arthur Kaufmann, JZ 1963 S. 432 schöpft aus dem Born eigener Erfahrungen und Erlebnisse sogar die Erkenntnis, Rauschzustände verliefen in mehr als 90 % aller Fälle harmlos.

[28] Duden S. 960: Gefahr als „drohendes Unheil".

[29] Vgl. aber Schmidhäuser AT 5/41 f., der das Gefahrurteil als kognitiv bezeichnet und außerdem die „Nähe" der Möglichkeit des Schadenseintritts nicht als für den Gefahrbegriff konstitutiv ansieht.

[30] Gollner S. 188 spricht von „einem kriminalpolitisch relevanten Gefährdungsgefühl", dem die Alltagserfahrung darüber zugrunde liege, „was gemeinhin als gefährlich gilt, womit *man* rechnet". Mit dieser Formulierung berücksichtigt Gollner das kognitive Moment des Wertungsvorgangs nicht und verkennt, daß Werturteile bei der Auslegung von Straftatbeständen von demjenigen zu bilden sind, der auslegt; er hat das, was gemeinhin gilt, zu berücksichtigen, nicht aber unreflektiert der Auslegung zugrunde zu legen.

sieht[31]. Rechtsgutsobjekt ist das Objekt, an dem der Achtungsanspruch haftet (z. B. die Gesundheit des Menschen, auf den der Täter einschlägt). Ein solches Objekt läßt sich bei vielen, nicht aber bei allen Rechtsgutsverletzungen finden — beispielsweise nicht bei der Herstellung einer (ganz neuen) Urkunde zur Täuschung im Rechtsverkehr[32]. Da kein Anlaß ersichtlich ist, aus dem Begriff der Rauschtat solche „objektlosen" Rechtsgutsverletzungen auszuscheiden, ist das Gefahrurteil nicht darauf zu beschränken, daß der Rausch den Angriff auf ein Rechtsgutsobjekt ermöglicht. Vielmehr besteht die Gefahr des Rausches in der nahen Möglichkeit (irgend-)einer Rechtsgutsverletzung.

Die „Allgemeinheit" dieses Gefahrurteils läßt sich mit dem Wort „Gemeingefahr" zum Ausdruck bringen. Einen Rausch als „gemeingefährlich" zu bezeichnen, kann nach allem zuvor Gesagten nur die Befürchtung bedeuten, der Berauschte werde aus dem Gesamtbestand der Rechtsgüter irgendein Rechtsgut verletzen[33]. Im Hinblick auf die Berauschung drückt das Wort „Gemeingefahr" also aus, daß sich die Rauschgefahr auf Rechtsgutsverletzungen aller Art bezieht.

II. Die „Abstraktheit" der in § 323 a I geschilderten Gefahr

Nunmehr steht zur Rechtsgutsverletzung bei § 323 a I fest: Die Berauschung verletzt dann alle Rechtsgüter, wenn der Rausch als ein Zustand ausgelegt wird, in dem irgendwelche Rechtsgutsverletzungen wahrscheinlicher sind als vor der Berauschung. Ob damit alles Wesentliche gesagt ist, oder ob zusätzliche Erkenntnis gewonnen wird, wenn man § 323 a I als „abstraktes Gefährdungsdelikt" bezeichnet, ist nun noch zu untersuchen.

Was unter einem abstrakten Gefährdungsdelikt zu verstehen ist, läßt sich am einfachsten an Hand eines Beispiels zeigen. Es sei zunächst ein Straftatbestand angenommen: Wer Alkohol in einer Menge trinkt, die zu einer BAK von über 3 ‰ führt, wird, wenn er dadurch in einen gefährlichen psychischen Zustand gerät, bestraft. Ein solcher Straftat-

---

[31] Montenbruck S. 240: Es genügt, daß der Täter vorhersieht, er könnte „eines der vielen im Gesetz benannten Rechtsgutsobjekte" angreifen.

[32] Schmidhäuser AT 5/29.

[33] Demgegenüber beschränkt Schmidhäuser BT 15/1 den Begriff der Gemeingefahr auf die Befürchtung, daß Personen, Sachen oder die Umwelt zu Schaden kommen können. Einen ähnlichen Begriff entnimmt Cramer, Vollrauschtatbestand S. 40 der Bestimmung des § 315 III in der alten (seit 23. 1. 1953 geltenden) Fassung: Gefahr für Leib oder Leben oder für bedeutende Sachwerte. In diesem Sinne ist der Vollrausch jedoch, wie Cramer zu Recht feststellt, kein gemeingefährliches Delikt: § 323 a „bezweckt den Schutz" aller, und nicht nur der besonders wertvollen Rechtsgüter. Gänzlich abgelehnt wird der Begriff der Gemeingefahr von Brandenberger S. 77.

bestand wäre als konkretes Gefährdungsdelikt zu bezeichnen, weil die Gefahr ausdrücklich im Unrechtstatbestand geschildert ist: Der Gesetzgeber brächte zum Ausdruck, daß er nicht jeden Menschen mit einer BAK von über 3 ‰ für gefährlich hält. Würde hingegen der „wenn"-Satz fehlen, dann läge ein abstraktes Gefährdungsdelikt vor: Der Gesetzgeber hielte schon die Schilderung einer BAK von über 3 ‰ für ausreichend, um daran die Prognose zu knüpfen, ein Schadenseintritt sei wahrscheinlich[34]. Der Unterschied zwischen abstraktem und konkretem Gefährdungsdelikt läßt sich so darstellen: Im Falle eines abstrakten Gefährdungsdelikts ist eine tatbestandliche Situation geschildert, die schon vom Gesetzgeber allgemein als gefährlich bewertet wird; beim konkreten Gefährdungsdelikt schildert das Gesetz nicht nur allgemein eine Situation, sondern setzt für den Unrechtstatbestand außerdem voraus, daß diese Situation vom Richter im einzelnen Fall als konkret gefährlich bewertet wird.

Nach dieser Unterscheidung ist § 323 a I ein abstraktes Gefährdungsdelikt[35]: Ein Täter, der sich schuldhaft in einen Rausch versetzt und sodann eine Rauschtat begeht, ist zu bestrafen, ohne daß der Richter nach der besonderen Gefährlichkeit des Rausches oder der Rauschtat zu fragen hat, d. h. nach einer Gefährlichkeit, die nicht schon der gesetzgeberischen Wertung zugrunde liegt.

Allerdings ist das Herbeiführen nicht jeder psychischen Veränderung, sondern nur einer allgemein gefährlichen rechtsgutsverletzend; das bedeutet, daß „Gefahr" zwar kein zum Rausch hinzukommendes Merkmal ist, wohl aber der Rauschbegriff so auszulegen ist, daß er nur gefährliche psychische Zustände umfaßt (diese Auslegung ist Gegenstand des 2. Kapitels). Daraus folgt, daß selbst dann, wenn eine enge Auslegung des Merkmals „Rausch" geboten wäre, § 323 a kein konkretes Gefährdungsdelikt wäre[36]: Wenn beispielsweise als Rausch der psychisch veränderte Zustand nur solcher Personen zu verstehen wäre, die im Rausch zu Ausschreitungen neigen, dann würde dies nicht etwa ein zum Rauschbegriff hinzutretendes Gefährlichkeitskriterium, sondern lediglich eine Einengung des Rauschbegriffs darstellen. Insbesondere kann neben dem einen gefährlichen Zustand bezeichnenden Merkmal

---

[34] Vgl. zum Begriff des abstrakten Gefährdungsdelikts: Brehm S. 20; Arthur Kaufmann, JZ 1963 S. 431; Schmidhäuser AT 5/85; Schultz, Behandlung S. 31; Stratenwerth, ZStR 80 S. 13. Jescheck Lb S. 211 sieht in den abstrakten Gefährdungsdelikten eine „Vorstufe" für die konkreten Gefährdungsdelikte.

[35] Dreher/Tröndle Rn 1; Horn, JR 1982 S. 349; Maurach/Schroeder S. 304; Schmidhäuser BT 15/19; Brehm S. 147; Puppe, GA 1974 S. 115 und Jura 1982 S. 281; Krumme S. 284; Krey S. 237; LK-Lay 9. Auflage § 330 a Rn 5.

[36] Als konkretes Gefährdungsdelikt wird § 330 a (1941) von Kohlrausch/Lange § 330 a Anm. III, Heinitz, Anmerkung JR 1957 S. 349, Ranft, MDR 1972 S. 741, Welzel Lb S. 474 und Arzt/Weber Rn 427 angesehen.

„Rausch" kein weiteres „ungeschriebenes Tatbestandsmerkmal"[37] der Gemeingefährlichkeit anerkannt werden. Nach alledem hat die Bezeichnung des § 323 a als abstraktes Gefährdungsdelikt im Hinblick auf die vorangegangene Rechtsgutsanalyse nur klarstellende Bedeutung.

[37] So aber Kohlrausch/Lange § 330 a Anm. III.

2. Kapitel

Unrechtstatbestand

In diesem Kapitel sind diejenigen Merkmale darzustellen, die den Unrechtstatbestand des § 323 a I ausmachen. Um der Übersichtlichkeit der Darstellung willen wird die umstrittene Unrechtsrelevanz der Rauschtat erst im 3. Kapitel (bei A I) erörtert. Den Schwerpunkt des 2. Kapitels bildet die Auslegung des Rauschbegriffs im Hinblick darauf, daß das Herbeiführen des Rausches alle Rechtsgüter verletzt.

A. Der Rausch

Ziel der nachfolgenden Auslegung ist es, nach allgemeingültigen Kriterien, die unten (bei II) erörtert werden, den Rausch als gefährlichen Zustand der Psyche von ungefährlichen psychischen Zuständen zu unterscheiden und somit zu einem sachgerechten Rauschbegriff zu gelangen (III). Auf der Grundlage dieses Begriffs wird sodann die Frage nach dem Unrechtsgehalt der Berauschung beantwortet (IV). Bei alledem ist zu berücksichtigen, daß jeder Rausch die Folge einer Rauschmitteleinnahme ist. Deshalb werden nach einer Klärung des Rauschmittelbegriffs (I 1) die Wirkungen einzelner Rauschmittel dargestellt (I 2). Soweit vor der Bestimmung des sachgerechten Rauschbegriffs (bei III) in der nun folgenden Darstellung von einem „Rausch" gesprochen wird, ist der vorläufige, auf S. 21 und 24 ff. dargelegte Begriff gemeint: ein durch Rauschmitteleinnahme veränderter Zustand der Psyche, der allgemein gesehen die Gefahr birgt, es werde zu Rechtsgutsverletzungen irgendeiner Art kommen.

I. Der Rausch als Folge einer Rauschmitteleinnahme

Da der Rausch ein durch die Einnahme von Rauschmitteln veränderter Zustand der Psyche ist, kommt als Rauschmittel jeder Stoff in Frage, der imstande ist, auf die Psyche einzuwirken, sie zu verändern; solche Stoffe nennt man psychotrop[1].

---

[1] Duden S. 2064; Kryspin-Exner S. 8 f.; auch Täschner, Rausch S. 43 verwendet den Terminus.

1. Einschränkende Auslegung des Rauschmittelbegriffs

Der weiteste Rauschmittelbegriff umfaßt alle psychotropen Stoffe. In Rechtsprechung und Literatur finden sich drei Einschränkungen des Begriffs, die nachfolgend darzustellen sind.

a) Wirkungen des Rauschmittels auf die Schuldfähigkeit

Schewe ist der Ansicht, daß Stoffe, „die Zurechnungsunfähigkeit bewirken können", als Rauschmittel aufzufassen seien[2]. Dieser Einschränkung des Rauschmittelbegriffs liegt die Auffassung zugrunde, daß beim Rauschzustand die Schuldunfähigkeit (nach früherem Sprachgebrauch: Zurechnungsunfähigkeit) bedeutsam sei. Träfe diese Auffassung zu, dann müßte sie auch bei der Bestimmung des Rauschbegriffs berücksichtigt werden, etwa in der Weise, daß der Rausch als ein Zustand möglicher Schuldunfähigkeit zu definieren wäre[3]. Neben einer solchen „Rausch"-Definition bräuchte aber nicht auch noch der Begriff des Rauschmittels durch das Merkmal der Schuldunfähigkeit eingeschränkt zu werden, denn die Einnahme eines psychotropen Stoffs, der *nicht* in der Lage ist, Schuldunfähigkeit zu bewirken, könnte keinen Zustand möglicher Schuldunfähigkeit hervorrufen. Außerdem bestehen Bedenken, ob es überhaupt psychotrope Stoffe gibt, deren Einnahme trotz hoher Dosierung *keinesfalls* die Schuldfähigkeit ausschließen kann. Die Einschränkung des Rauschmittelbegriffs durch Schewe ist also überflüssig.

b) Rauschmitteleinnahme als Genuß

§ 330 a I (1934) nannte als eine der beiden Handlungsweisen „den Genuß geistiger Getränke". Daraus schloß das Bayerische Oberste Landesgericht[4], andere berauschende Mittel im Sinne des § 330 a aF könnten ebenfalls nur solche sein, „die zum Genuß, zur Hervorrufung lustbetonter Empfindungen oder Vorstellungen" eingenommen werden könnten. Dem Kammergericht zufolge[5] wollte der Gesetzgeber lediglich denjenigen treffen, der sich einem verwerflichen Genuß berauschender Mittel hingebe. Den heutigen Gesetzeswortlaut legt der Bundesgerichtshof ebenfalls im Sinne eines Rauschmittel-„Genusses" aus[6]. Das Oberlandesgericht Karlsruhe versteht unter Rauschmitteln solche Stoffe, die „einen mit Euphorie verbundenen Erregungszustand der Großhirnrinde" hervorrufen[7].

---

[2] Schewe, BA XIII S. 91; ebenso Gerchow, Festschrift für Sarstedt S. 8 und Ranft, JA 1983 S. 196.

[3] Hierzu siehe unten S. 51 ff.

[4] BayObLG (St) 1958, 108, 109.

[5] KG NJW 1972, 1529, 1530.

[6] BGHSt 26, 363, 364 (1976).

[7] OLG Karlsruhe, Die Justiz 1978, 439, 440.

Wie sich aus der Rechtsgutsanalyse im 1. Kapitel ergibt, ist die Rauschmitteleinnahme dann rechtsgutsverletzend, wenn sie einen gemeingefährlichen[8] Rausch zur Folge hat. Der eben zitierten Rechtsprechung wäre somit nur zuzustimmen, wenn die Gemeingefahr des Rausches davon abhinge, daß ein Rauschmittel „zur Hervorrufung lustbetonter Empfindungen" eingenommen wird. Zwar beeinflußt die Erwartungshaltung bei der Einnahme eines Rauschmittels dessen Wirkung auf die Psyche[9], jedoch liegen keine Erkenntnisse vor, die auf einen Zusammenhang zwischen Genuß und Gemeingefahr deuten. Nimmt beispielsweise jemand Medikamente ein, die bei ihm einen Verfolgungswahn auslösen, so ist es für die Gefährlichkeit dieses Zustandes ohne Belang, ob er die Medikamente zur Schmerzstillung, zur Bekämpfung einer Depression oder deshalb eingenommen hat, weil er „lustbetonte Empfindungen" hervorrufen wollte[10]. In einem vom Oberlandesgericht Hamm entschiedenen Fall hatte ein Student das Rauschmittel LSD in Selbsttötungsabsicht eingenommen; zu Recht verzichtete das Gericht auf die Frage, ob der Student das Rauschmittel „genossen" habe[11]. Kommt es aber bei einigen Rauschmitteln nicht auf den Genuß an, dann gilt dies für alle Rauschmittel. Der Begriff der Rauschmitteleinnahme hat mit Genuß nichts zu tun[12].

c) *Rauschmitteleinnahme als Mißbrauch*

Die Formulierung, § 330 a aF schütze die Allgemeinheit vor dem Rauschmittel*miß*brauch[13], setzt voraus, daß es auch einen Rauschmittel*ge*brauch gibt. Beispielsweise werden Amphetamine als Wachhaltemittel oder als Appetitzügler gebraucht; bei Überdosierung führen sie zu Sinnestäuschungen und Verfolgungswahn[14]. Auch bei Alkohol lassen sich maßvoller und maßloser Konsum unterscheiden[15]: Wer z. B. ein

---

[8] Zu diesem Begriff siehe oben S. 26.

[9] Solms S. 37; Gerchow, BA XVI S. 100.

[10] SK-Horn Rn 4 und Schewe, BA XVI S. 60 f. AA Lackner Erl. 2 a; Dreher/Tröndle Rn 3 meinen, zum Schmerzstillen geeignete Mittel seien nur dann Rauschmittel, „wenn sich der Täter damit berauschen will". Ähnlich OLG Hamburg OLGSt § 323 a StGB S. 1, 2 (1981): Steigern Beruhigungs- oder Schlafmittel die Alkoholwirkung, „so" sind sie als Rauschmittel anzuerkennen.

[11] OLG Hamm NJW 1975, 2252; richtig auch OLG Frankfurt, Urteil vom 7. 3. 1979 (2Ss23/79), abgedruckt bei Gerchow/Heberle S. 119.

[12] SK-Horn Rn 4; Schewe, BA XVI S. 60 f.

[13] Krumme S. 284; auch Cramer, JZ 1971 S. 767 spricht von Mißbrauch.

[14] Ruoff S. 9; Christiani/Stübing S. 42 f.

[15] Wie „aus einem an sich mäßigen Genusse Weins oder anderer hitzigen Getränke" ein Rausch entstehen kann, teilt Hoffbauer S. 286 (im Jahre 1808) mit: „Wer z. B. beym Trinken viel redet, oder in Gemüthsbewegungen versetzt wird, die einen lebhaften oder auch heftigen Ideenfluß veranlassen,

Glas Bier zum Mittagessen trinkt, handelt maßvoll, nicht aber derjenige, der eine Flasche Whisky leert mit der Folge, daß er bewußtlos wird.

Als mißbräuchlich könnte daher die Rauschmitteleinnahme „im Übermaß" bezeichnet werden; dann allerdings müßte sich ein Maß der Rauschmitteleinnahme festlegen lassen. Quantitativ ist dies nicht möglich, weil ein und dieselbe Rauschmittelmenge die Psyche bei verschiedenen Personen und sogar bei derselben Person in unterschiedlicher Weise zu verändern vermag[16]. Das „Übermaß" danach zu bestimmen, ob die Rauschmitteleinnahme zum Rausch geführt hat, widerspräche einer sinnvollen Auslegung des Straftatbestandes: „Übermaß" wäre neben dem Tatbestandsmerkmal Rausch kein eigenständiger Begriff, also überflüssig.

Außerdem hat das „Übermaß" schon deshalb im Auslegungstatbestand[17] keinen Platz, weil es psychotrope Stoffe gibt, die einer Unterscheidung zwischen Maß und Übermaß nicht zugänglich sind[18]; beispielsweise enthält ein „LSD-Trip" den Wirkstoff in derart geringer Konzentration, daß es unmöglich ist, eine Menge anzugeben, deren Einnahme als „maßvoll" zu bezeichnen wäre. Hiermit ist nun Klarheit gewonnen, daß „Maßhalten" kein Rechtsgut sein kann, das durch die Straftat des Vollrausches verletzt wird.

Die von der Rechtsprechung aufgestellte Behauptung, der Vollrauschtatbestand wolle denjenigen treffen, der „im Übermaß" Rauschmittel einnehme[19], ist also nicht haltbar[20]. Daher kann der Rauschmittelbegriff beispielsweise auch nicht auf die „Überdosis" eines Schlafmittels beschränkt werden[21].

---

kann auch, wenn der Genuß des Weins u. s. w. keineswegs unmäßig ist, ... davon sehr berauscht werden."

[16] Solms S. 37.

[17] Zu diesem Begriff: Schmidhäuser AT 3/48.

[18] Das anerkennt auch Ingeborg Puppe, GA 1974 S. 108 mit der Behauptung, § 330 a aF setze bei „vielen" Rauschmitteln ein Übermaß des Konsums voraus. In Jura 1982 S. 288 präzisiert Puppe ihre Ansicht: Bei Alkohol sei übermäßiges Trinken für das Tatbestandsmerkmal „Rausch" vorausgesetzt. Auf andere Rauschmittel geht Puppe nicht ein, sondern schließt ihre Abhandlung mit folgender „Begründung": „Entscheidend ist, daß das Übermaßerfordernis, nachdem uns die Medizin kein typisches Zustandsbild des Rausches geben kann, die einzige Möglichkeit ist, den Begriff des Rausches sinnvoll zu bestimmen und von anderen Zuständen der Sozialuntüchtigkeit zu unterscheiden." Zu Unrecht meint Kreuzer, NJW 1982 S. 1312, „Normalgebrauch" und Mißbrauch gebe es bei „allen" Drogen.

[19] KG VRS 19, 111, 113 (1960) und NJW 1972, 1529, 1530; ebenso Dencker, NJW 1980 S. 2162.

[20] Lackner Erl. 2 a.

[21] So aber BayObLG bei Rüth DAR 1977, 197, 204 (Nr. 16); ähnlich BGH bei Spiegel, DAR 1979, 173, 180 (Nr. 5 a).

Da sich der Begriff der Rauschmitteleinnahme nicht als „Mißbrauch" definieren läßt, bleibt es dabei, daß als Rauschmittel jeder psychotrope Stoff zu verstehen ist[22].

2. Die Wirkung einzelner Rauschmittel auf die Psyche

Lange Zeit beschränkten sich die meisten Äußerungen zu § 330 a aF auf das Rauschmittel Alkohol, vornehmlich wegen der geringen praktischen Bedeutung anderer Rauschmittel[23]; so wurde der Straftatbestand des § 330 a aF weithin als „Volltrunkenheit" bezeichnet[24]. Nur wenige Autoren unterschieden die Wirkungen des Alkohols von denjenigen anderer Rauschmittel[25].

Auch in neueren wissenschaftlichen Äußerungen zu § 323 a werden die Wirkungen des Alkohols ohne Begründung verallgemeinert. Ingeborg Puppe behauptet im Zusammenhang mit dem von ihr gebildeten Begriff der „Verkehrsuntüchtigkeit", die Beeinträchtigung verschiedener Fähigkeiten durch Rauschmittel beginne „schon bei relativ geringem Konsum" und wachse „dann kontinuierlich mit diesem"[26]; die „schlagartige" Wirkung einer Heroin-Injektion scheint hierbei ebenso übersehen worden zu sein wie die Unmöglichkeit, einen „LSD-Trip" „relativ gering" zu komsumieren.

Montenbruck setzt das „Sichberauschen" des § 323 a I mit dem Zustand der Fahruntüchtigkeit nach §§ 315 c, 316 gleich und nennt hierfür 1,3 ‰ BAK[27]. Er meint sogar nachweisen zu können, dogmatische Erwägungen sprächen für die Einbeziehung der 1,3 ‰-Grenze in den Unrechtstatbestand des § 323 a I[28]. Diese Grenze paßt nur bei Alkohol. § 323 a I schildert aber auch die Einnahme anderer berauschender Mit-

---

[22] Ähnlich SK-Horn Rn 5. Die Äußerung von S/S/Cramer Rn 9, nicht jedes Medikament könne als Rauschmittel angesehen werden, ist also nur dann richtig, wenn Cramer unter „Medikamenten" auch nicht psychotrope Stoffe versteht.

[23] Hellmuth Mayer, ZStW 59 S. 291; Richard Lange, JR 1957, S. 242; Hellmuth von Weber, GA 1958 S. 259; Heinitz, DZgesgerMed 44 S. 511.

[24] Z. B. BGH VRS 34, 349 (1968).

[25] Gerland S. 790 und Krill S. 31 bezeichnen die Wirkungen als ähnlich; anders aber Hellmuth Mayer, ZStW 59 S. 291.

[26] Puppe, GA 1974 S. 109; schon Gramsch, Tatbestand S. 35 sprach von einer „allmählich ansteigenden" Bewußtseinsstörung.

[27] Montenbruck S. 233.

[28] Montenbruck S. 235. Puppe, Jura 1982 S. 286 lehnt die Ansicht Montenbrucks ab, macht aber selbst den Vorschlag (S. 287), die BAK-Grenze zwischen 2 ‰ und 3 ‰ anzusiedeln, weil die einzige Möglichkeit, den Vollrausch präzise zu bestimmen, „die Festlegung auf eine BAK-Zahl für eine absolute Sozialuntüchtigkeit analog der Definition der absoluten Fahruntüchtigkeit durch die 1,3-‰-Grenze" sei.

tel, für die keine Erkenntnisse darüber vorliegen, welchen Einfluß die Wirksubstanz im Blut auf die Veränderung der Psyche hat. Der Ansicht Montenbrucks kann deshalb nicht zugestimmt werden.

Nachfolgende Übersicht soll die Möglichkeit geben, psychiatrische Erkenntnisse über einige Rauschmittel für den Rauschbegriff in § 323 a I fruchtbar zu machen.

a) Alkohol

Als psychische Störungen, die durch Alkoholeinnahme hervorgerufen werden, nennt Katschajev emotionelle Instabilität, erhöhte Reizbarkeit, schnelle Transformation von Vorstellungen in motorische Akte und vorzeitige Realisierung auftretender Strebungen[29]. Die assoziativen Funktionen werden gestört[30]; Selbstbeherrschung und Orientierung gehen verloren[31]. Der Alkohol enthemmt[32], entweder im Sinne einer Euphorie[33] oder in Form von Verwirrtheit und Bewußtseinstrübung[34]. Er führt zu Bewußtseinsstörungen in allen Färbungen und Abstufungen[35].

Bei entsprechender hirnorganischer Disposition, insbesondere chronischem Alkoholismus[36], kann selbst eine geringe Menge Alkohols neben den zuvor beschriebenen Störungen oder statt ihrer Halluzinationen und Wahnideen hervorrufen, sowie zu ungerichteten reinen Triebregungen führen, die sich in blindem Angriffsverhalten entladen[37].

Entscheidend ist, daß verschiedene Menschen auf die Einnahme derselben Alkoholmenge sehr verschieden reagieren, und daß auch die Motivationslage bei der Einnahme des Alkohols dessen Wirkungen

---

[29] Katschajev S. 196.

[30] Scheiff S. 19; ähnlich schon Hoffbauer S. 282.

[31] Hellmuth von Weber, MDR 1952 S. 641.

[32] Hellmuth von Weber, MDR 1952 S. 641; Bschor S. 159; Feser/Kohler/Rehm S. 11; de Boor S. 241 weist auf die häufige „Realisierung sonst verborgener oder zurückgehaltener sexueller Triebregungen" hin.

[33] Grünberger S. 39; Hellmuth von Weber, GA 1958 S. 260. Laubichler/Klimesch S. 88 sprechen von einer „spezifischen aggressivitäts- und antriebssteigernden" Wirkung des Alkohols.

[34] Feser/Kohler/Rehm S. 11; Schewe, Bewußtsein S. 155 beschreibt anschaulich das Verhalten eines Täters, der sich in einem „exogenen Dämmerzustand" befand.

[35] Venzlaff S. 844.

[36] Grünberger S. 40; Bleuler S. 636. Nach Laubichler/Klimesch S. 84 kommt es bei chronischen Alkoholikern deutlich häufiger als bei Gelegenheitstrinkern zu einer als „Verdämmerung" bezeichneten schweren Bewußtseinsstörung, die wegen der Art der im Rausch begangenen Taten besonders gefährlich ist.

[37] Grünberger S. 39 ff.; Bleuler S. 280 f., 314, 636; Haring/Leickert S. 495; Berner S. 259.

modifiziert[38]. Hier zeigt sich, wie verfehlt selbst in bezug auf Alkohol die von Montenbruck[39] vorgeschlagene 1,3 ‰-Grenze ist[40].

Häufig wird zwischen „quantitativ" und „qualitativ" abnormen Erscheinungen unterschieden und der „komplizierte" dem „pathologischen" Rausch gegenübergestellt[41]. Diese Bezeichnungen leiden einerseits daran, daß es eine Norm des Alkoholrausches nicht gibt, und andererseits an den unterschiedlichen Begriffen des „pathologischen Rausches"[42]. Bei der Bestimmung des Rauschbegriffs in § 323 a I sollte auf sie verzichtet werden: Ob beispielsweise ein epileptoider Rausch der Unrechtsschilderung entspricht, kann nicht davon abhängen, ob er als „pathologischer Rausch" anzusehen ist[43]. Vielmehr sind alle rauschmittelbedingt veränderten Zustände der Psyche unter ein und denselben teleologisch zu bestimmenden Rauschbegriff zu subsumieren. Daß dieser Begriff nur ein sehr weiter sein kann, ergibt sich allein schon aus den vielfältigen Wirkungen des Alkohols auf die Psyche.

---

[38] Arno Müller, Beiträge S. 23; Rommeney S. 534; Lackner, JuS 1968 S. 218; Venzlaff S. 845; Arbab-Zadeh S. 1404; Schewe, Alkoholdelinquenz S. 47; Gerchow, Festschrift für Sarstedt S. 8. Jarosch S. 200 hält es für möglich, daß Menschen trotz einer BAK von über 3 ‰ oder sogar von über 4 ‰ keine hochgradige Bewußtseinstrübung aufzuweisen brauchen.

[39] Oben S. 33 Fn. 27.

[40] Da sich einzelnen BAK-Werten keine bestimmten psychischen Zustände zuordnen lassen, ist bei allen Statistiken, in denen Alkoholtäter nach der gemessenen BAK erfaßt werden, Vorsicht geboten; dies gilt auch für eine von Dürrbaum S. 63 mitgeteilte Statistik, in der 146 Täter erfaßt sind, die 1964 bei Untersuchungen im Frankfurter Institut für gerichtliche und soziale Medizin eine BAK von 2,9 ‰ und mehr aufwiesen. (Die Rechtsprechung neigt dazu, bei solchen BAKs einen Rausch zu bejahen.) Die „Delikte" dieser Täter verteilen sich wie folgt: Diebstahl 34 %, Körperverletzung 21 %, Betrug 12 %, Sittlichkeitsdelikte 7 %, Raub 2 %. Diese Zahlen erlauben keinen Schluß auf die Häufigkeit einzelner Veränderungen der Psyche nach größerem Alkoholkonsum: Beispielsweise braucht alkoholbedingte Aggressivität im Vergleich mit Eigentumsverletzungen keineswegs zweitrangig zu sein, denn zahlreiche Diebstähle sind Aggressionsdelikte (Gerchow, Kriminalität S. 99). Einer Untersuchung von Brinkmann/Püschel (S. 553) zufolge wurden in Hamburg bei ca. 2000 Tätern mit einer BAK von über 3 ‰ nur bei jedem zehnten psychische und physische Ausfallerscheinungen des schwersten Grades von den Ärzten bei der Blutentnahme diagnostiziert; hier zeigt sich eine überraschende Diskrepanz zwischen medizinischer Diagnose und der gängigen Rechtsprechungspraxis, bei einer BAK von 3 ‰ einen Rausch zu bejahen.

[41] Grünberger S. 39; Bleuler S. 636.

[42] So beschreibt Bash S. 194 einen bewußtseinshellen, wenn auch — eingeengten Zustand als „pathologischen Rausch". Demgegenüber bezeichnet Bleuler S. 636 den „pathologischen Rausch" als Dämmerzustand; auch Jahrreis S. 36 spricht von einer tiefen Bewußtseinstrübung.

[43] So zutreffend Schewe, Alkoholdelinquenz S. 58; vgl. demgegenüber die Argumentation in BGHSt 4, 73, 74 (1953).

b) Cannabis

Aus dem Harz des indischen Hanfs (Cannabis sativa var. indica) wird Haschisch, aus den zerkleinerten Blättern derselben Pflanze Marihuana gewonnen. Den psychotrop stärksten Wirkstoff Delta-9-Tetrahydrocannabiol (THC) enthält Haschisch in höherer Konzentration als Marihuana[44]. Die Dosisabhängigkeit der THC-Wirkung ergibt sich aus folgendem Schaubild[45]:

Dosis in mg THC		Wirkungen
inhaliert	oral	
2	5	Leichte Euphorie
7	17	Wahrnehmungsstörungen Zeitsinnesänderungen
15	25	Änderung der Wahrnehmung des eigenen Körpers Wahrnehmungsverzerrungen; Wahngedanken, Halluzinationen

Der Cannabiskonsum kann zu verschiedenen Denkstörungen führen, die der Konsument bisweilen als Erweiterung seines Denkvermögens empfindet: Zeit und Raum, insbesondere aber Geräusche werden verzerrt wahrgenommen; durch Veränderung des Assoziationsvermögens werden Sinnzusammenhänge verkannt. Durch die Einengung des Bewußtseins auf bestimmte Geschehensausschnitte geht die Kontinuität des Erlebens verloren; Denkabläufe werden leicht störbar, Gedächtnisstörungen machen sie augenblicksverhaftet. Bei verminderter Kritikfähigkeit ist die Risikobereitschaft erhöht[46].

Diese psychischen Veränderungen sind entweder in eine friedliche oder in eine gereizte Grundstimmung eingebettet. Erstere wird meist als der Regelfall beschrieben[47]: Der Cannabiskonsument ist verträumt, furchtsam und apathisch; Impulse und Phantasien setzt er kaum in Handlungen um; er gerät in einen Zustand wohliger Gleichgültigkeit gegenüber allen Problemen[48].

[44] Ruoff S. 10; Kielholz S. 19; Bleuler S. 327.

[45] Das Schaubild ist abgedruckt bei Keup S. 8 und basiert auf einer Veröffentlichung von H. Isbell aus dem Jahre 1967 (Nachweis bei Keup S. 17).

[46] Täschner, Haschisch S. 46 ff., insbesondere S. 50; Christiani/Stübing S. 39; Bresser S. 58 f. und S. 62; Ladewig, S. 66 f. Während Kryspin-Exner S. 110 meint, die Einnahme von Cannabis führe meist zu Bewußtseinstrübungen, wird eine derartige Cannabiswirkung von Täschner, Haschisch S. 54 verneint.

[47] Täschner, Haschisch S. 47; Christiani/Stübing S. 79; Kielholz S. 20.

Statt dessen kann die Grundstimmung aber auch geprägt sein von Reizbarkeit, Verwirrung, Gehässigkeit und Mißtrauen. Dabei treten Illusionen, Halluzinationen und Wahnvorstellungen auf, die zu panikartigen Angstzuständen und Wutanfällen führen können[49], welche bisweilen durch geringfügige Anlässe, wie etwa nahende Schritte oder sonst ein belangloses Geräusch, ausgelöst werden können[50].

Wie häufig aus solchen gereizten Stimmungslagen schädliche Handlungen entspringen, läßt sich nicht feststellen, weil der klinische Nachweis von Cannabis schwierig oder gar unmöglich ist[51]; daher haben ausländische Untersuchungen, denen zufolge ein Ursachenzusammenhang zwischen Cannabiswirkung und Gewalt- bzw. Sexualtaten nicht nachweisbar ist[52], nur eine geringe Aussagekraft[53].

Die Bedeutung von Cannabis für § 323 a I ergibt sich vielmehr daraus, daß es unter seinem Einfluß nicht nur zu friedlichen, sondern auch zu aggressiven Stimmungen kommen kann, und daß die Wirkung noch weniger vorhersehbar ist als beim Alkohol, weil sich THC wegen stark schwankenden Wirkstoffgehalts nicht dosieren läßt[54]. Obwohl die Umweltfaktoren und die Erwartungshaltung des Konsumenten die Cannabiswirkung erheblich beeinflussen[55], kann statt der gewünschten entspannten Stimmung der oben beschriebene Zustand der Gereiztheit eintreten[56].

Ein weiterer Unterschied zum Alkohol besteht darin, daß Cannabis bei regelmäßiger Einnahme andere und intensivere Wirkungen auf die Psyche hat als bei erstmaliger oder seltener Einnahme. Auffällig ist

---

[48] Täschner, Haschisch S. 48; Jenny S. 153; Kihlbom S. 61; Bleuler S. 327; Kielholz S. 20; Christiani/Stübing S. 39.

[49] Ellinger S. 56; Kihlbom S. 60 und 65; Bleuler S. 327; Christiani/Stübing S. 39 f.; Kielholz S. 19 f.; Ruoff S. 10; Stringaris S. 76 f.; Simonis S. 121; Kreuzer, Jugend S. 125 f.; Täschner, Haschisch S. 59 spricht von „atypischen Rauschverläufen". Keup S. 8 weist darauf hin, daß der „Horror-Trip" weitgehend dosisunabhängig und häufiger bei Anfängern als bei „Cannabis-Geübten" auftrete.

[50] Stringaris S. 76 f.; auf S. 126 f. berichtet er von zwei Fällen, in denen der Täter Haschisch nahm und seinen Bekannten nach einem Streit erstach, ohne daß die Motivation hierzu später hätte nachvollzogen werden können.

[51] Vgl. Bresser S. 65 f.

[52] Kihlbom S. 65. Jenny S. 154 hält Delikte unter dem Einfluß von Cannabis für „seltene Ausnahmen", Stringaris S. 76 zufolge treten Wahnvorstellungen „regelmäßig" auf: zu diesen Äußerungen vgl. oben S. 25 Fn. 27.

[53] Allerdings vermögen auch Untersuchungen, in denen der Nachweis eines Zusammenhangs zwischen Cannabiskonsum und Kriminalität geführt werden soll, nicht zu überzeugen: vgl. Täschner, Cannabis S. 102 ff.

[54] Täschner, Haschisch S. 46; Keup S. 8.

[55] Christiani/Stübing S. 78; Keup S. 8.

[56] Bleuler S. 327.

zum einen, daß Halluzinationen, Wahnvorstellungen und panikartige Angstzustände überwiegend in Zusammenhang mit chronischem Cannabiskonsum genannt werden[57]. Zum anderen wird von einem Experiment berichtet[58], in dem erfahrene Marihuanaraucher die Rauschmittelwirkung so zu neutralisieren vermochten, daß Aufmerksamkeit und Reaktionsvermögen genauso gut waren wie vor der Rauschmitteleinnahme, während den unerfahrenen Marihuanarauchern dies nicht gelang.

Ob allerdings bei Marihuana-Einnahme das Bewußtsein noch in solchem Umfang erhalten bleibt, daß der Konsument sich „mit einem Ruck" selbst aus den heftigsten Halluzinationen lösen kann[59], erscheint ähnlich zweifelhaft wie die Erzählung Münchhausens, er habe sich am eigenen Haarschopf aus dem Sumpfe gezogen. Sicherlich unrichtig ist nach der Fülle der psychiatrischen Erkenntnisse die Äußerung von Szasz[60], Marihuana sei weder gefährlich noch ein Rauschmittel.

c) *Halluzinogene*

Lysergsäure-Diäthylamid (LSD) und die in ihrer psychotropen Wirkung ähnlichen Rauschmittel werden als Halluzinogene bezeichnet, so z. B. Meskalin, Psilocybin, Phencyclidin und STP/DOM[61]. Bisweilen wird auch Cannabis in die Gruppe der Halluzinogene eingeordnet, weil sich rein hergestelltes THC und LSD in ihrer Wirkung gleichen[62].

Halluzinogen-Einnahme führt — wie der Name schon sagt — zu Halluzinationen, intensivierter und verzerrter Wahrnehmung, Störungen des Bewegungssehens, Bewußtseinstrübung oder -einengung, auch zu Symptomen, die der Schizophrenie ähnlich sind[63]. Statt der üblichen euphorischen Stimmung können sich Angst, schwerste Erregungen, Wahnvorstellungen und unkontrolliertes aggressives Verhalten einstellen[64]. Die psychische Veränderung nach einer Halluzinogen-Einnahme hält lange an; sie beträgt bei LSD 8 bis 12 Stunden und kann bei STP/DOM bis zu 72 Stunden dauern[65].

---

[57] Christiani/Stübing S. 39; Kryspin-Exner S. 111; Kielholz S. 20. AA Keup S. 8, vgl. oben S. 37 Fn. 49.

[58] Kihlbom S. 61.

[59] Wie Simonis S. 120 meint.

[60] Szasz S. 11.

[61] Bleuler S. 331; Christiani/Stübing S. 46.

[62] Kihlbom S. 57.

[63] Leuner S. 36 f.; Ruoff S. 11; Täschner, Rausch S. 33; Bleuler S. 331; Beringer S. 75 und 83; Kryspin-Exner S. 112.

[64] Kaij S. 14; Bleuler S. 331; Kryspin-Exner S. 111; Leuner S. 359. Genauere Schilderungen aggressiven Verhaltens finden sich bei Zühlsdorf/Güssow S. 55, Kreuzer, Drogen S. 350 f. und Täschner, Rausch, S. 34.

[65] Christiani/Stübing S. 46; Ruoff S. 11.

d) Opiate

Morphium und Heroin sind Suchtstoffe; nach mehrmaliger Injektion bewirken sie eine physische und psychische Abhängigkeit des Rauschmittelkonsumenten[66].

Verschiedene psychische Zustände lassen sich unterscheiden, die durch eine Opiatinjektion ausgelöst werden[67]: In der ersten, 10 bis 15 Minuten dauernden „high"-Phase werden alle Außenreize, die Aktivität auslösen können, unterdrückt; so kommt es zu Apathie und Passivität[68].

In den darauf folgenden 3 bis 6 Stunden, der „straight"-Phase, verhält sich der Opiatabhängige psychisch unauffällig. In diesem Zustand „normaler" Wachheit kann die Opiateinnahme weder mit klinischen noch mit psychologischen, vielmehr nur mit chemischen Methoden diagnostiziert werden. Dieser psychisch ausgeglichene Zustand beruht darauf, daß der Opiatabhängige gegenüber der beruhigend-narkotischen Opiatwirkung eine Toleranz entwickelt, die es ihm ermöglicht, trotz regelmäßiger Einnahme großer Opiatmengen selbst qualifizierte Berufstätigkeit jahrelang auszuüben[69].

An den relativ guten Leistungszustand der „straight"-Phase[70] schließt sich die „sick"-Phase an, die durch zunächst unbedeutende Abstinenzsymptome eingeleitet wird, welche 18 bis 24 Stunden nach der Injektion ausgeprägter werden und ihren Höhepunkt um die 40. bis 48. Stunde haben. Im Vordergrund stehen hierbei schwere körperliche Beschwerden, welche durch eine erneute Opiatinjektion rasch beseitigt werden.

Vergleicht man die Veränderungen der Psyche durch Opiate mit denjenigen, die durch Halluzinogene hervorgerufen werden, so lassen sich bei letzteren viel „buntere" Symptome[71] feststellen, als Opiate sie hervorzurufen vermögen, denn die Opiateinnahme führt weder zu Halluzinationen noch zu Wahrnehmungsveränderungen[72].

e) Kokain

Kokain bewirkt bei erstmaliger Einnahme vorwiegend körperliche Beschwerden bis hin zu epileptoiden Krämpfen. Der an Kokain Gewöhnte hingegen gerät in einen euphorischen Zustand, der das Gefühl

---

[66] Solms S. 36.

[67] Die Darstellung folgt Gunne/Erikson S. 21.

[68] Täschner, Rausch S. 37.

[69] Gunne/Erikson S. 20 und 23.

[70] Wanke/Täschner S. 216.

[71] Kryspin-Exner S. 112.

[72] Täschner, Rausch S. 38.

erheblich gesteigerter geistiger und körperlicher, auch sexueller Leistungsfähigkeit vermittelt. Außerdem kann es zu Halluzinationen, Eifersuchts- oder Verfolgungswahn, Wahrnehmungsstörungen, Verwirrtheitszuständen und Tobsuchtsanfällen kommen; statt dessen können aber auch Erlebnisspaltungen bei weitgehend erhaltener Bewußtseinsklarheit auftreten[73]. Verglichen mit Alkohol führt Kokain zu intensiverer Willenserregung, jedoch geringerer Beeinträchtigung der Verstandesleistungen. Außerdem wird auch die Bewegungssicherheit anders als bei Alkohol im allgemeinen nicht eingeschränkt[74].

f) Amphetamine

Amphetamine sind synthetisch hergestellte Substanzen, die in der Medizin als Appetitzügler oder als Wachhaltemittel verwendet werden. Hochdosierte Einnahme führt zu vielfachen optischen und akustischen Halluzinationen und Sinnestäuschungen, die von nicht zu zügelnder Betriebsamkeit überlagert sind. Das Gefühl geistig und körperlich (hier auch: sexuell) gesteigerten Leistungsvermögens kann zu Fehlverhaltensweisen führen, insbesondere wenn Reizbarkeit, Angst und Verfolgungs- oder andere Wahnideen hinzutreten[75].

II. Kriterien der Rauschgefährlichkeit

Da der Rausch in § 323 a I als gefährlicher Zustand der Psyche zu verstehen ist[1], sind die soeben dargestellten Rauschmittelwirkungen auf ihre Gefährlichkeit hin zu untersuchen.

1. Der Zusammenhang zwischen Rauschmittelwirkung und Gefahr

Manche rauschmittelbedingten psychischen Zustände sind — isoliert betrachtet — im Hinblick auf Rechtsgutsverletzungen nicht gefährlich: Erhöhte Reizbarkeit, emotionelle Instabilität, Euphorie, Orientierungsstörungen und Passivität liegen noch innerhalb jener Bandbreite, in der sich die üblichen — von Rauschmitteleinnahme unabhängigen — Schwankungen der Psyche abspielen[2].

---

[73] Täschner, Rausch S. 35 f.; Bleuler S. 323; Christiani/Stübing S. 36; Ruoff S. 8 f.

[74] J. Lange, Psychopathologie S. 480.

[75] Täschner, Rausch S. 37; Bleuler S. 328; Christiani/Stübing S. 42 f.; Ruoff S. 9. Szasz S. 11 hält demgegenüber Amphetamine weder für Rauschgifte noch für gefährlich.

[1] Siehe oben S. 24 ff.

[2] Zu Recht meint Hellmuth von Weber, MDR 1952 S. 641, durch alkoholische Getränke „in Stimmung" zu kommen, sei mit keinem Makel behaftet. Seine Schlußfolgerung hieraus, ein rechtlicher Vorwurf erhebe sich erst dann,

Demgegenüber läßt sich an andere Rauschmittelwirkungen, wie z. B. Halluzinationen, panikartige Angstzustände und Verfolgungswahn unmittelbar das Urteil knüpfen, Rechtsgutsverletzungen seien wahrscheinlich. Diese Wirkungen können als per se gefährlich bezeichnet werden.

Die meisten Rauschmittelwirkungen sind, was die Frage nach ihrer Gefährlichkeit angeht, zwitterhaft: Die Gefahr, die beispielsweise mit Wut, Sinnestäuschungen und dem Gefühl gesteigerten sexuellen Leistungsvermögens verbunden ist, hängt von der Intensität des jeweiligen Zustandes ab.

Diejenigen Wirkungen, die für sich allein ungefährlich sind, können dann zu einer Gefahr werden, wenn sie kombiniert auftreten: Die sedierende Wirkung mancher Rauschmittel ist für sich allein ungefährlich; anders dann, wenn sie einhergeht mit einer Selbstüberschätzung des Rauschmittelkonsumenten. Es besteht dann beispielsweise die Gefahr, daß er trotz des reduzierten Reaktionsvermögens am Straßenverkehr teilnimmt. Zum Zusammenhang zwischen Rauschmittelwirkung und Gefahr läßt sich also zweierlei sagen: Einerseits lassen sich wegen der Möglichkeit von Wirkungskombinationen keine Rauschmittelwirkungen nennen, die stets ungefährlich sind, andererseits ist keine der beschriebenen typischen Rauschmittelwirkungen unabdingbare Voraussetzung des Gefährlichkeitsurteils; deshalb eignen sie sich allesamt nicht zur Definition des Rauschbegriffs.

2. Die Psychose als Rauschmittelwirkung

Die rauschmittelbedingten psychischen Störungen können so schwer sein, daß sie von einer Geistes- oder Gemütskrankheit (Psychose[3]) nicht zu unterscheiden sind. Halluzinogene und Amphetamine z. B. können in ihrer Wirkung einem schizophrenen Schub ähneln[4]; Alkohol, Cannabis und Kokain führen bisweilen zu Halluzinosen und paranoiden Psychosen; Phencyclidin kann epileptische Anfälle auslösen[5]. All diese krankheitsähnlichen Erscheinungen sind gemeingefährlich. Das zuvor gebildete Beispiel des sich selbst überschätzenden Sedierten zeigt, daß der Umkehrschluß unrichtig ist: Nicht alle gemeingefährlichen psychischen Zustände ähneln einer Psychose. Deshalb ist es verfehlt, den

---

wenn der Alkoholisierte sich „vorbeibenehme", ist jedoch wenig überzeugend, da Alkohol außer (guter) „Stimmung" noch viele andere psychische Zustände hervorzurufen vermag.

[3] Duden S. 2064.

[4] Täschner, Rausch S. 65.

[5] Ellinger S. 56; Bleuler S. 327 und 331; Scheiff S. 40 f.; Wanke/Täschner S. 214; Kryspin-Exner S. 111; Berner S. 195.

Rauschbegriff auf die Psychose zu beschränken, wie dies bisweilen geschieht[6].

3. Die Rauschmittelwirkung als alleinige Grundlage des Gefährlichkeitsurteils

Das Urteil, ein Rausch sei gefährlich, beruht darauf, daß nur ein Teil der Bedingungen berücksichtigt wird, die den weiteren Geschehensablauf bestimmen[7]. In Rechtsprechung und Literatur besteht keine Einigkeit darüber, was zu dem zu berücksichtigenden Teil gehört: ob sich das Gefährlichkeitsurteil nur auf den veränderten Zustand der Psyche oder außerdem auf die Veranlagung des Täters und die äußeren Umstände der Berauschung stützen soll.

Richard Lange meint, die typische Rauschgefahr hänge von der Veranlagung des Berauschten ab[8], denn nur derjenige sei gefährlich, der im Rausch zu Ausschreitungen neige[9]. Bedenken gegen diese Auffassung ergeben sich schon daraus, daß sie allzusehr auf den Alkohol zugeschnitten ist. Die vielfältigen, „bunten" Erlebnisse unter Halluzinogen-Einwirkung schließen beispielsweise die Feststellung aus, ein Halluzinogen-Konsument neige zu einem bestimmten Verhalten. Der entscheidende Einwand ergibt sich aber daraus, daß beim Berauschten vor allem die Unvorhersehbarkeit seines Verhaltens als bedrohlich empfunden wird[10]. Das Verhalten dessen, der im Rausch zu Ausschreitungen neigt, ist ebenso unvorhersehbar, wie es das Verhalten jedes anderen berauschten Menschen ist. In den Rauschbegriff ist daher die Veranlagung des Rauschmittelkonsumenten nicht einzubeziehen.

Die Unberechenbarkeit der Rauschmittelwirkungen wird besonders deutlich an einem Phänomen, das „Echowirkung" oder „flash back" genannt wird: Nach Abklingen der berauschenden Wirkung tritt mit unterschiedlichem zeitlichen Abstand ohne erneute Rauschmittelzufuhr ein Zustand ein, der dem zuvor abgeklungenen Rausch ähnlich ist[11].

---

[6] Derwort S. 70 f.; Kryspin-Exner S. 109.

[7] Vgl. oben S. 25.

[8] Richard Lange, ZStW 59 S. 584; ebenso Fajen S. 44 f.

[9] In diesem Sinne auch OLG Celle NsRPfl 1950, 128; OLG Oldenburg NsRPfl 1951, 131; K. Schäfer, JW 1936 S. 1130; ähnlich Schultz, Behandlung S. 32, Sauer S. 596 und Arzt/Weber Rn 427. Schon Kohlrausch, ZStW 32 (1911) S. 661 hatte in seinem Vorschlag einer Gesetzesneufassung die Neigung zu Straftaten als Tatbestandsmerkmal aufgenommen.

[10] BGHSt 16, 124, 128 (1961); OLG Celle VRS 41, 197, 200 (1971); Krumme S. 284. Ochernal/Szewczyk S. 185 berichten beispielsweise von einem Lehrer, der sich in 17jähriger Ehe immer normal verhalten hatte; während eines Ferienlagers betrat er nachts berauscht das Zelt dreier Schülerinnen, legte sich zwischen sie und nahm an ihnen sexuelle Handlungen vor.

[11] Bresser S. 64; vgl. auch Leuner S. 364.

Zum „flash back“ kann es nach Cannabis-, Halluzinogen-, Amphetamin- und Alkoholeinnahme kommen; der Abstand zum ersten Rausch kann bis zu Wochen oder Monaten dauern[12]. Wegen der Möglichkeit, es könne zum „flash back“ kommen, wie auch wegen der Unvorhersehbarkeit der genauen Wirkungsdauer eines Rauschmittels eignen sich die äußeren Umstände der Rauschmitteleinnahme nicht als Grundlage des Gefährlichkeitsurteils: Die Rauschmitteleinnahme „im stillen Kämmerlein“ birgt ebenso Gefahren wie die Einnahme an belebten Orten[13].

Das Reichsgericht meint, ein Berauschter sei häufig so lange ungefährlich, bis ihn ein äußeres Ereignis zum Handeln anrege[14]. Schröder hält den Rauschzustand überhaupt nur in einer konkreten Handlungs- oder Pflichtensituation für gefährlich[15]. Die Fülle der in Frage kommenden stimulierenden Ereignisse oder konkreten Situationen läßt sich jedoch im Tatbestandsmerkmal Rausch nicht schildern. Diese Ereignisse und Situationen gehören daher zu jenen Bedingungen des weiteren Geschehens, die im Gefährlichkeitsurteil nicht berücksichtigt werden können[16].

Somit ist der Rauschbegriff allein aus den Wirkungen der Rauschmittel auf die Psyche zu bilden. Die Einbeziehung irgendwelcher Umstände in das Gefährlichkeitsurteil ist verfehlt.

---

[12] Christiani/Stübing S. 41 und 46; Täschner, Haschisch S. 89; Berner S. 259. Nach Kreuzer, Drogen S. 335 hat jeder zweite Rauschmittelkonsument „flashback“-Erfahrung. Hingegen wurde nur bei einem von 126 Patienten, die im Jahre 1969 in einem Psychiatrischen Krankenhaus in New York Aufnahme fanden, ein „flash back“ diagnostiziert: Keup S. 20.

[13] Maurach/Schroeder S. 304 halten es für „unerträglich, denjenigen, der sich im stillen Kämmerlein betrinkt und gegen seinen Willen in eine straftatprovozierende Umgebung verbracht wird, nach § 323 a zu bestrafen“. Ähnlich Haft, JA 1979, S. 656. Auch Cramer, Vollrauschtatbestand S. 102 bewertet den Rausch, den man sich zu Hause antrinkt, als ungefährlich, während Hardwig, GA 1964 S. 148 ihn für keineswegs harmlos hält. Hardwig hat schon deshalb recht, weil die Rechtsgutsobjekte Leib und Leben des Rauschmittelkonsumenten auch im stillen Kämmerlein durch seinen eigenen psychischen Zustand bedroht sind. Täschner, Haschisch S. 89 nennt im Zusammenhang mit Panikerlebnissen nach Cannabiseinnahme eine erhebliche Erhöhung der Selbstmordgefahr. Schmidhäuser BT 15/24 geht davon aus, es gebe Vorkehrungen, welche die Rauschgefährlichkeit „restlos“ ausschließen; zu Recht aA Entwurf 1960 S. 498.

[14] RGSt 73, 132, 134 (1939); ähnlich Hogräfer S. 35.

[15] Schröder, DRiZ 1958 S. 220. Ähnlich S/S/Cramer Rn 1: Für den Rauschzustand ist vorausgesetzt, daß er „nach den obwaltenden Umständen“ gefährlich ist.

[16] Zu Recht meint Grasmann S. 15 f., die Gefährlichkeit des Rausches sei von äußeren Umständen unabhängig; von diesen könne es aber abhängen, ob die Gefährlichkeit in Form der Rauschtat „durchbreche“.

4. Die schwere Bewußtseinsstörung

Versteht man die Psyche als eine komplexe Gesamtheit von Einzelmomenten, so unterscheiden sich die einzelnen Rauschmittelwirkungen im wesentlichen darin, daß unterschiedliche Einzelmomente verändert werden (solche Einzelmomente sind beispielsweise ein bestimmter Bewußtseinsinhalt oder der Sexualtrieb). Allen Rauschmittelwirkungen ist jedoch eines gemeinsam: Sie verändern das psychische Gesamtgefüge. Ob eine derartige Veränderung gefährlich ist oder nicht, hängt von ihrer Intensität ab; welches psychische Einzelmoment verändert wird, ist nicht entscheidend[17].

Besonders intensiv ist die Psyche dann gestört, wenn sich die Rauschmittelwirkungen von einer Psychose nicht unterscheiden lassen; ein solcher psychoseähnlicher Zustand ist stets gemeingefährlich[18]. Ebenso gefährlich ist eine psychische Störung dann, wenn sie einer Psychose zwar nicht ähnelt, aber die gleiche Intensität aufweist, die für eine Psychose charakteristisch ist. Gemeingefährlich sind daher diejenigen Rauschmittelwirkungen, die das psychische Gesamtgefüge mit der gleichen Intensität ändern, mit der es auch durch eine Psychose geändert würde.

Der Zustand, der durch eine solche Änderung herbeigeführt wird, soll als „schwere Bewußtseinsstörung" bezeichnet werden. Dieser Sprachgebrauch lehnt sich an den des Bundesgerichtshofs an; in einem Urteil zu § 330 a aF[19] wird ausgeführt, eine Gefährdung der Allgemeinheit könne aus der rauschmittelbedingten Bewußtseinsstörung erwachsen. Folgt man dem, so läßt sich sagen: Während jede Bewußtseinsstörung gemeingefährlich sein „kann", ist die schwere Bewußtseinsstörung stets als abstrakt gemeingefährlich zu bewerten.

III. Der Rauschbegriff

Nachdem nun mit der „schweren Bewußtseinsstörung" ein stets abstrakt gemeingefährlicher Zustand der Psyche benannt ist, kann jetzt der Rauschbegriff endgültig bestimmt werden[20]. Um Verwirrungen nicht entstehen zu lassen, soll der hier zu bildende strafrechtliche Rauschbegriff gegen den Begriff der Umgangssprache abgegrenzt werden: Umgangssprachlich wird als Rausch ein übersteigerter Gefühls-

---

[17] Zutreffend hält Schewe, Alkoholdelinquenz S. 58 das „Ausmaß der psychischen Alteration" für ausschlaggebend.

[18] Vgl. oben S. 41.

[19] BGHSt 1, 124, 125 (1951); ähnlich BGHSt 26, 363 (1976).

[20] Zum vorläufigen Begriff vgl. oben S. 29. Ausgeklammert bleibt an dieser Stelle die Einbeziehung der Schuldunfähigkeit in den Rauschbegriff; siehe hierzu unten S. 51 ff.

zustand[21] wie auch der Zustand eines stark betrunkenen Menschen[22] bezeichnet. Der so verstandene „Rausch" ist nicht notwendigerweise gemeingefährlich[23], weshalb er für die Begriffsbildung in § 323 a I ungeeignet ist. Beim Auslegungstatbestand auf die Umgangssprache zurückzugreifen, ist außerdem schon deshalb zweifelhaft, weil deren Ungenauigkeit einer teleologischen Begriffsbildung entgegensteht[24]. Montenbruck beispielsweise postuliert den Rausch als einen Zustand, „der schon im allgemeinen Sprachgebrauch als seinem ‚Erscheinungsbild' nach als ‚Rausch' zu bezeichnen" sei[25]: Mangels eines feststehenden allgemeingültigen Rauschbegriffs in der Umgangssprache ist diese Aussage inhaltsleer.

1. Der rauschmittelspezifische Rausch

Die Folgen eines „allgemeinen" Sprachgebrauchs zeigen sich besonders in den Fällen, in denen sich die Rechtsprechung mit der Einnahme von Schmerz- oder Schlafmitteln zu beschäftigen hatte. Diese Medikamente sind zwar psychotrop und deshalb Rauschmittel im Sinne des § 323 a I, ihre Wirkung wird jedoch selbst bei hoher Dosierung umgangssprachlich nicht als „Rausch" bezeichnet. Die Rechtsprechung meint daher, Medikamenteneinnahme erfülle nur dann den Unrechtstatbestand des § 323 a I, wenn sie „zu einem dem Alkohol- oder Drogenrausch vergleichbaren Rauschzustand"[26] führe. Die Darstellung oben hat gezeigt, daß sowohl Alkohol als auch andere Rauschmittel vielfältige Wirkungen haben können, die sogar teilweise unvereinbar sind. Beispielsweise kann Cannabiskonsum zu Apathie führen, statt ihrer aber auch zu Wutanfällen[27]: *Den* Begriff des Cannabis-Rausches, der beide seelische Befindlichkeiten gleichermaßen umfaßt, kann es nicht geben. Deshalb ist es falsch, Medikamentenwirkungen nach ihrer Ähnlichkeit zum „Alkohol- oder Drogenrausch" zu beurteilen.

---

[21] Duden S. 2106; Zutt I/36: Rausch als Exzeß und Ekstase.

[22] Arno Müller, Beiträge S. 20; Feser/Kohler/Rehm S. 11.

[23] Ein hübsches Beispiel dieses umgangssprachlichen Rauschbegriffs findet sich im Gutachten von Fuld für den 21. Deutschen Juristentag 1890 auf S. 99: „Wo die meisten Schankstellen anzutreffen sind, wo der auf den Kopf der Bevölkerung entfallende Alkoholconsum der bedeutendste ist, wo der Rausch den chronischen Zustand der Bevölkerung bildet, gehören die Körperverletzungen durch alle Kategorien, vor Allem aber die wüsten Messeraffairen und Schlägereien zu dem täglichen Brod der Gerichte."

[24] Ähnlich auch BayObLG JR 1980, 27, 28.

[25] Montenbruck S. 234.

[26] BayObLG bei Rüth, DAR 1980, 257, 267 (Nr. 16 a und b). Ähnlich S/S/Cramer Rn 8.

[27] Vgl. oben S. 36 f.

Ebenso falsch wäre es, von der Einnahme eines bestimmten, als „gefährlich“ anerkannten Rauschmittels unbesehen auf die Gefährlichkeit der psychischen Veränderung zu schließen: Der psychische Zustand nach einer Opiatinjektion kann während der „straight“-Phase nicht ohne weiteres als gemeingefährlich angesehen werden[28].

Schließlich setzen die meisten der psychischen Zustände, die oben als Rauschmittelwirkungen beschrieben wurden, nicht einmal eine Rauschmitteleinnahme voraus: Einerseits sind Menschen in der Lage, sich gezielt in solche Zustände ohne Rauschmitteleinnahme zu versetzen[29]; andererseits können auch erregende Erlebnisse ausreichen, einen Rauschzustand auszulösen[30]. Nach alledem kann „in dem für das jeweilige Rauschmittel typischen, die psychischen Fähigkeiten durch Intoxikation beeinträchtigenden Zustandsbild“[31] kein sachgerechter Rauschbegriff gesehen werden[32].

2. Der enthemmende Rausch

Olshausen[33] bezeichnet den Rausch als einen seelischen „Zustand, in dem die vom Gehirn ausgehenden Hemmungswirkungen herabgesetzt oder ganz aufgehoben sind“, und der Bundesgerichtshof meint[34], häufig überschaue zwar der Täter die Tragweite seiner Handlung, verfüge jedoch infolge seines Rausches nicht mehr über das erforderliche Hemmungsvermögen; der Berauschte vermag diesen Auffassungen zufolge deliktischen Impulsen keine ausreichenden Hemmungen mehr entgegenzusetzen[35].

---

[28] Vgl. hierzu Kreuzer, Jugend S. 125, der im Zusammenhang mit Opiatmißbrauch nur Beschaffungs- und solche Aggressions-Kriminalität erwähnt, die (drohenden) Entzugserscheinungen entspringt; eine auffällige Aggressionskriminalität bei „klassischen Morphinisten“ sei nicht bekannt. Die mögliche Ungefährlichkeit der „straight“-Phase zeigt auch, daß die Definition des Rausches als des Zustandes „einer akuten Intoxikation“ (Dreher/Tröndle Rn 2) verfehlt ist.

[29] Solms S. 37.

[30] Kryspin-Exner S. 109.

[31] Lackner Erl. 2 a; ihm zustimmend Horn, JR 1977 S. 211, Montenbruck S. 231 und Otto S. 385 f. Ähnlich LK-Lay 9. Auflage § 330 a Rn 24; BayObLG (St) 1958, 108, 112; BGH bei Martin DAR 1974, 113, 117; BGH bei Spiegel DAR 1979, 173, 180 (Nr. 5 a); BGH BA XX (1983), 522, 524 (in NStZ 1984, 74 nicht abgedruckt).

[32] Gerchow, Festschrift für Sarstedt S. 8; zweifelnd auch Bockelmann BT S. 211 und Puppe, Jura 1982 S. 288.

[33] Olshausen 4 a zu § 330 a.

[34] BGHSt 1, 384, 385 (1951).

[35] Schröder, DRiZ 1958 S. 221; ähnlich Hellmuth von Weber, MDR 1952 S. 641.

Die Enthemmung zum Inhalt des Rauschbegriffs zu machen[36], ist jedoch problematisch, weil damit der Eindruck entsteht, als beschränke sich die Rauschmittelwirkung darauf, latent vorhandene deliktische Impulse (z. B. Angriffslust gegen den friedlichen Tischnachbarn) zum Durchbruch kommen zu lassen. Möglicherweise werden deliktische Impulse aber gerade durch die Rauschmitteleinnahme ausgelöst[37]. Es spielt für das Urteil, ein psychischer Zustand sei gefährlich, keine Rolle, ob er dadurch zustande kam, daß das Rauschmittel Hemmungen abgebaut hat, oder dadurch, daß es deliktische Impulse aufgebaut hat.

Zudem lassen sich mit dem Begriff der Enthemmung psychische Vorgänge beschreiben, die offensichtlich mit einem gemeingefährlichen Rausch nichts zu tun haben: Der Straßenbahnfahrgast, der — angeheitert durch eine Flasche Bier — schwarzfährt, was er nüchtern nie täte[38], befindet sich nicht in einem Rausch gemäß § 323 a I, obwohl er sich auf Grund rauschmittelbedingter Enthemmung zu der Schwarzfahrt hat hinreißen lassen.

Der berauschte wie der nichtberauschte Täter setzen sich über Hemmungen hinweg, die, sofern sie wirksam geworden wären, den Rechtsbruch verhindert hätten. Enthemmung ist kein Spezifikum des Rausches. Berücksichtigt man ferner, daß die Enthemmung ganz überwiegend als Alkoholwirkung genannt wird[39], von der aus nicht auf die Wirkung anderer Rauschmittel geschlossen werden kann[40], so ergibt sich aus alledem, daß der Rauschbegriff nicht an den Begriff der Enthemmung zu koppeln ist. Die Enthemmung ist — genauso wie z. B. Verwirrung, Assoziations- und Wahrnehmungsstörungen — eine mögliche, nicht aber die einzige gefährliche Folge der Rauschmitteleinnahme[41].

3. Der Rausch als Verkehrsuntüchtigkeit

Ingeborg Puppe bezeichnet den Rausch als „einen Zustand der vollständigen Verkehrsuntüchtigkeit", womit eine „über das der Allgemeinheit zumutbare Maß hinausgehende Beeinträchtigung von im Verkehr

---

[36] KG NJW 1972, 1529, 1530; Lackner Erl. 2 a; Ganteführer S. 82 f. Auch Maurach, JuS 1961 S. 381 meint, § 330 a aF schütze den Rechtsfrieden nur insoweit, als er durch Enthemmung bedroht sei.

[37] Der Rausch „setzt" echte Motive: Gruhle S. 120.

[38] Daß Menschen schon unter Einfluß geringer Alkoholmengen zu Straftaten verleitet werden können, die sie in nüchternem Zustand nie täten, bejaht auch Venzlaff S. 845.

[39] Hellmuth von Weber, MDR 1952 S. 641; Seibert S. 1028; Bruns, JZ 1958 S. 108; Schüler-Springorum S. 367; Hesse S. 10.

[40] Amendt S. 109.

[41] Breucker S. 192.

erforderlichen Fähigkeiten" gemeint ist[42]. Da Puppe weder das der Allgemeinheit zumutbare Maß näher beschreibt, noch einen Hinweis darauf gibt, in welchem Verkehr welche Fähigkeiten erforderlich sind, ist ihr Rauschbegriff für die Strafrechtsanwendung unbrauchbar.

Dies kritisiert auch Horn[43], der seinerseits den Rausch definiert als einen „Zustand, in dem — rauschmittelbedingt — die Gesamtleistungsfähigkeit so weit herabgesetzt ist, daß der Täter bei plötzlichem Auftreten auch schwieriger Entscheidungssituationen, wie sie jederzeit eintreten können, sich nicht mehr sicher zu steuern vermag". Dieser Rauschbegriff ist zwar prägnanter als derjenige von Puppe; zweifelhaft ist es aber, warum der gefährliche Rausch von anderen psychischen Zuständen nur danach abgegrenzt wird, wie der Rauschmittelkonsument auf plötzliche Ereignisse zu reagieren vermag. Bei einem Berauschten ist die Gefahr falschen Reagierens nicht bedrohlicher als die Gefahr falschen Agierens.

4. Der sachgerechte Rauschbegriff: Der Rausch als schwere Bewußtseinsstörung

Das gedeihliche Zusammenleben in einer Gesellschaft setzt voraus, daß sich die Menschen in ihrem Verhalten an den Leitbildern der sozialen Ordnung orientieren. Hierzu ist derjenige Mensch nicht in der Lage, dessen geistige Teilhabe am Sozialleben durch die Wirkung eingenommener Rauschmittel ausgeschlossen ist[44]: Seine Willensbildung vollzieht sich jenseits der Realität; seine Handlungen sind deshalb der Gemeinschaft gegenüber unverantwortlich[45]. Der Berauschte erliegt mangels vernunftgemäßer Willensbildung äußeren Versuchungen, denen er ohne Rauschmitteleinnahme nicht erläge[46]. Der psychische Zustand, der auf diese Weise das gedeihliche Zusammenleben in einer Gesellschaft stört, ist die schwere Bewußtseinsstörung. Sie allein ist sachgerechter Inhalt des Rauschbegriffs.

Als schwer wurde oben auf S. 44 diejenige Bewußtseinsstörung bezeichnet, die entweder ihrem gesamten Erscheinungsbild nach oder in bezug auf die Störungsintensität einer Psychose ähnlich ist. Psychosen

---

[42] Puppe, GA 1974 S. 110 und 115; wegen des mißverständlichen Anklangs des Wortes „Verkehrsuntüchtigkeit" an die „Fahruntüchtigkeit" spricht Puppe nunmehr (Jura 1982 S. 285 ff.) von „Sozialuntüchtigkeit".

[43] Horn, JR 1980 S. 6; kritisch auch Heiß S. 67.

[44] Schewe, Bewußtsein S. 149 bezeichnet dies als „soziale Desintegration".

[45] Vgl. Ranft, MDR 1972 S. 741; BGHSt 16, 124, 125 (1961); Schmidhäuser BT 15/19; Entwurf 1960 S. 498. Gantefährer S. 84 und OLG Köln GA 1959, 380, 381: „Fehl- bzw. Überreaktion".

[46] BGHSt 1, 275, 277 (1951); BGH DAR 1954, 213; BGH JR 1958, 28; Schröder, DRiZ 1958 S. 221; Cramer, Vollrauschtatbestand S. 79.

werden in § 20 „krankhafte seelische Störungen“ genannt, und mit „tiefgreifenden“ Bewußtseinsstörungen sind solche gemeint, die ihrer Intensität nach einer Psychose ähneln[47]. Zu Recht setzt Horn[48] daher den Rauschbegriff mit der „biologischen Komponente“ in § 20 gleich.

Als Rausch im Sinne des § 323 a I ist eine schwere Bewußtseinsstörung (krankhafte seelische Störung und tiefgreifende Bewußtseinsstörung, § 20) zu verstehen.

IV. Berauschung als Unrecht

Versteht man die Berauschung gemäß dem zuvor gebildeten Rauschbegriff als das Herbeiführen einer schweren Bewußtseinsstörung, also eines stets abstrakt gemeingefährlichen Zustandes der Psyche, so erscheint es naheliegend, die Berauschung als Unrecht anzusehen. Insofern besteht in der Lehre aber keineswegs Einigkeit: Manche Autoren leugnen den Unrechtsgehalt der Berauschung ohne nähere Begründung[49], so daß nicht feststellbar ist, ob diesen Meinungen ein anderer Berauschungsbegriff zugrunde liegt als der hier vertretene. Heinitz beispielsweise differenziert nicht zwischen Berauschung und Rauschmitteleinnahme; er hält den Gesetzgeber für außerstande, das Sichbetrinken unter Strafe zu stellen, weil dieses „an sich“ weder rechtswidrig noch verboten sei[50]. Heinitz hat insoweit recht, als das „Sichbetrinken“ (Rauschmitteleinnahme) durchaus rechtmäßig sein kann: Zu denken ist etwa an das Nippen an einem Glas Wein oder an das Trinken eines kleinen Glases Bier zum Essen. Im Rahmen des § 323 a I stellt sich jedoch gar nicht die Frage nach der Rechtmäßigkeit der Rauschmitteleinnahme „an sich“; entscheidend ist vielmehr der Unrechtsgehalt der Berauschung.

In der Literatur werden vier Gründe genannt, warum die Berauschung kein Unrecht sein könne. Erstens wird behauptet, die Berau-

[47] Lackner Erl. 2 a und b zu § 20.

[48] Horn, JR 1980 S. 4.

[49] Maurach, Schuld S. 108 und JuS 1961 S. 374; Arthur Kaufmann, JZ 1963 S. 428; Hellmuth Mayer, SchlHA 1962 S. 107; Diemer-Nicolaus S. 148; Sax S. 15; Richard Lange, JZ 1951 S. 461 beruft sich auf die „Volksmeinung“. Ebenso: OLG Oldenburg NsRPfl 1951, 131, 132.

[50] Heinitz, DZgesgerMed 44 S. 510 und ebenso Streng S. 116. Hirsch S. 13 argumentiert folgendermaßen: Das Verbot fahrlässigen Sichbetrinkens „würde heißen, daß eine rechtliche Sorgfaltspflicht besteht, Alkohol nur so behutsam zu trinken, daß kein Rauschzustand eintritt. Gerade dies zeigt, daß tatbestandlich nicht von einem so weitgefaßten Verbotsinhalt ausgegangen werden darf[46].“ Sucht man in der Fußnote 46, was hier gezeigt wird, so trifft man auf diesen Satz: „Wollte der Gesetzgeber ein solches Verbot expressis verbis beschließen, fiele er entweder der Lächerlichkeit oder dem Vorwurf polizeistaatlicher Repression anheim.“ Solche Polemik ist beim Bemühen um eine sachgerechte Auslegung des § 323 a nicht hilfreich.

schung sei sozialadäquat[51]. Handlungen sind dann sozialadäquat, wenn sie sich im Rahmen der normalen, geschichtlich gewordenen Ordnung des Gemeinschaftslebens bewegen[52]. Das Gemeinwesen nimmt die mit solchen Handlungen verbundenen Nachteile deshalb hin, weil der Gewinn im ganzen mehr wiegt als der Nachteil[53]. Bei Berauschungen im Sinne schwerer Bewußtseinsstörungen ist ein Gewinn für die Gemeinschaft, der die Rauschgefahr aufwöge, nicht zu erkennen. Berauschungen sind nicht sozialadäquat[54].

Zur Begründung des fehlenden Unrechtsgehalts der Berauschung wird zweitens auf den harmlosen Verlauf der meisten Rauschzustände hingewiesen[55]. Selbst wenn diese Feststellung empirisch fundiert wäre, ginge sie ins Leere; der tatsächliche Verlauf des Rauschzustandes ist kein Kriterium für dessen Gefährlichkeit und daher auch nicht unrechtsrelevant.

Drittens wird die Meinung vertreten, die Berauschung könne kein Unrecht sein in einer Rechtsordnung, die die Prohibition nicht kenne[56] (wobei freilich die im Betäubungsmittelgesetz enthaltenen Verbote übersehen werden). Selbst wenn es jedoch nur auf den Alkohol und dessen freie Verkäuflichkeit ankäme[57], wären keineswegs alle Alkoholfolgen unrechtsneutral. Sonst müßten auch schwere Verkehrsunfälle als unrechtsneutral angesehen werden, solange der Verkauf schneller Autos zulässig ist. Das Fehlen der Prohibition besagt für das Unrecht der Berauschung ebensowenig wie das Fehlen einer ausdrücklichen Trinkerlaubnis[58].

Viertens ist noch eine Äußerung Maurachs in diesem Zusammenhang zu nennen. Er hält die Berauschung deswegen für rechtmäßig, weil ansonsten jedermann selbst dem stillsten Zecher Glas und Flasche zertrümmern oder dem Wirtshausgast das Portemonnaie wegnehmen kön-

---

[51] Brehm S. 149; Fajen S. 46; Hassemer S. 177. Krause/Thoma Rn 877 halten den Vollrausch für „gesellschaftlich integriert".

[52] Lackner Erl. II 14 vor § 32; Jescheck Lb S. 201.

[53] Schmidhäuser AT 6/103. — Maurach/Zipf § 17 Rn 17 hingegen setzen „die Vorstellung der Gemeinschaft" voraus, „daß das geübte Verhalten im Interesse des sozialen Zusammenlebens notwendig und richtig ist".

[54] Ebenso Dencker, JZ 1984 S. 456.

[55] OLG Celle NsRPfl 1950, 128; zustimmend Richard Lange, JZ 1951 S. 462 und OLG Oldenburg NsRPfl 1951, 131, 132; Kohler S. 51.

[56] Arthur Kaufmann, JZ 1963 S. 426 und Schuldprinzip S. 252; Kohler S. 51. Ähnlich auch Brandenberger S. 2, Gramsch, Tatbestand S. 47, Gunther Weber, Volltrunkenheit S. 23 und Haft, JA 1979 S. 656 sowie BT S. 265.

[57] Die Abhandlungen von Hellmuth von Weber, BA I S. 211, von Deselaers S. 41 und von Gunther Weber, Volltrunkenheit S. 93 berücksichtigen nur das Rauschmittel Alkohol.

[58] Lackner, JuS 1968 S. 217; LK-Lay 9. Auflage § 330 a Rn 7.

ne[59]. Es mag Fälle geben, in denen das Zechen im Wirthaus nicht rechtswidrig ist; diese entsprechen dann aber auch nicht der Schilderung des § 323 a I: Der Zecher nimmt Rauschmittel ein, versetzt sich jedoch nicht in den Zustand einer schweren Bewußtseinsstörung. Wenn jedoch der bereits angeheiterte „stille" Zecher dabei ist, eine so große Alkoholmenge einzunehmen, daß er hierdurch in einen gemeingefährlichen psychischen Zustand geriete, dann ist nicht einzusehen, warum das Einschreiten eines Unbeteiligten hiergegen von vornherein unzulässig sein sollte. Die Argumentation Maurachs und das von ihm gewählte Beispiel sind verfehlt.

Bei dem Urteil, die Berauschung sei gefährlich, spielen zwei Faktoren eine entscheidende Rolle: der Technisierungsgrad des Alltags- und Berufslebens sowie die hohe Bevölkerungsdichte in unserem Kulturbereich. Beide Faktoren machen die Berauschung zu einer so nachhaltigen Störung gedeihlichen Gemeinschaftslebens, daß es diese Beeinträchtigung mit den Mitteln des Strafrechts zu bekämpfen gilt[60]. Bevölkerungsdichte und Technisierung gebieten, die Berauschung als Unrecht zu bewerten[61]. In heutiger Zeit kann die Berauschung nicht mehr als unrechtsneutral angesehen werden[62].

B. Schuldunfähigkeit

§ 330 a I (1934) schilderte als Tathandlung das Sichversetzen „in einen die Zurechnungsfähigkeit (§ 51 Abs. 1) ausschließenden Rausch". Die Zurechnungsfähigkeit (Schuldfähigkeit im Sinne des § 20) wurde daher als Merkmal des Unrechtstatbestandes angesehen[63], und zwar im Sinne eines Rausch-Attributes: Der die Schuldfähigkeit ausschließende Rausch bekam den Namen „Vollrausch"[64]. § 51 I aF war „Gradmesser" für die

[59] Maurach, Schuld S. 109. Im Anschluß daran auch Arthur Kaufmann, Schuldprinzip S. 147; Deselaers S. 42; Kohler S. 51.

[60] Vgl. zur Ermöglichung gedeihlichen Gemeinschaftslebens als einzig erreichbarem Ziel des Strafens: Schmidhäuser Lb 3/15.

[61] BGHSt 16, 124, 125 (1961); OLG Bremen OLGSt § 330 a StGB S. 7 (1965); Hardwig, Studien S. 461; Hellmuth Mayer, ZStW 59 S. 303 f.; LK-Lay 9. Auflage § 330 a Rn 6 f.; Ranft, MDR 1972 S. 741; Schweikert S. 410; Müller-Dietz S. 76 f.; Bockelmann BT S. 208; Achenbach S. 596; Dreher/Tröndle Rn 9.

[62] So auch Dencker, NJW 1980 S. 2160; weitere Nachweise dort bei Fn 10.

[63] Cramer, Vollrauschtatbestand S. 93; Schultz, Behandlung S. 38; Hardwig, Studien S. 487; OLG Oldenburg NsRPfl 1951, 131, 132.

[64] Hardwig, Studien S. 459; Lackner, BA I S. 218; Roeder S. 211; Gunther Weber, Volltrunkenheit S. 96; OLG Düsseldorf GA 1962, 397. Das Präfix „voll" findet sich schon in einer Reformationsordnung des Landgrafen Wilhelm von Hessen aus dem Jahre 1656, nach welcher „das schädliche Laster und schwere Sünde des Vollsaufens" bestraft wurde, und Friedrich Wilhelm I.

Abgrenzung des „Vollrausches“ vom bloßen Rausch[65]. Als jedoch der Bundesgerichtshof die Anwendbarkeit des § 330 a aF auf die Fälle ausdehnte, in denen die Schuldfähigkeit durch den Rausch entweder erheblich vermindert oder ausgeschlossen war[66], verlor der Name „Vollrausch“ seine Bedeutung für den Rauschbegriff in § 330 a I aF, denn die Schuldunfähigkeit war nun nicht mehr notwendiges Merkmal des Unrechtstatbestandes[67].

Obwohl die Gesetzesneufassung von 1975 darauf verzichtet, den Rausch als einen die Schuldfähigkeit ausschließenden zu schildern, meint die Rechtsprechung, die Neufassung habe keine sachliche Änderung gebracht[68]. Nach wie vor halten die Gerichte die — zumindest nicht ausschließbare — Schuldunfähigkeit für ein Merkmal des Unrechtstatbestandes, welches nur dann erfüllt sei, wenn der sichere Bereich des § 21 überschritten ist[69]. Inhalt des Rauschbegriffs ist nach dieser Rechtsprechung die verminderte Schuldfähigkeit gemäß § 21[70]; da-

---

von Preußen erließ im Jahre 1718 ein „Allgemeines Edikt wegen Abstellung des Vollsaufens“ (Zitate bei Gramsch, Tatbestand S. 13 f.). Noch im Jahre 1971 bezeichnete der BGH (VRS 41, 93, 94) das Delikt des § 330 a aF als „Volltrunkenheit“.

[65] Ehmcke S. 89.

[66] Beschluß des Großen Senats für Strafsachen vom 15. 10. 1956, BGHSt 9, 390.

[67] In der Forderung von Puppe, GA 1974 S. 109, den „Vollrausch“ unabhängig vom Merkmal „Schuldfähigkeit“ zu bestimmen, ist das Präfix „Voll“ sinnentleert.

[68] BGH BA XX (1983), 522, 523 (in NStZ 1984, 74 nicht abgedruckt).

[69] BGH VRS 50, 358 (1975) und 56, 447, 448 (1979); BGH NJW 1979, 1370; OLG Schleswig MDR 1977, 247; OLG Hamm NJW 1977, 344; BayObLG VRS 58, 207 (1980) und bei Rüth, DAR 1982, 241, 251; offengelassen nunmehr aber in BGH NStZ 1984, 74, 75. Eigenartig ist ein Urteil des BGH (bei Spiegel, DAR 1979, 173, 180 Nr. 5 a), in dem es entgegen der ständigen Rechtsprechung heißt, Voraussetzung der Tatbestandsmäßigkeit sei stets, daß der Täter durch einen Rausch in den Zustand der Schuldunfähigkeit geraten sei. Wäre dies richtig, wäre in § 323 a I aE der Passus: „... oder weil dies nicht auszuschließen ist“ überflüssig, denn als Merkmal des Unrechtstatbestandes müßte die Schuldunfähigkeit erwiesen sein, wenn ein Täter nach § 323 a bestraft werden sollte.

[70] BayObLG JR 1980, 27; OLG Köln OLGSt § 330 a StGB S. 83, 84 (1980). OLG Hamburg OLGSt § 323 a StGB S. 1, 2 (1981): „Vollrausch“ als „Zustand der möglichen Schuldunfähigkeit“; daß das Gericht seine eigenen Begriffe nicht ernst nimmt, zeigt sich auf S. 3, wo gefordert wird, der Angeklagte hätte voraussehen „müssen“, daß er in einen seine Schuld ausschließenden (!) Rauschzustand geraten werde. Schewe, Alkoholdelinquenz S. 61 sieht (wie das OLG Hamburg auf S. 2) die „objektiv-tatbestandsmäßige“ Handlung darin, daß sich der Täter durch Rauschmitteleinnahme „in den Zustand möglicher Schuldunfähigkeit“ versetzt. Gülzow S. 127 versteht unter „Rausch“ im Sinne des § 323 a einen Zustand des Täters, „bei dem dieser deshalb gefährlich ist, weil er nicht mehr schuldfähig handeln kann oder dies wahrscheinlich ist“. Baumann Lb S. 369 bezeichnet als „Rausch“ den Zustand der Unzurechnungsfähigkeit. Ranft, JA 1983 S. 197 nennt die Schuldunfähigkeit ein „strafbegründendes Merkmal“. Bockelmann BT S. 207 versteht unter „Rausch“ eine

mit ist der „die Schuldfähigkeit beeinträchtigende Rausch“ Merkmal des Unrechtstatbestandes[71].

Nach Wortlaut und Sinn des § 20 gibt es keinen Zustand der Schuldunfähigkeit, der sich nur nach psychologischen Merkmalen bestimmen ließe; die Schuldunfähigkeit ist immer auf eine konkrete Tat bezogen. Das ist in Rechtsprechung[72] und Lehre[73] anerkannt. § 323 a I schildert jedoch keine konkrete Tat, die sich während des Rausches ereignet, sondern (irgend-)„eine rechtswidrige Tat“.

Die Beeinträchtigung der Schuldfähigkeit könnte sich also allenfalls auf die im Rausch begangene Tat beziehen. Diese konkrete Tat aber gehört zu jenen Bedingungen des weiteren Geschehens, die der Gesetzgeber bei seinem Urteil, der Rausch sei gefährlich, nicht berücksichtigt, weil er sie nicht kennt; die konkrete Tat kann daher nicht zum Rauschbegriff gehören[74]. Folglich gehört auch die Schuldfähigkeit oder -unfähigkeit nicht zum Rauschbegriff; das von der Rechtsprechung und Teilen der Lehre postulierte Unrechtsmerkmal des „die Schuldfähigkeit beeinträchtigenden“ Rausches ist systematisch-logisch unhaltbar[75].

Intoxikation, welche die Schuldfähigkeit aufhebt, obwohl er auf S. 212 schreibt, es müsse „mindestens“ verminderte Schuldfähigkeit vorliegen: Solche Widersprüchlichkeit unterstreicht überdeutlich die Notwendigkeit einer teleologischen Begriffsbildung bei § 323 a.

[71] BayObLG bei Rüth, DAR 1980, 257, 267 (Nr. 16 a); ebenso Wessels S. 192, S/S/Cramer Rn 8 und Arzt/Weber Rn 445. Wie angesichts dessen der BGH bei Spiegel, DAR 1979, 173, 180 (Nr. 5 b) fordern kann, der Vorsatz des Täters müsse darauf gerichtet sein, „in einen die Zurechnungsfähigkeit ausschließenden Rausch (‚Vollrausch‘) zu geraten“, ist unerklärlich. Die vorsichtigen Formulierungen in BGH NStZ 1984, 74 lassen eine Änderung der Rechtsprechung möglich erscheinen; siehe dazu Dencker, JZ 1984 S. 458.

[72] BGH DAR 1954, 213; BGHSt 14, 114, 116 (1960); BGH bei Martin, DAR 1962, 61, 65.

[73] Cramer, Vollrauschtatbestand S. 11; Schwalm S. 538; Schultz, Behandlung S. 40; Puppe, GA 1974 S. 98; Arbab-Zadeh S. 1403; Schewe, BA XIII S. 87; Brandenberger S. 34; Grüner, BA XVI S. 304. Anders jedoch Dencker, NJW 1980 S. 2162: Schuldunfähigkeit könne festgestellt werden „hinsichtlich irgendeines Normverstoßes in irgendeiner Situation“. Blei S. 363 meint, Vorsatz oder Fahrlässigkeit beim Berauschen müsse sich „auf die Überschreitung der sicheren Grenze des § 21 erstrecken“, nicht jedoch auf die Rauschtat. Ohne die Rauschtat läßt sich diese Grenze jedoch gar nicht bestimmen.

[74] AA BGH NStZ 1984, 74, 75.

[75] Horn, JR 1980 S. 2, auf dessen ausführliche Argumentation verwiesen wird. Lackner Erl. 2 b gibt zu, daß „die Verknüpfung der Begriffsbestimmung des Rausches mit dem Erfordernis verminderter Schuldfähigkeit dogmatisch nicht bedenkenfrei“ sei, hält sie aber gleichwohl für gerechtfertigt, um das Schuldprinzip zu wahren. Die Meinung von Horn (vgl. auch SK-Horn Rn 16) wird geteilt von Dreher/Tröndle Rn 5, LK-Tröndle § 1 Rn 99, Hentschel/Born Rn 280, Puppe, GA 1974 S. 98 f. und Jura 1982 S. 284, Maurach/Schroeder S. 306, Schmidhäuser BT 15/31 und Haft BT S. 268. AA Schewe, BA XIII S. 92 und BA XX S. 531, Wetterich/Plonka S. 33, Dencker, NJW 1980 S. 2165 und (trotz scheinbarer Zustimmung zu Horn) Jakobs AT 17/62.

Der Name „Vollrausch“ hat bei der Auslegung des Unrechtstatbestandes keine Bedeutung mehr[76]. Er dient nur noch als Überschrift zu § 323 a und ist insoweit für die Allgemeinheit anschaulicher, als es der präzisere Name „Rausch“ wäre.

[76] Dencker, JZ 1984 S. 453; aA Hirsch S. 19.

3. Kapitel

Die Rauschtat

In diesem Kapitel ist der Inhalt des Rauschtatbegriffs zu bestimmen, also des Begriffs der vom Täter im Rausch begangenen „rechtswidrigen Tat". Die Auslegung vollzieht sich in drei Schritten. Zunächst wird (im Abschnitt A) der Frage nachgegangen, ob die in Rechtsprechung und Literatur übliche Einordnung der Rauschtat als objektive Strafbarkeitsbedingung sachgerecht ist oder nicht. Von der Antwort auf diese Frage hängen die genauen Konturen des Rauschtatbegriffs ab, die in den Abschnitten B und C zu erarbeiten sind.

Zur Untergliederung in Rauschtatbegründung (B) und Rauschtatausschluß (C) ist folgendes zu sagen: Grundmerkmale jeder Straftat sind Unrecht und Schuld[1]. Verbreitet ist auch das Verständnis der Straftat als einer tatbestandsmäßigen, rechtswidrigen und schuldhaften Handlung[2]. Die rechtswidrige Tat im Sinn der allgemeinen Strafrechtslehre (und im Sinne des § 11 I Nr. 5[3]) ist gleichbedeutend mit Unrecht[4] bzw. einem „tatbestandsmäßig-rechtswidrigen", von der Schuld des Täters unabhängigen Verhalten[5]. Nach allgemeiner Ansicht gilt dieser Begriff auch für die Rauschtat[6]. Hierfür spricht nicht nur der Zusammenhang zwischen § 11 I Nr. 5 und § 323 a I[7], sondern vor allem, daß § 323 a I den Begriff der Schuldunfähigkeit in bezug auf die Rauschtat verwendet: Da sich Schuld immer auf Unrecht bezieht[8], setzt auch die Feststellung der Schuldfähigkeit Unrecht voraus. Der gängigen Meinung, daß die „rechtswidrige Tat" im Sinne des § 323 a I, also die

---

[1] Vgl. Schmidhäuser Lb 6/5 und Jescheck Lb S. 38, aber allgemein der Sache nach anerkannt. „Rechtswidrigkeit und Schuld" werden von S/S/Lenckner Rn 48 vor §§ 13 ff. als die beiden materiellen Wertkategorien genannt.

[2] Vgl. etwa Lackner Erl. III vor § 13; Baumann Lb S. 95.

[3] In der BT-Drucksache 7/550 S. 191 wird die rechtswidrige Tat als „rechtswidrige, aber nicht schuldhafte Handlung" bezeichnet. Diese Formulierung ist ungenau; korrekt wäre vielmehr die Kennzeichnung der rechtswidrigen Tat als rechtswidrig, aber nicht *notwendig* schuldhaft.

[4] Lackner Erl. III 3 b vor § 13.

[5] S/S/Eser § 11 Rn 44; Dreher/Tröndle § 11 Rn 33; Baumann Lb S. 96.

[6] Statt aller S/S/Eser § 11 Rn 44 (mit „§ 330 a" meint er § 323 a).

[7] BT-Drucksache 7/550 S. 211.

[8] Schmidhäuser Lb 6/15; Maurach/Zipf § 14 Rn 5; S/S/Lenckner Rn 19 vor §§ 13 ff.

Rauschtat begriffsidentisch sei mit der rechtswidrigen Tat im Sinne des § 11 I Nr. 5, wird im Aufbau der nachfolgenden Darstellung Rechnung getragen: Ebenso, wie sich in der allgemeinen Strafrechtslehre die Einzelmerkmale der rechtswidrigen Tat getrennt nach Unrechtsbegründung und Unrechtsausschluß darstellen lassen[9], wird auch in den Abschnitten B und C zwischen Rauschtatbegründung und Rauschtatausschluß getrennt.

Wären die Begriffe der Rauschtat und der rechtswidrigen Tat im Sinne des § 11 I Nr. 5 identisch, dann wäre unter der Überschrift „Rauschtatbegründung" dasselbe abzuhandeln, was in der allgemeinen Strafrechtslehre im Rahmen des Unrechtstatbestandes als der Unrechtsbegründung erörtert wird, und beim Rauschtatausschluß wären nicht anders als in der allgemeinen Strafrechtslehre unter dem Stichwort „Unrechtsausschluß" die einzelnen Rechtfertigungsgründe darzustellen. Soweit der Leser in den Abschnitten B und C dieses Kapitels mit anderen Gegenständen konfrontiert wird, als er sie in einem Strafrechtslehrbuch unter den Stichworten „Unrechtstatbestand" und „Rechtfertigung" erwarten würde, kann er auf Anhieb erkennen, inwiefern bei der Rauschtat einzelne Momente erörtert werden, die mit dem strafrechtlichen Allgemeinbegriff der rechtswidrigen Tat nichts zu tun haben. Darüber hinaus bietet sich die Untergliederung in Rauschtatbegründung und Rauschtatausschluß auch deshalb an, weil im Rahmen des § 323 a bei jeder Fallbeurteilung diese beiden Gedankenschritte zu vollziehen sind.

Vor den Abschnitten B und C, die die Einzelheiten des Rauschtatbegriffs zum Inhalt haben, ist (im Abschnitt A) die Funktion der Rauschtat im Gesamtgefüge des § 323 a I zu untersuchen; dieser Untersuchung wird aus Gründen der Anschaulichkeit der übliche Rauschtatbegriff (der die rechtswidrige Tat im Sinne des § 11 I Nr. 5 zum Inhalt hat) unkritisch zugrunde gelegt. Die Vorläufigkeit dieses Begriffs schadet im Abschnitt A nicht, weil für die Einordnung der Rauschtat als objektive Strafbarkeitsbedingung die genauen Konturen keine Rolle spielen.

---

[9] Vgl. beispielsweise Schmidhäuser AT 5/1.

A. Die Rauschtat als objektive Strafbarkeitsbedingung[10]

Objektive Strafbarkeitsbedingungen sind Merkmale der Straftat, die in unmittelbarem Zusammenhang mit der Tat stehen, aber weder zum Unrechts- noch zum Schuldtatbestand zählen[11]. Wird die Rauschtat als objektive Strafbarkeitsbedingung bezeichnet, so ist damit nicht gemeint, die Rauschtat setze nur „objektive" Momente, aber keine Willens- oder Bewußtseinsinhalte des Rauschtäters voraus; der Name soll lediglich zum Ausdruck bringen, daß sich die Schuld („das Subjektive") nicht auf die Rauschtat zu beziehen braucht[12].

Vereinzelt wird die Ansicht vertreten, für Merkmale dieser Art, also für objektive Strafbarkeitsbedingungen, könne weder ein Bedürfnis noch eine Berechtigung anerkannt werden[13]. Aber die Strafwürdigkeit eines Tatgeschehens ergibt sich nicht nur aus Unrecht und Schuld, sondern auch aus zusätzlichen Momenten[14]. Zweifelhaft ist daher nicht die Kategorie der objektiven Strafbarkeitsbedingungen, sondern allenfalls die Einordnung der Rauschtat in diese Kategorie.

Das Tatgeschehen, das in § 323 a I geschildert ist, besteht aus der Berauschung und der darauf folgenden Rauschtat. Tatbestandliches Un-

---

[10] Die Einordnung der Rauschtat als objektiver Strafbarkeitsbedingung findet sich in RGSt 69, 187, 188 (1935), BGHSt 1, 275, 277 (1951), OLG Schleswig OLGSt § 330 a StGB S. 53 (1974); ebenso Dreher/Tröndle Rn 9; S/S/Cramer Rn 13; Lackner Erl. 3 a; Preisendanz § 330 a Anm. 3; Puppe, Jura 1982 S. 281; Blei S. 361; LK-Lay 9. Auflage § 330 a Rn 11; Schmidhäuser BT 15/27 und AT 9/6; Jescheck Lb S. 451; Maurach/Schroeder S. 304; Wessels S. 193; Horn, JR 1980 S. 2; Dencker, NJW 1980 S. 2160; Hentschel/Born Rn 297; Otto S. 386; Wetterich/Plonka S. 35; Stree, JuS 1965 S. 465; Achenbach S. 596; Krey S. 237. Weitere zahlreiche Nachweise bei Bemmann, GA 1961 S. 67 Fn 20—28. — Hellmuth Mayer, ZStW 59 S. 307 hält es für eine formale Feststellung, die Rauschtat als objektive Strafbarkeitsbedingung zu kennzeichnen; Maurach, Schuld S. 96 nennt es einen „kümmerlichen Ausweg", und Heinitz, Anmerkung JR 1957 S. 348 einen „wirklichen Anachronismus". Eingehend werden die Ansichten, denen zufolge die Rauschtat keine objektive Strafbarkeitsbedingung ist, von Cramer, Vollrauschtatbestand S. 17 ff. dargestellt.

[11] Jescheck Lb S. 449; Schmidhäuser, ZStW 71 S. 558; S/S/Lenckner Rn 124 vor § 13; Schaad S. 36.

[12] Vgl. hierzu Schmidhäuser AT 9/4, der die objektiven Strafbarkeitsbedingungen „zusätzliche Straftatmerkmale" nennt und damit deutlich zum Ausdruck bringt, daß sie Momente des Tatgeschehens enthalten, die der Gesetzgeber in einzelnen Vorschriften zusätzlich zu Unrecht und Schuld für die Straftat voraussetzt.

[13] Arthur Kaufmann, Schuldprinzip S. 249 und JZ 1963 S. 430; Bemmann, Frage S. 55. Sax S. 9 hält sie für „Scheinlösungen".

[14] Schmidhäuser Lb 2/15; Langer S. 336. Das verkennt Richard Lange, JR 1957 S. 244, der meint, wenn ohne die objektive Strafbarkeitsbedingung überhaupt kein verschuldetes und strafbares Unrecht vorliege, dann müsse das, woran man „anknüpft" (die objektive Strafbarkeitsbedingung also), erst recht schuldbezogen sein.

recht ist die Berauschung — wie im 2. Kapitel gezeigt worden ist[15]; die Rauschtat ist nur dann objektive Strafbarkeitsbedingung, wenn sie außerhalb des Unrechts steht[16], wenn sich also das tatbestandliche Unrecht des § 323 a I in der Berauschung erschöpft.

I. Die Unrechtsrelevanz der Rauschtat

Arthur Kaufmann sieht einen erheblichen Unterschied zwischen dem Berauschten, der einen Lustmord begeht, und demjenigen, der im Rausch eine Sache beschädigt oder überhaupt keinen Schaden anrichtet: „Wer behaupten wollte, dies sei jedesmal genau das gleiche Unrecht, könnte schwerlich noch beanspruchen, ernst genommen zu werden"[17]. Außer Kaufmann halten auch andere Autoren und einzelne Gerichte die Rauschtat für unrechtsbedeutsam, ohne dafür eine Begründung zu geben[18]. Kaufmann selbst bezeichnet die Rauschtat als „schuldindifferentes Unrechtsmerkmal"[19]. Dies aber ist eine Contradictio in adjecto: Schuld bezieht sich nach allen Auffassungen notwendig auf das Unrecht; Unrecht und Schuld können nicht beziehungslos nebeneinandergestellt werden[20]. Der innere Widerspruch zeigt sich auch bei Welzel, der die Rauschtat als den eigentlich unrechtsbedeutsamen Teil ansieht, weil die Berauschung eine „farblose" und daher rechtmäßige Betätigung sei. „Ausnahmsweise" brauche die Rauschtat als „Teil des Unrechtstatbestandes" nicht von der Schuld umfaßt zu sein[21] — wie Welzel zu dieser Ausnahme kommt, teilt er nicht mit.

---

[15] Oben S. 49 ff.

[16] Jescheck Lb S. 449; Brandenberger S. 50; Stree, JuS 1965 S. 466; Ehmcke S. 153; Schmidhäuser, ZStW 71 S. 548.

[17] Arthur Kaufmann, JZ 1963 S. 428 und ihm bis hin zur Diktion folgend: Haft, JA 1979 S. 657; weniger polemisch, der Sache nach aber wie Kaufmann: LK-Lay 9. Auflage § 330 a Rn 92. Ähnlich argumentiert Brandenberger S. 78; auf S. 52 nennt er als „Funktion" der Rauschtat, „das Unrecht des Vollrauschtatbestandes zu umschreiben".

[18] OLG Karlsruhe NJW 1975, 1936; OLG Frankfurt VRS 28, 352 (1964); Maurach BT 5. Auflage S. 513; Schweikert S. 401; Hardwig, GA 1964 S. 144 f. und 148; Müller-Dietz S. 75; Arzt/Weber Rn 427. Deselaers S. 42 meint, die Rauschtat bilde zusammen mit der Berauschung das Unrecht. Die Auffassung, daß es Grundgedanke des Vollrauschtatbestandes sei, den Täter für die Rauschtat verantwortlich zu machen (BGHSt 1, 14, 18 [1951] und BT-Drucksache 7/550 S. 268) ist ebenfalls hier zu nennen, da ein Täter nur für ein von ihm begangenes Unrecht verantwortlich gemacht werden kann. Hruschka S. 292 behauptet, die „angebliche Strafbarkeit der Selbstberauschung (sei) nur der Mantel, mit dem die Bestrafung der Rauschtat zugedeckt wird".

[19] Arthur Kaufmann, JZ 1963 S. 429; ebenso Brandenberger S. 51. Ähnlich Schaad S. 93 und Lackner, JuS 1968 S. 220.

[20] Schmidhäuser AT 4/9; Ranft, MDR 1972 S. 740.

[21] Welzel, ZStW 58 (1939) S. 523 Fn 44; im Lehrbuch (1969) S. 475 hält Welzel zwar nicht mehr an der „Farblosigkeit" der Berauschung fest, wohl aber daran, daß die Rauschtat zum Unrechtstatbestand gehöre, „ausnahmsweise"

Die Berauschung ist Unrecht, der Gesetzgeber bewertet sie aber nicht als *straf*würdiges Unrecht[22]: Er setzt für die Strafwürdigkeit zusätzlich die Rauschtat voraus[23]. Darin erblickt Richard Lange einen Verstoß gegen den Schuldgrundsatz, sofern die Rauschtat als objektive Strafbarkeitsbedingung eingeordnet wird[24]. Einem Strafwürdigkeitsbegriff, der sich nicht auf Unrecht und Schuld beschränkt, sondern weitere Merkmale einbezieht, steht die Argumentation Langes jedoch nicht entgegen[25].

Meist wird die Unrechtsrelevanz der Rauschtat mit dem Strafmaß in § 323 a I begründet. Einerseits wird auf den für vorsätzliche und fahrlässige Tatbegehung gleichen Strafrahmen hingewiesen[26]. Andererseits wird der Strafrahmen von 5 Jahren, gemessen am Unrecht der Berauschung, als zu hoch bezeichnet[27]. Ob er es wirklich ist, kann bezweifelt werden[28]. Selbst wenn er es wäre, müßte kein Gericht die übermäßig

aber nicht vom Vorsatz des Täters umfaßt zu sein brauche (S. 476). Eine (zwar nicht terminologisch, wohl aber) der Sache nach ähnliche Konzeption wie Welzel vertritt Jakobs AT 17/61.

[22] BGHSt 9, 390, 396 (1956); Puppe, GA 1974 S. 113.

[23] Deshalb ist die Rauschtat so auszulegen, daß sie die Berauschung strafwürdig macht; so zu Recht Sauer S. 598.

[24] Richard Lange, JR 1957 S. 243; auch Hirsch S. 14 sieht den Schuldgrundsatz als verletzt an. Vom selben Strafwürdigkeitsbegriff wie Lange scheint Gunther Weber, Volltrunkenheit S. 64 auszugehen: Ein Verhalten könne nur dann zu strafbarem Unrecht erklärt werden, wenn es auch strafwürdig sei. Diese verfehlte Argumentation bedeutet für § 323 a: Da die bloße Berauschung nicht strafwürdig ist, kann sie auch kein Unrecht sein.

[25] Vgl. zu diesem Strafwürdigkeitsbegriff Schmidhäuser AT 9/4; einen anderen Begriff vertritt beispielsweise Jescheck Lb S. 449 f.: Er stellt der „Strafwürdigkeit" das „Strafbedürfnis" gegenüber; so auch S/S/Lenckner Rn 124 vor §§ 13 ff.

[26] Hellmuth von Weber, MDR 1952 S. 642; Brandenberger S. 63; Roeder S. 240; Gunther Weber, Volltrunkenheit S. 64.

[27] Jescheck Lb S. 451; Bemmann, GA 1961 S. 69; Schaad S. 93; Ranft, MDR 1972 S. 739; Wöckel S. 5; Fajen S. 34 f.; Richard Lange, JR 1957 S. 245, der auch den früheren Rahmen von 2 Jahren Gefängnis für zu hoch hielt: ZStW 59 S. 580. Ebenso Hellmuth Mayer, ZStW 59 S. 306, Hogräfer S. 18 und Ehmcke S. 45.

[28] Tröndle S. 143 hält den Schuldvorwurf, der sich auf die bloße Berauschung gründet, für verhältnismäßig gering. In der Denkschrift zu dem Entwurf von 1919 war die Auffassung vertreten worden, bei einer Höchststrafe von 6 Monaten Gefängnis könnten auch schwere Fälle ausreichend geahndet werden. Schon Kohlrausch, ZStW 32 (1911) S. 661 hatte in seinen Gesetzesvorschlag eine Höchststrafe von 6 Monaten Gefängnis aufgenommen. Roeder S. 240 nennt als schuldangemessene Höchststrafe 3 Monate. Schmidhäuser BT 15/21 bezeichnet den hohen Strafrahmen als „wunden Punkt" des § 323 a I. Gunther Weber, Volltrunkenheit S. 28 meint, der Berauschungsschuld sei „im Höchstfalle eine Freiheitsstrafe von einigen Wochen" angemessen, und verweist auf das in § 316 I normierte Strafmaß von einem Jahr: Das Führen eines Fahrzeugs in alkoholbedingt fahruntüchtigem Zustand sei weitaus gefährlicher als das bloße Sichberauschen; Weber verkennt, daß die Strafdro-

hohe Strafe aussprechen[29]. Auch steht es jedem Richter offen, die fahrlässige Berauschung bei sonst gleichen Umständen milder zu bestrafen als die vorsätzliche (wie es ja auch bei der Körperverletzung im Verhältnis von § 230 zu § 223 I geschieht). Sollte der Strafrahmen des § 323 a I in bezug auf Unrecht und Schuld der Berauschung unangemessen hoch sein, so könnte hierdurch der Schuldgrundsatz verletzt sein[30], weil die Strafdrohung Aufschluß über den Unwertgehalt einer Straftat gibt[31]. Von der Strafdrohung in § 323 a I kann jedoch nicht auf einen Unrechtsgehalt der Rauschtat geschlossen werden[32].

Vergleicht man § 323 a I mit § 122 I OWiG, so fällt auf, daß die amtliche Überschrift und der Anfang des Absatzes 1 übereinstimmen, und daß beide Tatbestände dieselbe Struktur aufweisen. Gunther Weber sieht im Nebeneinander beider Vorschriften den Beweis dafür, daß das Unrecht der Vollrausch-Straftat nicht in der Berauschung, sondern allein in der Rauschtat liege; denn das Sichberauschen könne nicht einmal ein Vergehen, ein andermal nur eine Ordnungswidrigkeit sein[33].

Da die Auslegung des § 122 I OWiG nicht zum Thema dieser Arbeit gehört, ist zu der Äußerung Webers nur folgendes zu sagen: Trotz gleichen Wortlauts ist eine Auslegung des § 122 I OWiG nicht ausgeschlossen, die von der des § 323 a I gänzlich abweicht[34] — selbst wenn die Per-

---

hung des § 316 im Zusammenhang mit der der §§ 315—315 d zu sehen ist und daß § 316 möglicherweise eine erheblich geringere Veränderung der Psyche schildert, als sie beim Rausch vorausgesetzt ist; schließlich ist auch denkbar, daß die Strafdrohung in § 316 angesichts der heutigen Verkehrsdichte im Straßenverkehr zu niedrig ist, was hier aber nicht zu untersuchen ist. Wie Weber auch Streng S. 116 Fn 25; kritisch zum Strafmaßvergleich der §§ 316 und 323 a Dencker, JZ 1984 S. 456. —

Gramsch, Tatbestand S. 112 hielt die ursprüngliche Höchststrafe von 2 Jahren für zu niedrig; dieser Meinung ist beizupflichten, denn es sind Fälle denkbar, in denen eine hohe Freiheitsstrafe schuldangemessen sein kann: wenn beispielsweise ein LSD-Konsument weiß, daß er häufiger „horrortrips“ hat, in denen er verschiedenartige, aber meist gewalttätige Handlungen begeht. Die Höhe der in § 323 a I enthaltenen Strafdrohung wird auch in einem Beschluß des BVerfG (bei Sieg, MDR 1979 S. 549) nicht beanstandet.

[29] Stree, Deliktsfolgen S. 9. Nach der Untersuchung von Klaus Schäfer, Volltrunkenheit S. 127 wurden von 264 gemäß § 330 a aF bestraften Tätern nur 2 mit einer Freiheitsstrafe von mehr als einem Jahr belegt. Nach der von Wolter, NStZ 1982 S. 55 f. (Fn 17 und 44) mitgeteilten Statistik wurden von allen in den Jahren 1979 und 1980 in der Bundesrepublik Deutschland verurteilten Vollrausch-Tätern 1,5 % zu Freiheitsstrafen von 1—5 Jahren verurteilt.

[30] Schmidhäuser Lb 12/6; BGHSt 16, 124, 126 (1961).

[31] BVerfGE 25, 269, 286 (1969).

[32] So aber Gollner S. 187.

[33] Die Äußerung Gunther Webers (Volltrunkenheit S. 67 f.) betrifft § 330 a (1941) und den mit § 122 OWiG weitgehend übereinstimmenden § 31 OWiG aF. Die Argumentation Webers findet sich — weniger ausführlich — auch bei Göhler § 122 OWiG Rn 4.

sonen, die an den Gesetzgebungsverfahren beteiligt waren, gemeint hätten, das Merkmal des Sichberauschens bedeute in beiden Vorschriften dasselbe[35]. Falls die gleichen Termini in § 323 a I und in § 122 I OWiG unterschiedliche Begriffe enthalten, läßt sich die angebliche Unrechtsrelevanz der Rauschtat nicht mit einem Hinweis auf § 122 I OWiG begründen. Falls solche Begriffsunterschiede aber nicht bestehen, dann ist eben jede Berauschungshandlung kriminelles Unrecht und Ordnungswidrigkeit in einem[36]. Welche Auslegung richtig ist, oder ob eine vernünftige Auslegung des § 122 I OWiG etwa daran scheitert, daß die Vorschrift möglicherweise verfehlt ist, bedarf hier keiner Entscheidung: In jedem Fall läßt sich die Behauptung, daß das Unrecht der Vollrausch-Straftat allein in der Rauschtat liege, nicht auf § 122 I OWiG stützen.

Selbst Hardwig, der die Rauschtat als die „eigentliche Unrechtstat" des § 330 a (1941) bezeichnet, gibt zu, daß seine Auffassung im Widerspruch zum Gesetzeswortlaut steht[37]. Jedenfalls wird für die weitere Darstellung davon ausgegangen, daß die Rauschtat nicht unrechtsrelevant und daher eine objektive Strafbarkeitsbedingung ist.

II. Die objektive Strafbarkeitsbedingung als Strafwürdigkeitskriterium

Da die Strafbarkeit unrechter und schuldhafter Taten nicht willkürlich an schuldunabhängige Kriterien geknüpft werden kann, bedarf es sachlicher Gründe, die es rechtfertigen, in Strafgesetze objektive Strafbarkeitsbedingungen aufzunehmen.

Diese vermögen einerseits die Wirksamkeit staatlichen Strafens zu sichern, und zwar dadurch, daß sie die Zahl der Bestrafungen nicht zu groß werden lassen[38]. Dieser Zweck wird mit der Rauschtat erreicht: Eine beträchtliche Zahl schuldhafter Berauschungen bleibt mangels Rauschtat straflos. Andererseits sollen objektive Strafbarkeitsbedingungen der Strafökonomie dienen[39]. Momente des Tatgeschehens, die sich ihrem Wesen nach nicht leicht beweisen lassen, bereiten bei der Strafverfolgung erhebliche Schwierigkeiten und erfordern zumeist einen erhöhten Ermittlungsaufwand. Der Rausch als vorübergehender und

---

[34] Nicht einmal innerhalb des Strafgesetzbuches haben gleiche Termini dieselbe Bedeutung: „Rechtswidrige Tat" ist in § 323 a ein anderer Begriff als in § 63: vgl. S/S/Cramer Rn 13 ff. und S/S/Stree § 63 Rn 2 ff.

[35] Vgl. zur „historischen" Auslegung: Jescheck Lb S. 123 f.; Schmidhäuser Lb 5/31.

[36] Mit der Folge, daß immer dann, wenn eine Vollrausch-Strafe verhängt wird, § 122 I OWiG nicht anzuwenden ist: § 21 I OWiG.

[37] Hardwig, Studien S. 472.

[38] Schmidhäuser, ZStW 71 S. 561.

[39] Schmidhäuser, ZStW 71 S. 561 f.; Stree, JuS 1965 S. 466.

zum Zeitpunkt der Strafverfolgung oft nicht mehr existenter Zustand der Psyche bereitet schon seinem Wesen nach Beweisschwierigkeiten. Unüberwindlich könnten sie werden, wenn es gälte, den psychischen Zustand eines untätigen Rauschmittelkonsumenten im nachhinein als Rausch zu bestimmen. Es ist daher sinnvoll, die Strafverfolgung im Bereich des § 323 a von vornherein auf solche Fälle zu beschränken, in denen ein Berauschter eine strafrechtlich bedeutsame Tat begeht. Diese Tat bietet immerhin die Chance, den psychischen Zustand, in dem die Tat begangen wurde, soweit aufzuklären, daß sich der Nachweis eines Rausches führen läßt. Die Rauschtat als objektive Strafbarkeitsbedingung dient somit der Strafökonomie[40].

Damit jedoch ist die Rauschtat als Strafwürdigkeitskriterium noch nicht hinreichend begründet. Nach § 323 a I wird die rechtsgutsverletzende Berauschung bestraft, die jedoch nach der Wertung des Gesetzgebers nicht in jedem Falle strafwürdig ist: Als Strafwürdigkeitskriterium muß die Rauschtat zum Unrechtstatbestand nicht nur hinzukommen, sondern sich auf diesen auch beziehen. Da sich zum Verhältnis von Rauschtat und Rauschmitteleinnahme nicht mehr sagen läßt, als daß die Rauschtat nach beendeter Rauschmitteleinnahme begangen wird, kommt nur die Beziehung zwischen Rauschtat und Rausch in Betracht. Die Auffassungen hierzu, die im folgenden darzustellen sind, gehen weit auseinander.

1. Die Rauschtat als Erfolg der Berauschung

In der Literatur wird der Vollrauschtatbestand bisweilen als ein Fall der „Erfolgshaftung"[41], als „eine Art Erfolgsdelikt"[42] bzw. als „erfolgsqualifiziertes Delikt"[43] angesehen; Schultz[44] meint, § 330 a aF sei mit dem „Makel" behaftet, Erfolgsstrafrecht zu sein. Der Begriff des Erfolges ist ein im Unrechtstatbestand geschildertes, der Handlung nachfolgendes Ereignis[45]. Dieser Begriff trifft auf den Rausch zu, nicht aber auf die Rauschtat, weil diese nicht im Unrechtstatbestand geschildert ist. § 323 a I ist also insoweit Erfolgsdelikt, als *der Rausch* ein Erfolg der Rauschmitteleinnahme ist[46].

---

[40] So auch Bockelmann, Gesprächsbeitrag S. 148.

[41] Hellmuth Mayer, ZStW 59 S. 307; Baumann, ZStW 70 S. 243 Fn 48 und Lb S. 109; Arthur Kaufmann, Schuld und Strafe S. 317.

[42] Montenbruck S. 236.

[43] Hardwig, Studien S. 466.

[44] Schultz, Behandlung S. 37.

[45] Schmidhäuser Lb 8/39; Jescheck Lb S. 208; Dreher/Tröndle Rn 13 vor § 1.

[46] In diesem Sinne spricht das OLG Hamburg OLGSt § 323 a StGB S. 1, 3 (1981) von einem „Begriff des Rausch-Erfolges".

Sicherlich läßt sich auch die Rauschtat als „Erfolg" der Berauschung verstehen — allerdings nur auf der Grundlage eines Erfolgsbegriffs, der vom zuvor genannten abweicht[47]. Da die Zuordnung verschiedener Begriffe zum selben Terminus Verwirrung stiften kann, soll es beim Begriff des unrechtstatbestandlichen Erfolges bleiben: In diesem Sinne ist die Rauschtat kein Erfolg der Berauschung.

2. Die Rauschtat als vorhersehbare Ausschreitung

Verschiedentlich wird die Forderung erhoben, nach § 323 a I nur denjenigen zu bestrafen, der seine Neigung zu Ausschreitungen im Rausch kannte oder doch hätte erkennen können[48]. Da es eine Neigung zu allen beliebigen Taten nicht gibt, müßte sich die Voraussicht des Täters auf die für ihn typischen Rauschtaten beziehen[49]. Als Maßstab für die Typik kommt zweierlei in Frage: entweder das Verhalten des Täters bei früheren Rauschzuständen oder sein früheres Verhalten im Normalzustand[50]. Jeder Rauschzustand ist von vielen, teilweise nicht wiederholbaren Faktoren abhängig[51], weshalb es den für einen bestimmten Menschen typischen Rausch nicht gibt: Also gibt es auch keine — gemessen

---

[47] Montenbruck S. 239 beispielsweise versteht unter „Erfolg" einen Sachverhalt, der mittels der Kausalität auf den Sachverhalt „Handlung" bezogen ist.

[48] OLG Celle NsRPfl 1950, 128; OLG Oldenburg NsRPfl 1951, 131; Richard Lange, ZStW 59 S. 587; Sauer S. 597; Arthur Kaufmann, Schuldprinzip S. 146; Brehm S. 149; Heinitz, DZgesgerMed 44 S. 512 und Anmerkung JR 1957 S. 348; zustimmend Bruns, JZ 1958 S. 109. Heinitz, JR 1957 S. 129 nennt die Voraussehbarkeit von Ausschreitungen als Voraussetzung dafür, ohne Verletzung des Schuldprinzips auf die Rauschtat statt auf die Berauschung „abzustellen", d. h. die Rauschtat zu einem Teil des Unrechtstatbestandes des § 323 a zu machen. Nach dieser Auffassung könnte ein Täter wegen einer in möglicherweise schuldunfähigem Zustand begangenen Tat bestraft werden: Dies ist die Verletzung des Schuldgrundsatzes, die Heinitz gerade vermeiden möchte. Unklar ist die Stellungnahme von Bockelmann BT S. 214, der einerseits fordert, daß sich „Vorsatz oder Fahrlässigkeit des Täters darauf beziehen, ‚er könne im Rausch irgendwelche Ausschreitungen strafbarer Art begehen'", andererseits aber schreibt: „Solche Voraussicht oder Voraussehbarkeit gehört nicht zum subjektiven Tatbestand des § 330 a" (gemeint ist § 323 a).

[49] Puppe, GA 1974 S. 105; Arthur Kaufmann, JZ 1963 S. 432 und Schuldprinzip S. 252.

[50] Ehmcke S. 149 will beide Maßstäbe anlegen und gibt dafür folgendes Beispiel: Eine Frau verliert im Krieg innerhalb weniger Tage alle Angehörigen. „Sie berauscht sich und begeht im Rauschzustand eine Beleidigung. Durch Zeugenaussagen wird festgestellt, daß die Frau niemals einem anderen Menschen zu nahe getreten ist, und daß Friedensliebe und Sanftmut auch ihr Wesen im Rausch nach Wegfall der kontrollierenden seelischen Oberschicht immer bestimmt haben." § 330 a aF könne nicht angewendet werden, denn die Beleidigung entspreche weder der Persönlichkeit im Normalzustand noch derjenigen im Rausch. Ob Ehmcke ebenso entschieden hätte, wenn die im Rauschzustand Sanftmütige einen anderen getötet hätte?

[51] Solms S. 37.

am Verhalten bei früheren Rauschzuständen — typische Rauschtat[52]. Dieser Maßstab hätte außerdem zur Folge, daß der erste Rausch eines Menschen nie bestraft werden könnte, obwohl er nicht weniger gefährlich ist als ein Wiederholungsrausch[53].

Die Meinungen, die die „Normalpersönlichkeit" des Täters zum Maßstab erheben, sind uneinheitlich. Der Forderung, die Rauschtat dürfe der „Normalpersönlichkeit" des Täters nicht gänzlich fremd sein[54], steht die in der Rechtsprechung vertretene Auffassung gegenüber, im Rausch komme es häufig zu persönlichkeitsfremden Handlungen[55]. Da jeder Rauschzustand ausschließlich als abnorme Reaktionsweise des Zentralnervensystems aufzufassen ist, können auch im Rausch Taten nur dem entspringen, was im Menschen vorgegeben, wenn auch normalerweise gehemmt oder verdrängt ist[56]. Es kann daher nicht zwischen persönlichkeitsfremden und -eigenen Taten unterschieden werden[57]; eine Unterscheidung ist allenfalls möglich zwischen solchen Taten, die dem Eindruck, den der Täter in nichtberauschtem Zustand auf seine Umgebung macht, entsprechen und solchen, die ihm widersprechen.

Die Rauschtat, die sich in die „Normalpersönlichkeit" des Täters einfügt, die also seiner „Neigung" entspricht, macht den Rausch nicht strafwürdiger als eine Rauschtat, die mit den bisherigen Neigungen des Täters nichts zu tun hat. Denn die Gefahr des Rausches erschöpft sich nicht in der Manifestation schädlicher Neigungen, sondern umfaßt insbesondere die Unberechenbarkeit menschlichen Verhaltens im Rausch, die sich aus der schweren Bewußtseinsstörung ergibt. Diese Gefahr hat mit irgendwelchen Neigungen des Rauschmittelkonsumenten nichts zu tun. Die Bestrafung nach § 323 a setzt daher eine Neigung des Rauschtäters zu Ausschreitungen nicht voraus[58].

Möglicherweise ist die Bestrafung aber von anderen Umständen — innerhalb oder außerhalb des Täters — abhängig zu machen, und zwar

---

[52] Zu Recht stellt Hellmuth Mayer, ZStW 59 S. 304 fest, Erfahrungen über das eigene Verhalten im Rausch gebe es nicht.

[53] Unverständlich ist hingegen die Behauptung von Fajen S. 51, der erste Rausch sei immer ungefährlich.

[54] Hellmuth Mayer, ZStW 59 S. 294; Klee, JW 1939 S. 548.

[55] BGH JR 1958, 28; BGHSt 1, 124, 126 (1951); OLG Celle VRS 41, 197, 200 (1971).

[56] Kryspin-Exner S. 14.

[57] Gramsch, Tatbestand S. 43; Rasch S. 585; Gerchow, BA XVI S. 98. Somit ist auch der Satz „in vino veritas" (Hoffbauer S. 284 und 176 Jahre später immer noch Streng S. 119) strafrechtlich ohne Belang.

[58] BGHSt 1, 124 (1951); BGHSt 2, 14, 18 (1951); BGH VRS 7, 309 (1954); OLG Stuttgart NJW 1955, 1042; BayObLG VRS 12, 115, 117 (1956); OLG Köln NJW 1966, 412; OLG Hamburg OLGSt § 323 a StGB S. 1, 4 f. (1981); Berresheim S. 63; Achenbach S. 596; im Ergebnis ablehnend auch Schroeder, DRiZ 1958 S. 222.

von solchen, die die Vorhersehbarkeit irgendwelcher Ausschreitungen im Rausch ermöglichen. Ranft[59] meint, diese Umstände müßten von der Schuld des Täters umfaßt sein, während die in der Rechtsprechung übliche Formulierung lautet, Vorsatz oder Fahrlässigkeit des Rauschtäters müßten sich auch darauf beziehen, „er könne im Rausch irgendwelche Ausschreitungen strafbarer Art begehen“[60].

Mit dem Begriff der Ausschreitung könnten sowohl die in Strafgesetzen geschilderten Verhaltensweisen gemeint sein als auch sonstige störende Handlungen wie ruhestörender Lärm oder grober Unfug[61]. Möglicherweise sind mit Ausschreitungen jedoch nur Gewalttätigkeiten gemeint[62]: Der Begriff ist unklar[63].

Ebenso unklar ist es, wie „irgendwelche“, also noch nicht konkretisierte Handlungen voraussehbar sein sollen. Die bloße Ahnung, irgend etwas Schädliches werde passieren, umfaßt neben strafrechtlich Unerlaubtem auch Erlaubtes und ist daher als Strafbarkeitskategorie ungeeignet. Der Begriff der „Ausschreitung“ ist — unabhängig davon, ob er nur Gewalttätigkeiten oder mehr umfaßt — viel zu weit, als daß er Inhalt des aktuellen Tatbewußtseins zum Zeitpunkt der Berauschung sein könnte. Die Tötung eines Menschen oder die Beschädigung einer Sache sind vorhersehbar, nicht aber die Gesamtheit aller Handlungen, die unter der Sammelbezeichnung „Ausschreitung“ zusammengefaßt sind[64].

Welche Schwierigkeiten die „vorhersehbare Ausschreitung“ in der Rechtsanwendung bereitet, wird an Hand dreier Urteile des Oberlandesgerichts Schleswig deutlich. Das Gericht, das die Rauschtat als „vorhersehbare Ausschreitung“ versteht, prüft in allen drei Fällen, inwieweit der Täter die von ihm im Rausch begangene Tat vorhersehen konnte.

---

[59] Ranft, MDR 1972 S. 741 und JA 1983 S. 194.

[60] BGHSt 10, 247 (1957) und zuvor schon BGH VRS 7, 309 (1954); BayObLG VRS 12, 115, 116 f. (1956); BayObLG (St) 1968, 44, 46 sowie NJW 1974, 1520, 1522; OLG Köln NJW 1966, 412; OLG Hamm NJW 1975, 2252, 2253. OLG Celle OLGSt § 330 a StGB S. 23 (1968) und 39, 40 (1969) sowie NJW 1969, 1916 OLG Schleswig SchlHA 1969, 150, 1971, 215, 1972, 158, 1975, 189, 1976, 169 Ebenso (ohne das Wort „Ausschreitung“) S/S/Cramer Rn 10, Hirsch S. 15 und Bockelmann BT S. 214. Baumann Lb S. 493 sieht in dieser Auffassung einen „bemerkenswerten Kompromiß zugunsten des Schuldprinzips“.

[61] Richard Lange, JR 1957 S. 246.

[62] Schröder, DRiZ 1958 S. 223; S/S/Cramer Rn 11; Duden S. 272.

[63] Tröndle S. 143.

[64] Ähnlich Brandenberger S. 53 im Gegensatz zu Montenbruck S. 240, der behauptet, ein Täter könne vorhersehen, er werde im Rausch möglicherweise „eines der vielen im Gesetz benannten Rechtsgutsobjekte angreifen“. Cramer, Vollrauschtatbestand S. 144 spricht von einem „unbestimmte(n) in seiner Angriffsrichtung unprofilierte(n) Wissen, daß es im Rausch möglicherweise zu strafbaren Handlungen kommt, deren deliktischer Gehalt im einzelnen noch gar nicht feststeht“.

Gegenstand des ersten Falles[65] ist eine Autofahrt im Rausch; das Gericht stellt fest, diese Tat der angeklagten Fahrerin sei „einer aus ihrer seelischen Verfassung erklärlichen Eingebung des Augenblicks“ entsprungen. Daher habe die Fahrerin nicht damit rechnen können, daß sie noch Auto fahren werde. „Scheidet aber eine mit Strafe bedrohte Handlung beim oder durch das Führen eines Kraftfahrzeuges aus dem Kreis der Taten aus, die für die Angeklagte vorhersehbar waren, so ist nicht ersichtlich, mit welchen strafbaren Handlungen sie sonst noch hätte rechnen sollen.“ An der mangelnden Vorhersehbarkeit der im Rausch begangenen Tat scheitert also nach Ansicht des Oberlandesgerichts Schleswig eine Verurteilung nach § 330 a aF. Da es eine Voraussicht irgendwelchen nicht konkretisierten Geschehens nicht geben kann, fragt das Gericht, ob die Angeklagte irgendeine bestimmte Rauschtat vorhersehen konnte, und verneint sodann die Frage. Angenommen, die Frage wäre zu bejahen gewesen, zum Beispiel deswegen, weil die Angeklagte zum Zeitpunkt der Rauschmitteleinnahme damit rechnen konnte, sie werde im Rausch andere Personen beleidigen (wozu es dann aber nicht kam): Wäre mit solch einer Voraussicht die von der Rechtsprechung geforderte „wenn auch noch so lose“ Schuldbeziehung zur Rauschtat[66] hergestellt? Sicherlich nicht: Die Voraussehbarkeit von Beleidigungen könnte keine Begründung dafür sein, der Angeklagten die Autofahrt im Rausch „wenn auch noch so lose“ zur Schuld zuzurechnen[67]. Somit ist die Begründung, mit der im ersten Urteil auf eine Bestrafung der Autofahrerin nach § 330 a aF verzichtet wird, nicht haltbar. Ergänzend sei erwähnt, daß der Bundesgerichtshof die von ihm geforderte Schuldbeziehung in Anführungszeichen setzt[68] und damit deutlich macht, daß es sich dabei gar nicht um strafrechtliche Schuld handelt.

Im zweiten Fall[69] rügt das Oberlandesgericht Schleswig die Vorinstanz, weil diese keine Feststellungen über Alkoholverträglichkeit und Erfahrungen des Angeklagten mit Alkohol erhoben hatte; da der Angeklagte nicht vorbestraft war, habe sich die Vorhersehbarkeit nicht von selbst verstanden. Diese Rüge ist insofern berechtigt, als für die Berauschungsschuld des Täters seine früheren Erfahrungen bedeutsam sein können; solche Erfahrungen würden jedoch die konkrete Rauschtat nicht zu einer vorhersehbaren Ausschreitung machen und schon gar nicht den Schluß zulassen, die Vorhersehbarkeit verstehe sich von selbst.

---

[65] SchlHA 1973, 185, Urt. vom 4. 10. 1972.

[66] BGHSt 10, 247, 250 (1957); OLG Schleswig SchlHA 1969, 150.

[67] Dieselbe Auffassung vertritt Arthur Kaufmann, JZ 1963 S. 432; schon Schulz, Zweifelsfragen S. 8 lehnte aus diesem Grund die Auffassung von Kohlrausch/Lange 34. Auflage Anm. 4 zu § 330 a ab.

[68] BGH JR 1958, 28.

[69] SchlHA 1973, 185, Urt. vom 21. 11. 1972.

Das dritte Urteil[70] zeigt nun, mit welcher Art von Erfahrungen sich das Oberlandesgericht Schleswig begnügt, wenn es eine Verurteilung wegen Vollrausches nicht an der Klippe der „vorhersehbaren Ausschreitung" scheitern lassen will: Die Voraussehbarkeit versteht sich nach Meinung des Gerichts auch ohne nähere Feststellungen von selbst, „wenn ein 52jähriger unvorbestrafter Mann entgegen der Belehrung des Herstellers Schlafmittel zusammen mit Alkohol einnimmt, sich hierdurch in einen die Schuldfähigkeit möglicherweise ausschließenden Rausch versetzt und in diesem Zustand Straftaten begeht, auch wenn er seit 3 Jahren Alkohol zusammen mit diesem Medikament eingenommen hat, ohne daß sich Ausfallserscheinungen gezeigt hätten". Wenn sich trotz 3jähriger folgenloser Rauschmitteleinnahme die Voraussehbarkeit irgendwelcher Ausschreitungen „von selbst" versteht, so läßt sich die naheliegende Frage, worin in solch einem Fall die Schuldbeziehung des Rauschmittelkonsumenten zur konkret begangenen Rauschtat bestehen soll, nicht beantworten. Die Rechtsprechung verfügt weder über einen subsumtionsfähigen Begriff der Ausschreitung noch über eindeutige Kriterien, in welchen Fällen eine Vorhersehbarkeit zu bejahen ist.

Das Verständnis der Rauschtat als vorhersehbarer Ausschreitung könnte aber zumindest für den Fall von Bedeutung sein, daß der Täter bei der Rauschmitteleinnahme Vorkehrungen trifft, die Rauschtaten verhindern sollen (Zurüstungen). Der Bundesgerichtshof hält es für möglich, daß die Rauschtat dann nicht voraussehbar ist, „wenn ein Trinker besondere Zurüstungen getroffen hat, die ihn nach menschlicher Voraussicht daran hindern mußten, während des Rausches irgendwelche strafbaren Handlungen zu begehen"[71]. Solch umfassende Zurüstungen scheitern jedoch an der Lebenswirklichkeit[72]: Die Zahl der in Frage kommenden „strafbaren Handlungen" ist viel zu groß, als daß sie alle gleichermaßen durch Vorkehrungen verhindert werden könnten[73]. Sichere Zurüstungen scheitern zudem am „flash-back"-Phänomen[74].

[70] SchlHA 1975, 189.

[71] BGHSt 10, 247, 251 (1957).

[72] Lackner, JuS 1968 S. 219 f.; OLG Braunschweig NJW 1966, 679, 680. Otto S. 386 bildet das nicht eben lebensnahe Beispiel einer sicheren Zurüstung: „A schließt sich im Keller ein, um sich zu berauschen, ein Schild tut kund, daß niemand in den nächsten 12 Studen ihn herauslassen möge." Vgl. dazu oben S. 43 Fn. 13.

[73] Zurüstungen des Täters vermögen demnach das Berauschungs-Unrecht nicht auszuschließen (anders Schmidhäuser BT 15/24 und SK-Horn Rn 7), beeinflussen möglicherweise jedoch das Maß der Schuld (so im Ergebnis OLG Hamburg OLGSt § 323 a StGB S. 1, 4 [1981]). Eine Rechtfertigung der Berauschung kommt dann in Betracht, wenn sie als wissenschaftliches Experiment durchgeführt wird (S/S/Cramer Rn 7); und zwar unter Bedingungen, die die vom Berauschten ausgehende Gefahr so mindern, daß das Interesse an wissenschaftlicher Erkenntnis die verbleibende Restgefahr überwiegt. An

So ergibt sich aus allem Gesagten: Eine wie auch immer geartete Vorhersehbarkeit ist nicht Merkmal der Rauschtat[75].

3. Die Kausalität zwischen Berauschung und Rauschtat

Verschiedentlich wird in der Literatur die Beziehung zwischen Berauschung und Rauschtat als Kausalitätsproblem gesehen. Cramer beispielsweise hält eine Kausalität zwischen Berauschung und Rauschtat für „erforderlich“[76]; seiner Ansicht nach stellen also solche Taten im Rausch, für die die Berauschung nicht kausal ist, keine Rauschtaten dar. Demgegenüber braucht nach Meinung von Dreher/Tröndle die Rauschtat nicht durch den Rausch verursacht zu sein[77].

Eine umfassende Untersuchung der Kausalität unter Berücksichtigung aller denkbarer Rauschtaten würde die Erörterung mancher Einzelheiten nötig machen, denen im weiteren Verlauf dieser Arbeit keine Bedeutung mehr zukäme. Die Kausalitätsfrage wird nachfolgend nur an Hand willentlichen Tuns im Rausch erörtert; unwillkürlich-reflexhaftes Tun (z. B. Erbrechen) und Unterlassungen im Rausch bleiben hier ausgeklammert, da sich an späterer Stelle[78] zeigen wird, daß insoweit keine Kausalitätsprobleme auftreten.

---

einen solchen Fall gerechtfertigter Berauschung wäre zu denken, wenn sich in der Nähe des Berauschten kräftige Leute aufhalten, die von vornherein Beleidigungen und körperliche Angriffe in Kauf nehmen.

[74] Dazu oben S. 42 f.

[75] RGSt 69, 187, 188 (1935); OLG Braunschweig NJW 1966, 679; OLG Frankfurt OLGSt § 330 a StGB S. 31 (1969); OLG Schleswig OLGSt § 330 a StGB S. 39 (1961) und S. 53 (1974), SchlHA 1971, 215 und 1972, 158; ebenso Achenbach S. 596 und Dalcke/Fuhrmann/Schäfer Anm. 2 a zu § 330 a. Absonderlich ist der Vorschlag von Wolter, NStZ 1982 S. 58, die Bestrafung des Täters nach § 323 a I davon abhängig zu machen, daß dieser „sich (nach Art und Schwere) Straftaten vorgestellt hat, die mit der im Rausch verübten Tat (rechtsethisch) vergleichbar (gleichwertig) sind“. Wolter nennt als Beispiel den Täter, der bei der Berauschung davon ausgeht, „im Rausch eine (unbestimmte) Eigentums-/Vermögensstraftat begehen zu können“, und im Rausch dann einen Diebstahl verübt. Wie man sich das (potentielle) Tatbewußtsein bezüglich unbestimmter Eigentums-/Vermögens-„straftaten“ vorstellen soll, das vom Versicherungsbetrug bis zum unbefugten Gebrauch eines Fahrzeugs alles Mögliche umfaßt, ist ebenso unklar wie die Voraussicht „irgendwelcher Ausschreitungen“ (vgl. oben S. 65). Wolter gesteht selbst zu, daß die von ihm geforderte „vollumfängliche“ Schuldbeziehung des Täters zur Rauschtat sich „nur durch eine Strapazierung (und auch erste Auflockerung) des Schuldprinzips“ (S. 59) von der actio libera in causa abgrenzen läßt. Wie eine Schuldbeziehung „vollumfänglich“ sein kann, obwohl sie dem (unaufgelockerten) Schuldgrundsatz nicht entspricht, bleibt fraglich.

[76] Cramer, Vollrauschtatbestand S. 117; ebenso Wöckel S. 58; Grasmann S. 22 und Uhse S. 38.

[77] Dreher/Tröndle Rn 10. Ebenso schon früher: RGSt 73, 177, 182 (1939), Gerland S. 800 f., Gramsch, Tatbestand S. 62, Olshausen § 330 a Anm. 5 g, Niederreuther, ZfWR I S. 228, Sperlein S. 570, Schulz, Zweifelsfragen S. 31, Koffka, Erfolgsdelikte S. 245.

Kausalität ist der Zusammenhang zwischen einer ersten Veränderung und einer zweiten, die durch die erste bewirkt wird[79]. Die Berauschung ist die erste Veränderung und betrifft die Psyche: Das psychische Gesamtgefüge und damit die Willensbildung werden verändert. Die willentliche Rauschtat als zweite Veränderung beruht notwendig auf der Berauschung, weil der bei der Rauschtat entfaltete Wille auf einem Willensbildungsprozeß beruht, der beim Berauschten notwendig ein anderer als beim Nichtberauschten ist. Die Berauschung ist für eine willentliche Rauschtat immer kausal[80].

Zur Überprüfung dieses Ergebnisses soll die Kausalitätsfrage nun so formuliert werden: Wäre die willentliche Rauschtat auch begangen worden, wenn sich der Täter nicht berauscht hätte? Das zuvor gefundene Ergebnis ist nur dann richtig, wenn keine Fälle denkbar sind, in denen diese Frage zu bejahen ist. Cramer hält beim „Hangtäter" Taten im Rausch für denkbar, die in keiner Ursachenbeziehung zum Rausch stehen, sondern ausschließlich dem Hang entspringen, und bildet das Beispiel eines Landstreichers, der „auf Grund seines Hanges, Diebstähle zu begehen, alles mitnimmt, was er an Brauchbarem findet"[81]. Falls es überhaupt einen „Hang" in dieser von Cramer beschriebenen Weise gibt, so ist dieser „Hang" eine psychische Erscheinung, die durch den Rausch ebenso verändert wird wie alle anderen psychischen Phänomene. Auch beim berauschten „Hangtäter" ist der Wille, der bei der konkreten Diebestat entfaltet wird, ein anderer als ein bei äußerlich gleicher Tat entfalteter Wille in nichtberauschtem Zustand. Man stelle sich vor, daß der Landstreicher aus Cramers Beispiel in berauschtem Zustand ein Kaufhaus betritt und dort ein paar Socken einsteckt. Wer will wissen, ob er nicht vielleicht ohne Rausch mehr Gefallen an Unterhosen gefunden hätte? Da zur Willensentfaltung immer der vorausgegangene psychische Prozeß der Willensbildung gehört, läßt sich von jeder Rauschtat sagen: So, wie sich sich in ihren physischen und psychischen Einzelheiten ereignet hat, hätte sie sich ohne die Berauschung des Täters nicht ereignet.

Einige Autoren fordern für den Zusammenhang zwischen Berauschung und Rauschtat eine „adäquate Kausalität"[82]. Der Adäquanz-

---

[78] Vgl. zu unwillkürlich-reflexhaften Taten unten S. 78 und zu Unterlassungen unten S. 116.

[79] Schmidhäuser Lb 8/53 und ihm folgend S/S/Lenckner Rn 71 vor §§ 13 ff.

[80] Ehmcke S. 146; ähnlich Hellmuth Mayer, ZStW 59 S. 325.

[81] Cramer, Vollrauschtatbestand S. 118 (Text und Fn 84). Dieselbe Argumentation findet sich auch bei Schulz, Zweifelsfragen S. 31, in dessen Beispiel ein Diener dem Herrn täglich 2 Zigarren stiehlt und dies auch berauscht tut.

[82] Gollner S. 189 Fn 63; Ranft, MDR 1972 S. 740 und JA 1983 S. 194; Hogräfer S. 47; Hellmuth Mayer, ZStW 59 S. 326 f.; Sauer S. 596; ähnlich auch Gunther Weber, Volltrunkenheit S. 172.

theorie zufolge ist eine Bedingung nur dann strafrechtliche Ursache, wenn nach verständigem Urteil mit dem tatsächlich eingetretenen Kausalverlauf zu rechnen war[83]. Die Unvorhersehbarkeit menschlichen Verhaltens im Rausch schließt die Prognose aus, daß mit einem bestimmten Kausalverlauf zu rechnen sei und mit einem anderen nicht; aus denselben Gründen, derentwegen die Rauschtat nicht als vorhersehbare Ausschreitung begriffen werden kann, ist auch die Notwendigkeit eines adäquat kausalen Zusammenhanges zwischen Berauschung und Rauschtat zu verneinen.

Die Taten, die im Kausalzusammenhang mit der Berauschung stehen, ereignen sich, sofern sie rechtsgutsverletzend sind, „innerhalb" der Rauschgefahr[84]. Häufig wird in dieser Gefahrimmanenz der Grund gesehen, warum die Rauschtat die Strafwürdigkeit der Berauschung zu erhöhen vermag. Hellmuth Mayer beispielsweise will eine Rauschtat, bei der der Täter nicht „innerhalb der Rauschgefahr" handelt, dem Berauschten nicht zurechnen[85]. Andere charakterisieren die Rauschtat als „Ausfluß", „Ausdruck" oder „Kenntlichmachung"[86] der Rauschgefährlichkeit, oder meinen, letztere werde durch die Rauschtat „verwirklicht" bzw. „objektiviert" oder „markiert"[87]. In all diesen Umschreibungen der Gefahrimmanenz kommt zwar zum Ausdruck, daß die Rauschtat als objektive Strafbarkeitsbedingung in einem Bezug zur Rauschtat steht; eine überzeugende Begründung für die Rauschtat als Strafwürdigkeitskriterium ist damit aber noch nicht gefunden.

4. Die Rauschtat als Indiz der Rauschgefährlichkeit

Versteht man die konkrete Rauschtat als denjenigen Schaden, dessen Eintritt beim abstrakten Gefährlichkeitsurteil für wahrscheinlich gehalten wird, dann läßt sich daran denken, von der Rauschtat als Gefahrrealisation auf die konkrete Gefährlichkeit des ihr zugrunde liegenden psychischen Zustandes zurückzuschließen. Diese Auffassung wird in der

---

[83] So die Formulierung bei Schmidhäuser Lb 8/57, der diese Theorie aber nicht vertritt. Wolter, GA 1977 S. 274 nennt die Adäquanztheorie „Prinzip der objektiven Erkennbarkeit" und will den Richter, der in einer „objektiv-nachträglichen Prognose" die Adäquanz ermittelt, „mit dem Tatsachen- und Erfahrungswissen eines Mitgliedes des (beanspruchten) spezifischen und spezialisierten Verkehrskreises sowie mit den standardisierten Sonderfähigkeiten, der Sinneskraft und dem Sonderwissen des Täters" ausstatten. Wird es genügend Richter geben, die bereit sind, sich mit der Sinneskraft und dem Sonderwissen eines Berauschten ausstatten zu lassen?

[84] Zur Rauschgefahr siehe oben S. 26 f.

[85] Hellmuth Mayer, ZStW 59 S. 327.

[86] Dollinger, Handlung S. 14 und 45; Gramsch, Tatbestand S. 107.

[87] Stutzer S. 253; Wöckel S. 52; Montenbruck S. 239.

Tat häufig vertreten: Die Rauschtat lasse den gefährlichen Rausch erkennen[88], sie beweise[89] oder indiziere[90] ihn.

Als gefährlich wird ein Zustand beurteilt, wenn er wahrscheinlich zu einem Schaden führt. Das Wahrscheinlichkeitsurteil basiert auf der Prognose von Kausalabläufen, an deren Ende der Schaden eintritt. Die prognostizierten Kausalabläufe sind für den Schaden aber nicht unabdingbar; er kann auch aus ganz anderen als den erwarteten Gründen eintreten. Der Rückschluß vom Schaden auf die Gefährlichkeit eines früheren Zustandes ist daher nicht möglich. Somit kann auch die Rauschtat kein Erkenntnismittel für die Gefährlichkeit des Rausches sein[91]. Weder beweist die Rauschtat noch widerlegt deren Ausbleiben die Gefährlichkeit des Rausches[92].

5. Die generalpräventive Bedeutung des Straftatmerkmals Rauschtat

Staatliches Strafen hat das Ziel, ein gedeihliches Gemeinschaftsleben dadurch zu ermöglichen, daß die offene Begehung von Verbrechen möglichst verhindert und die Zahl heimlich begangener Verbrechen gering gehalten wird; die Bestrafung überführter Rechtsbrecher hält die Allgemeinheit vielfach von der Verbrechensbegehung ab und wirkt somit sozialpädagogisch[93]. Die sozialpädagogische Wirkung, die von Verurteilungen gemäß § 323 a ausgeht, läßt sich allerdings nicht leicht erfassen, weil das Berauschungsverbot wegen der Vielfältigkeit der Rauschmittelwirkungen nicht in eine exakte allgemeingültige Verhaltensnorm umgesetzt werden kann. Die sozialschädliche Rauschmitteleinnahme (die zum Rausch führt) ist im Einzelfall ohne spezielle Kenntnisse und Untersuchungen nicht erkennbar. Die Einnahme ein und derselben Rauschmittelmenge kann beim einen Menschen zum Rausch, beim

---

[88] Gerland S. 798; Domning S. 28; Wöckel S. 52.

[89] RGSt 73, 177, 181 (1939); BGHSt 1, 124, 125 (1951); OLG Braunschweig NJW 1954, 1052; Dollinger, Handlung S. 14; Wöckel S. 52; Schröder, DRiZ 1958 S. 219; Koffka, Gesprächsbeitrag S. 105; Kohlrausch/Lange § 330 a Anm. III; Entwurf 1960 S. 498.

[90] BGH bei Dallinger, MDR 1974, 12, 15; BGH bei Spiegel, DAR 1979, 173, 180 (Nr. 5 c) und 1982, 194, 200 (Nr. 3); OLG Stuttgart OLGSt § 330 a StGB S. 27, 29 (1968); S/S/Cramer Rn 13; Richard Lange, ZStW 59 S. 587 und JZ 1951 S. 461; Kohlrausch/Lange § 330 a Anm. VI; Bruns, JZ 1958 S. 108 und Leitfaden S. 135; Schultz, Behandlung S. 35; Ehmcke S. 75; Gramsch, Tatbestand S. 108; Schmid S. 69; Uhse S. 14; Dencker, JZ 1984 S. 459.

[91] Hellmuth Mayer, ZStW 59 S. 306; Fajen S. 42; Arthur Kaufmann, JZ 1963 S. 431; Bemmann, GA 1961 S. 70.

[92] Cramer, Vollrauschtatbestand S. 82; Brehm S. 145; aA Schröder, DRiZ 1958 S. 219.

[93] Dies wird hier aus Schmidhäuser Lb 3/15 f. übernommen, ohne daß mehr Literatur für den vorliegenden Zusammenhang angeführt zu werden bräuchte.

anderen zu einer lediglich leichten Bewußtseinsstörung führen. Verfehlt ist daher der Versuch von Puppe, § 323 a I als Bestimmungsnorm zu formulieren[94]: „Versetze dich nicht durch sozialinadäquaten Konsum von Rauschmitteln in einen Zustand der vollständigen Verkehrsuntüchtigkeit." Ein solcher Verhaltensbefehl kann nicht Inhalt des § 323 a I sein, weil der einzelne Adressat den ihm bekannt werdenden Bestrafungen anderer Rauschmittelkonsumenten nicht entnehmen könnte, welche Rauschmitteleinnahme in seinem eigenen Fall noch sozialadäquat ist.

Aus dem Straftatbestand des Vollrausches läßt sich allenfalls diese Verhaltensanweisung entnehmen: Nimm Rauschmittel nur bis zu der Menge ein, bei der du noch sicher sein kannst, daß die zu erwartende psychische Veränderung harmlos sein wird. Die Beachtung dieser Bestimmungsnorm würde die Zahl gemeingefährlicher Rauschzustände gering halten, aber nicht völlig ausschließen, denn entgegen der subjektiven Erwartung vermag im Einzelfall auch eine kleine Rauschmittelmenge, die üblicherweise nur zu harmlosen Bewußtseinsveränderungen führt, einen Rausch im Sinne des § 323 a I hervorzurufen. Die Zahl der Berauschungen kann durch § 323 a nur auf indirektem Wege gering gehalten werden: Bestrafungen, die auf § 323 a beruhen, bringen der Allmeinheit einerseits die Gefährlichkeit von Rauschzuständen zu Bewußtsein; andererseits vermitteln sie das Wissen von den individuell höchst unterschiedlichen Rauschmittelwirkungen. Die Strafdrohung richtet sich nicht gegen den Konsum bestimmter, sondern gegen die Einnahme ganz unterschiedlicher Rauschmittelmengen. Gerade die Ungewißheit, welche Rauschmittelmenge im Einzelfall einen strafbaren Rausch zur Folge hat, führt dazu, daß Rauschmittel seltener und in geringeren Mengen eingenommen werden, als dies ohne Bestrafungen nach § 323 a der Fall wäre. Dadurch begrenzt § 323 a mittelbar die Zahl der gefährlichen Rauschzustände[95].

Die Gefährlichkeit eines Rausches, während dessen der Berauschte Schaden anrichtet, ist für die Allgemeinheit sehr viel einsichtiger als dieselbe Gefährlichkeit eines folgenlosen Rausches. Die folgenlose Berauschung erschüttert die Gemeinschaftsgrundlagen nicht derart in-

---

[94] Puppe, GA 1974 S. 110. Die Kritik von Ranft, JA 1983 S. 197 an der Verhaltensnorm: „berausche dich nicht" basiert auf seiner Annahme, daß die verminderte Schuldfähigkeit (§ 21) Teil des Rauschbegriffs sei; vgl. hierzu jedoch oben S. 53 f.

[95] Fajen S. 20 argumentiert folgendermaßen: Nur derjenige, der die Berauschung unterlasse, sei vor Sanktionen (d. h. der Vollrausch-Strafe) sicher, weil er andernfalls in einen Rausch geraten könne, in welchem er möglicherweise Rauschtaten begehe. Der generalpräventive Zweck — Rauschtaten zu verhindern — werde implicite durch das Berauschungsverbot erreicht. Diese Sicht basiert auf der irrigen Annahme, daß der Berauschung ein „Makel des Strafbaren" nicht anhafte.

tensiv, daß sie geeignet wäre, beispielhaft die Unerträglichkeit der Berauschung im Sozialleben allgemein bewußt zu machen[96]. Anders ist es, wenn im Rauschzustand eine Rauschtat begangen wird. Diese stört den Rechtsfrieden offensichtlich und weist somit deutlich auf die Gefährlichkeit von Berauschungen hin: In diesen Fällen ist eine Bestrafung — mit den zuvor gemachten Einschränkungen — sozialpädagogisch wirksam.

Somit kann als Ergebnis festgehalten werden: Zwar läßt sich die Rauschtat weder als vorhersehbare Ausschreitung noch als Indiz der Rauschgefährlichkeit verstehen; auch ein Verständnis der Rauschtat als Erfolg der Berauschung und die bei willentlichen Rauschtaten gegebene Kausalität zur Berauschung vermögen der objektiven Strafbarkeitsbedingung innerhalb des Vollrausch-Straftatbestandes keinen Sinn zu geben. Gleichwohl ist aber die Abhängigkeit der Vollrausch-Strafe vom Vorliegen einer Rauschtat vom Gesetzgeber nicht willkürlich gesetzt: Als objektive Strafbarkeitsbedingung erhöht das Merkmal „Rauschtat" die sozialpädagogische Wirksamkeit der Bestrafungen, die auf § 323 a beruhen, und entspricht damit dem generalpräventiven Zweck staatlichen Strafens.

B. Die Rauschtatbegründung im Unrechtstatbestand

Auf der soeben gewonnenen Grundlage sind nun diejenigen Merkmale zu erörtern, die die Rauschtat begründen. Wie aus der Überschrift deutlich wird, kommen als rauschtatbegründend solche Merkmale in Betracht, die in der allgemeinen Strafrechtslehre dem Unrechtstatbestand[1] zugeordnet werden. In einer Ergänzung am Ende dieses Abschnitts (unter III) werden darüber hinaus Merkmale erfaßt, die zwar nicht zum Unrechtstatbestand gehören, bisweilen aber als rauschtatbegründend angesehen werden und deshalb vor dem Rauschtatausschluß im Abschnitt C darzustellen sind.

I. Die Handlungs-Rauschtat

Abweichend von einem durchaus geläufigen Handlungsbegriff, der neben Tätigkeit auch Untätigkeit umfaßt[2], wird in dieser Arbeit nur aktives körperliches Tun als Handlung bezeichnet. Die nachfolgende Darstellung umfaßt nicht alle Einzelheiten des Unrechtstatbestandes,

---

[96] Vgl. zu dieser Sicht der Strafwürdigkeit Langer S. 336 und Schmidhäuser Lb 2/14.

[1] Zum Begriff vgl. oben S. 18.

[2] Lackner Erl. III 1 b vor § 13.

sondern nur diejenigen, die im Hinblick auf die Rauschtat problematisch erscheinen.

1. Die Rauschtat als willentliches Tun

Der Begriff der Handlung ist in der Strafrechtslehre zwar umstritten; Einigkeit besteht jedoch darüber, daß ungewolltes Tun keine Handlung ist[3]. Dieser allgemein anerkannte Begriffskern der Handlung kann daher für die Rauschtat nur gelten, wenn es einen Willen im Rausch gibt.

a) Rausch und Wille

Im Willen werden Bewußtseinsinhalte in körperliche Aktion umgesetzt: So entspringen Wünsche, Ziele, Triebe etc. bestimmten Bewußtseinsinhalten, die verschiedenen Schichten — vom aktuellen Bewußtsein bis zum Unterbewußtsein — zuzuordnen sind; die Bewußtseinsinhalte und deren Schichtung werden aber auch von Wünschen, Zielen, Trieben und anderen Faktoren geprägt. Wille und Bewußtsein üben somit vielfältige Wechselwirkungen aufeinander aus[4]. Wille setzt Bewußtsein voraus; Bewußtsein ermöglicht Willensbildung. Sind einzelne Bewußtseinsinhalte gänzlich aufgehoben, so machen die verbliebenen das Bewußtsein aus. Die Bewußtseinsstörung im Rausch schließt Willensbildung nicht aus[5].

Sofern die Rauschtat in schuldunfähigem Zustand begangen wird, sind zwei Fälle zu unterscheiden: Entweder ist durch den Rausch das Unrechtsbewußtsein ausgeschaltet, dann können andere Bewußtseinsinhalte gleichwohl bestehen, so daß auch eine Willensbildung möglich ist[6]. Oder der Rausch beseitigt die Fähigkeit, nach der Unrechtseinsicht zu handeln[7]: Hier tritt infolge des Rausches das Unrechtsbewußtsein im Willensbildungsprozeß hinter andere Bewußtseinsinhalte zurück; ein — wenn auch gestörter — Wille wird jedoch gebildet. Die Schuldunfähig-

---

[3] Lackner Erl. III 1 a vor § 13; Schmidhäuser Lb 8/19; Brandenberger S. 41.

[4] Arbab-Zadeh S. 1402; Schmidhäuser Lb 6/22. Kreeb S. 20: Dem Willen ist das Bewußtsein immanent. Heldmann S. 170 f. meint, zwischen Wille und Bewußtsein könne möglicherweise keine scharfe Trennungslinie gezogen werden.

[5] RGSt 73, 11, 14 (1938); BGHSt 1, 124, 126 (1951); Niederreuther, ZfWR I S. 289; Wöckel S. 28.

[6] Schulz, Zweifelsfragen S. 9. Brandenberger S. 24 hingegen bezeichnet die Fähigkeit zur Einsicht in das Unrecht als „Voraussetzung der Willensfähigkeit". Schon Stierli S. 37 begründete die Möglichkeit von „Willensresten" beim Rauschtäter damit, dieser könne trotz Schuldunfähigkeit Unrechtsbewußtsein haben.

[7] Zühlsdorf/Güssow S. 55 berichten beispielsweise von einem Täter, der nach Einnahme von LSD gewalttätige sexuelle Handlungen an einer Frau vorgenommen hatte. Er sagte später aus: „Ich wußte wohl, daß ich etwas Verbotenes tat, aber das war mir gleichgültig."

keit steht einer Willensbildung nicht entgegen. Lediglich im Zustand der Bewußtlosigkeit wird ein Wille nicht gebildet[8].

b) Der Wille als Strafwürdigkeitsgrenze

Fraglich ist allerdings, ob es auf den Willen bei der Rauschtat überhaupt ankommt. Dagegen könnte die Gefährlichkeit sprechen, die beispielsweise von einem „sinnlos" Betrunkenen ausgeht, der auf eine Fahrbahn torkelt und dort liegenbleibt; Schewe vergleicht diesen Vorgang mit dem Verhalten eines Berauschten, der sich willentlich auf einer Fahrbahn „ausruht": Der Vergleich zeige, daß jeder innere Grund dafür fehle, zwischen willentlichem und willenlosem Tun zu unterscheiden[9]. Demjenigen, der sich so stark berauscht, „daß sein Verhalten nicht einmal mehr durch Willensreste bestimmt wird", dürfe keine Prämie in Form von Straffreiheit gewährt werden[10]. Schlosky[11] bildet folgendes Beispiel: Jemand „geht sinnlos betrunken aus dem Gasthause torkelnd nach Haus, indem er sich an den Häusern entlang tastet; dabei reißt er einen Kinderwagen um, das Kind wird herausgeschleudert und ist tot. In diesem Falle liegt doch unzweifelhaft eine so hochgradige Bewußtseinsstörung vor, daß von einer Willensbildung keine Rede sein kann. Ich glaube, es wird die deutschen Mütter nicht befriedigen, wenn der Trunkenbold freigesprochen wird."

Bevor zu den Beispielen von Schewe und Schlosky Stellung genommen wird, ist kurz auf den Gebrauch des Wortes „sinnlos" einzugehen: Als „sinnlos" werden meist solche Rauschzustände bezeichnet, in denen das Bewußtsein und damit die Willensbildung ausgeschlossen sind[12].

---

[8] Im Strafverfahren kann es Schwierigkeiten bereiten, die Willentlichkeit einer körperlichen Aktion im Rausch zu beweisen. Dem OLG Hamm NJW 1975, 2252, 2253 zufolge ist eine Fahrt am Steuer eines PKW als willensunabhängiges Verhalten nicht durchführbar. Dem OLG Celle VRS 25, 347, 348 (1963) hingegen scheint dies bei einer kurzen Fahrt durchaus denkbar zu sein. Das BayObLG (bei Rüth, DAR 1979, 229, 239) hält den Willen für eine Voraussetzung, daß jemand einen LKW auf einer Strecke von 1,5 km führe. Nicht zu überzeugen vermag die Behauptung von Hellmuth Mayer, ZStW 59 S. 313, daß viele Betätigungen, welche sich beim Nichtberauschten als Willenshandlungen vollziehen würden, beim Berauschten als willenlose Vorgänge anzusprechen seien.

[9] Schewe, Reflex S. 40 f. Auch Sack S. 296, Hogräfer S. 70, Fajen S. 110, Hellmuth Mayer, ZStW 59 S. 323, Schröder, DRiZ 1958 S. 221 f. und Cramer, Vollrauschtatbestand S. 122 wollen auf den Willen als Rauschtatelement unter bestimmten Voraussetzungen verzichten; anders jetzt aber S/S/Cramer Rn 14.

[10] Hogräfer S. 71; Hellmuth Mayer, ZStW 59 S. 313; Flegel S. 302; ähnlich: Gunther Weber, Volltrunkenheit S. 160.

[11] Schlosky S. 3427.

[12] RGSt 64, 349, 353 (1930) und RG HRR 1936 Nr. 1149; OLG Celle VRS 25, 347 (1963); Fraeb/Wolff S. 102; Aschaffenburg S. 47; Schewe, Reflex S. 41; Hellmuth von Weber, MDR 1952 S. 641; Bruns, JZ 1964 S. 477; Bockelmann

Unter „sinnloser Trunkenheit" wird aber auch das Fehlen jeder inneren Tatseite[13], Schuldunfähigkeit[14], Direktionslosigkeit[15], vollkommene Betäubung[16] oder das höchste Stadium des Rauschzustandes[17] verstanden. Bisweilen scheint als maßgeblich angesehen zu werden, daß der Täter seine Sinne nicht mehr gebrauchen kann[18]. Häufig wird in Rechtsprechung und Literatur auch von „sinnlosem" Rausch gesprochen, ohne daß der Begriff erläutert würde[19]. Zu dieser Begriffsverwirrung kommt es, weil das Wort „sinnlos" der Umgangssprache angehört[20]; auf seinen Gebrauch sollte im Zusammenhang mit § 323 a verzichtet werden.

Das Beispiel von Schlosky und der Vergleich von Schewe sind so gewählt, daß es unverständlich erscheinen muß, die Rauschtat von der Willentlichkeit abhängig zu machen. Gleichwohl ist nach überwiegender Auffassung willenloses Tun keine Rauschtat. Denn andernfalls, so wird zur Begründung vorgebracht, werde eine „Erfolgshaftung im Sinne einer Zufallshaftung" statuiert; dem Berauschten würde eine ungleich höhere „Haftung" aufgebürdet als jedem anderen Menschen, was aber nicht Zweck des § 323 a I sei. Da das Strafrecht nicht die Herbeiführung rechtswidriger Erfolge verbiete, sondern höchstens deren Verursachung

---

BT S. 215; Haft S. 268. Arndt S. 149 meint, Sinnlosigkeit sei „eine Art Bewußtlosigkeit". Niederreuther, GS 114 S. 323 bezeichnet „sinnlose Trunkenheit" einerseits als Bewußtlosigkeit, setzt sie (ZfWR I S. 286) andererseits aber auch mit der Unfähigkeit zur Unrechtseinsicht gleich.

[13] Maurach, Schuld S. 102 Fn 25; Entwurf 1925. Der BGH (bei Martin, DAR 1968, 117, 120) spricht von einem Täter, der „so sinnlos betrunken gewesen sein soll, daß er nicht einmal mehr mit Vorsatz im natürlichen Sinne handeln konnte."

[14] Bertram S. 102.

[15] Ranft, MDR 1972 S. 740.

[16] Hafter S. 11.

[17] Scheiff S. 16 f.; Jahrreis S. 40. Arno Müller, Beiträge S. 20 gibt hierfür eine BAK von 4,0 bis 4,9 ‰ an. Hoffbauer beschreibt in seiner 1808 erschienenen „gerichtlichen Arzneywissenschaft" (auf S. 283) den Zustand, in dem der Betrunkene von seinen Sinnen so sehr verlassen ist, daß er von seinem gegenwärtigen Zustande keine Vorstellung hat, als „eine mit Wahnsinn verbundene Tollheit".

[18] RG DR (B) 1939, 551 Nr. 606; Gramsch, Tatbestand S. 37; Nittel S. 23; Roeder S. 233 Fn 90; Brandenberger S. 46.

[19] RGSt 63, 46, 48 (1929); OLG Celle NsRPfl 1950, 128; BayObLG (St) 1953, 143 und NJW 1974, 1520, 1522; Hellmuth Mayer, ZStW 59 S. 294; Schröder, DRiZ 1958 S. 221; Kohlrausch/Lange § 330 a Anm. I; Cramer, Vollrauschtatbestand S. 122 Fn 94; Gunther Weber, Volltrunkenheit S. 96; LK-Lay 9. Auflage § 330 a Rn 39; Horn, JR 1980 S. 3 und SK-Horn Rn 11; Dreher/Tröndle Rn 11; Streng S. 115.

[20] Duden S. 2404: „er war sinnlos (völlig) betrunken". OLG Koblenz OLGSt § 330 a StGB S. 57, 58 (1975): Der Angeklagte machte auf die Zeugin „den Eindruck eines sinnlos Betrunkenen". Kritisch hierzu Derwort S. 73 und Rasch S. 585.

durch ein Willensverhalten, liege dem allgemeinen Rechtsbewußtsein eine Bestrafung solcher allenfalls „peinlichen“ Ereignisse ganz fern[21].

Der Rauschtäter wird aber für die Berauschung und nicht etwa der Rauschtat wegen bestraft; deshalb ist der Hinweis auf die „Erfolgshaftung“ ebenso verfehlt wie der Vergleich zwischen dem Rauschtäter und demjenigen, der die Rauschtat schuldhaft begeht. Im Hinblick auf die Strafgerechtigkeit wäre nur der Vergleich zwischen der Berauschung und der Straftat eines Nichtberauschten sinnvoll; dieser Vergleich hätte jedoch für die Frage nach der willenlosen Rauschtat keinen Erkenntniswert. Die höhere „Haftung“ des Berauschten spräche für sich allein noch nicht dagegen, die objektive Strafbarkeitsbedingung Rauschtat auch bei willenlosem Tun zu bejahen.

Entscheidend ist jedoch, daß die Rauschtat als „rechtswidrige Tat“ gemäß §§ 323 a I und 11 I Nr. 5 ein vertatbestandlichtes Geschehen ist, und Unrechtstatbestände nach heute wohl nicht mehr bestrittener Auffassung nur Willensverhalten schildern[22]. Nun meint allerdings Brandenberger, die Vorgänge im psychischen Bereich des Rauschtäters spielten sich außerhalb der dem Gesetzgeber vorschwebenden psychischen Situation ab, weshalb die Unrechtstatbestände ihrer Funktion und begrifflichen Fassung nach für eine Subsumtion von Rauschtaten nicht geschaffen seien[23]. Welche Situation dem historischen Gesetzgeber vorgeschwebt hat, wird von Brandenberger nicht dargelegt; deshalb ist auch seine Behauptung, die Unrechtstatbestände seien für Rauschtaten nicht geschaffen, unbewiesen. Würde willenloses Tun in den Begriff der Rauschtat einbezogen, dann ergäbe sich allerdings die von Brandenberger genannte Subsumtionsschwierigkeit: Da in den Unrechtstatbeständen Körperreflexe und Körperbewegungen im Zustand der Bewußtlosigkeit oder unter Einwirkung unwiderstehlicher Gewalt nicht geschildert sind[24], würde die Rauschtat ein System eigener Auslegungstatbestände erfordern. Ob ein solches System in der Strafrechtsanwendung praktikabel wäre, erscheint zweifelhaft[25].

Als objektive Strafbarkeitsbedingung muß die Rauschtat am Unwert des Unrechtsgeschehens anknüpfen[26]. Andernfalls wäre sie unzulässig

[21] Richard Lange, ZStW 59 S. 593; Brandenberger S. 43 im Anschluß an Maurach, Schuld S. 105; Roeder S. 233; Berke S. 68.

[22] Vgl. etwa Bruns, JZ 1964 S. 477.

[23] Brandenberger S. 40.

[24] So z. B. Jescheck Lb S. 178 und 222; Bruns, DStR 1939 S. 231. Zu der „mit Strafe bedrohte(n) Handlung“ gemäß § 330 a I aF: Hodes, JW 1936 S. 514; Hölz S. 6; Olshausen § 330 a Anm. 5 c; Boldt S. 1036.

[25] Ähnlich Hardwig, Studien S. 481. Flück S. 81 meint, willenloses Tun lasse sich juristisch nicht mehr qualifizieren.

[26] Schaad S. 33 spricht von dem Erfordernis eines unmittelbaren Zusammenhangs.

(so dürfte eine bestimmte Haarfarbe des Täters nicht zur objektiven Strafbarkeitsbedingung erhoben werden). Eine Verknüpfung zwischen Rauschtat und Berauschung ist dann gegeben, wenn die Rauschtat Elemente enthält, derentwegen der Rausch als gefährlich beurteilt wird. Allgemein gesehen ist ein berauschter Mensch deshalb gefährlich, weil er mangels vernunftgemäßer Willensbildung äußeren Versuchungen erliegt, denen er ohne Rauschmitteleinnahme nicht erläge[27]. Kann ein Berauschter äußeren Versuchungen gar nicht erliegen, so sind Rechtsgutsverletzungen nicht wahrscheinlicher als bei einem nichtberauschten Menschen: Der Bewußtlose ist nicht gefährlich, und zwar unabhängig vom Grund der Bewußtlosigkeit. Zu Recht nennt Welzel nur solche Rauschmittelwirkungen gefährlich, die einerseits die „höchste Wertentscheidungsfähigkeit des Willens" ausschließen, andererseits aber die Handlungsfähigkeit nicht völlig beseitigen[28]. Gefährlich ist nicht der Verlust des Willens, sondern der Verlust der Willensbeherrschung[29], d. h. die Störung des Willensbildungsprozesses[30].

Diese Gefahr kann sich im willenlosen Tun nicht realisieren. Da der Verlust der Körperbeherrschung nicht das am Rausch typisch Gefährliche ist[31], kommt willenloses Tun als Rauschtat nicht in Betracht[32]. Somit bestätigt sich nun, daß die Kausalität zwischen Berauschung und unwillkürlich-reflexhaftem Tun oben auf S. 68 nicht erörtert zu werden brauchte.

---

[27] Siehe oben S. 48.

[28] Welzel, ZStW 58 S. 566; ähnlich auch Montenbruck S. 228. Deshalb kann dem BayObLG NJW 1974, 1520, 1521, das neben der Verminderung der geistigen gleichermaßen die der körperlichen Fähigkeiten als gefährlich erachtet, nicht gefolgt werden.

[29] Schmid S. 56; ähnlich BGHSt 1, 275, 277 (1951).

[30] Feuerbach S. 695 kennzeichnet das Wollen des Berauschten als „ein blindes, thierisches, weil sein Geist nichts mehr auffaßt, als was ihm vor den Füßen liegt, in die Augen fällt, in die Ohren schallt, und weil nicht nur die sittliche Welt mit ihren Geboten, sondern auch die sinnliche, bis auf das kleine, abgeschlossene Fleckchen, welches noch von ihr in seinen Gesichtskreis fällt, ihm untergegangen ist".

[31] Richard Lange, ZStW 59 S. 593. Breucker S. 192 hält die Auffassung Langes deshalb für falsch, weil der Alkoholgenuß nicht nur enthemme, sondern auch die körperliche Leistungsfähigkeit verringere. Inwiefern gerade die Einbuße körperlicher Fähigkeiten allgemeingefährlich sein soll, wird von Breucker nicht begründet; seine Kritik an Lange ist unberechtigt. Hellmuth von Weber, Festschrift für Stock S. 74 meint, Berauschte könnten auch ohne Willensbildung „Unheil anrichten und gemeingefährlich sein, so daß ein Bedürfnis für eine Sanktion entsteht". Ein solches Bedürfnis entstünde aber nur dann, wenn diese „Gemeingefahr" der typischen Rauschgefahr entspräche.

[32] BayObLG NJW 1974, 1520, 1522; OLG Hamm NJW 1975, 2252, 2253; Scheiff S. 83; Dalcke/Fuhrmann/Schäfer Anm. 5 a zu § 330 a; Krumme S. 286; Ranft, JA 1983 S. 240.

Bei den Beispielen von Schewe und Schlosky ist zunächst zu fragen, ob im Sachverhalt überhaupt willenloses Tun, d. h. eine Bewußtlosigkeit des Rauschtäters geschildert ist. Denn wenn der Rauschtäter bis auf die Fahrbahn oder bis hin zum Kinderwagen willentlich „getorkelt“ ist, dann realisiert sich im möglicherweise bewußtlos ausgeführten Akt des Sich-Hinlegens oder des Umstoßens durchaus die Rauschgefahr, daß nämlich willensgestörtes Tun zu unvorhersehbaren Schäden führen kann[33].

Bildet man den Fall von Schewe aber so, daß der Wirt den Berauschten, der auf seinem Stuhl eingeschlafen ist, bis zur Gasthaustür schleppt, von wo aus der Berauschte in bewußtlosem Zustand auf die unmittelbar vor der Tür verlaufende Straße torkelt und dort liegenbleibt, dann wirkt sich in diesem Torkeln nicht eine Störung des Willens, sondern dessen Ausbleiben aus. Der Fall wäre nicht viel anders, wenn der Wirt den berauschten Gast gleich selber auf die Fahrbahn gelegt hätte, und der Berauschte dann mangels einer Willensentfaltung liegen geblieben wäre. Ein solches Ausbleiben eines Willens hat mit der typischen Rauschgefahr nichts mehr zu tun. Das Beispiel von Schewe steht also nicht in Widerspruch, sondern, wenn es sachgerecht präzisiert wird, in Einklang mit der Ansicht, daß der Wille des Rauschtäters eine angemessene Strafwürdigkeitsgrenze sei.

Das Kinderwagen-Beispiel von Schlosky fügt sich in diese Überlegung nur deshalb nicht ein, weil es unvereinbare Sachverhaltsmomente enthält: Wer in der Lage ist, vom Gasthaus nach Hause zu gehen (zu „torkeln“), der bildet einen Willen; woher wüßte er sonst den richtigen Nachhauseweg? Willenlose körperliche Aktion ist nur insoweit denkbar, als der Berauschte plötzlich im Gehen das Bewußtsein verliert und nicht im selben Moment zusammenbricht, sondern erst nach einigen Schritten zu Boden fällt. Reißt der Berauschte bei diesem Niederfallen den Kinderwagen um, dann verwirklicht sich darin immer noch die im willentlichen Gehen begründete Gefahr, die sich im konkreten Fall darin zeigt, daß der Berauschte willentlich so nah an einen Kinderwagen herangeht, daß er ihn im willenlosen Fallen umreißen kann[34]. Die Bestrafung des

---

[33] Ähnlich S/S/Cramer Rn 14, allerdings unter Einbeziehung eines verfehlten „Fahrlässigkeits“-Maßstabes.

[34] Blei S. 364 und Haft BT S. 268 bilden das Beispiel des Berauschten, der infolge des Rausches ohnmächtig zusammengebrochen ist und dabei eine Schaufensterscheibe zertrümmert hat. (Bei Haft torkelt der Berauschte „sinnlos“ betrunken in eine Fensterscheibe.) Die Behauptung von Blei, der Berauschte werde nicht wegen Vollrausches bestraft, ist — jedenfalls in dieser Kürze — falsch. Denn zunächst müßte gefragt werden, wie der Berauschte so nah an die Schaufensterscheibe gelangen konnte. Auch Hirsch S. 8 und 20 bildet ein verfehltes Beispiel willenlosen Tuns: „Jemand ist so betrunken, daß er stürzt und dabei eine andere Person verletzt.“ Auch hier ist zu fragen, wie der Betrunkene an den Ort kam, an dem er stürzte.

Trunkenbolds in Schloskys Beispiel scheitert nicht an der fehlenden Willentlichkeit — „das Rechtsgefühl der deutschen Mütter" wird durch das Willensmoment bei der Rauschtat also nicht verletzt.

c) *Besondere Willensziele*

Gibt es einen Willen im Rausch, so gibt es auch Handlungen im Rausch, mit denen bestimmte Ziele verfolgt werden, wie sie in den Unrechtstatbeständen der Zieldelikte geschildert sind[35]. Bei diesen Delikten ist das Unrecht begründet, wenn der Täter mit dem jeweils geschilderten Ziel handelt; dieses Ziel ist daher auch Voraussetzung der Rauschtat[36]. Ob die gesetzliche Schilderung eines Ziels zum Unrechtstatbestand gehört oder nicht, ist im Einzelfall strittig[37], jedoch kein spezifisches Rauschtatproblem.

Schwierigkeiten bereitet in der Strafrechtsanwendung allerdings die Feststellung, ein Rauschtäter habe mit einem bestimmten Willensziel gehandelt[38]. Hellmuth Mayer meint, im Strafverfahren sei der Beweis eines bestimmten Willensziels nur möglich, wenn es sich in der Rauschtat objektiv verkörpert hat; andernfalls „wäre der Richter gezwungen, mit saurem Fleiß zu erforschen, was der Täter selbst nicht mehr weiß"[39]. Nun schließt sich an die Bewußtseinsstörung im Rausch nicht notwendig eine Erinnerungslosigkeit an[40]; außerdem ist der Richter auch dann,

[35] BayObLG (St) 1953, 143, 144; Olshausen § 330 a Anm. 5 a; Schmid S. 61. — Zum Begriff des Zieldelikts: Schmidhäuser AT 5/50; diese Delikte werden meist „Absichtsdelikte" genannt, vgl. Jescheck Lb S. 256 und Maurach/Zipf § 20 Rn 39. Die Begriffe decken sich allerdings nur teilweise, ohne daß an dieser Stelle die Unterschiede erörtert zu werden bräuchten.

[36] Lang S. 1218; Wöckel S. 6; S/S/Cramer Rn 14.

[37] Betrug ist kein Zieldelikt, Schmidhäuser BT 11/6, wird weithin aber als solches aufgefaßt. Der BGH hat die Zechprellerei eines Berauschten nicht als Rauschtat gemäß § 263 angesehen, weil der Angeklagte ohne Vorteilsabsicht gehandelt hatte, BGHSt 18, 235, 237 (1963); zustimmend Ranft, JA 1983 S. 241 f. — Auch die Verdeckungsabsicht in § 315 III Nr. 2 gehört nicht zum Unrechtstatbestand, Schmidhäuser BT 15/70; aA BGH VRS 41, 93, 95 (1971). — Die Schilderung der „sexuellen Handlung" in §§ 174 ff. enthält kein besonderes Willensziel (aA Jescheck Lb S. 256 und Maurach/Zipf § 20 Rn 39; ausführlich zum Meinungsstand: S/S/Lenckner § 184 c Rn 7 ff.) Der Geschlechtstrieb mag Faktor der Willensbildung sein, vgl. Ehmcke S. 61 Fn 3; entgegen der Meinung Hellmuth Mayers, ZStW 59 S. 315 hängt die Rauschtat in diesen Fällen jedoch nicht davon ab, daß der Wille auf das Ziel geschlechtlicher Befriedigung gerichtet ist. Genauso verfehlt ist die Ansicht von Gunther Weber, Volltrunkenheit S. 161, zum Begriff der unzüchtigen Handlung in § 176 aF gehöre, daß sie von sexuellen Empfindungen getragen wird.

[38] Ehmcke S. 5.

[39] Hellmuth Mayer, ZStW 59 S. 314 und ihm folgend Heinitz, DZgesgerMed 44 S. 515.

[40] Arbab-Zadeh S. 1404: Erinnerungsdefekte beruhen auf Funktionsausfällen der Hirnrinde; die Zentren des Bewußtseins sind jedoch im Stammhirn lokalisiert.

wenn er das Willensziel eines Nichtberauschten erforscht, häufig zu Rückschlüssen aus der Tat genötigt, weil der Täter sich nicht erinnert oder seine Erinnerung nicht preisgibt. Der Rückschluß von einer beobachtbaren Handlung auf das mit ihr verfolgte Ziel setzt voraus, daß sich der Beurteilende in die Psyche des Handelnden teilweise versetzt; nur dann kann er die Handlung geistig-seelisch nachvollziehen. Sich im gebotenen Umfang in die Psyche des Rauschtäters zu versetzen, ist zwar schwierig, aber nicht unmöglich[41]. Gelingt es dem Richter im Einzelfall nicht, so kann er das zu erforschende Willensziel und damit die Rauschtat nicht bejahen. Ob diesem Gebot, das dem Satz „in dubio pro reo" entspringt, von den Gerichten bei der Feststellung von Willensinhalten stets Rechnung getragen wird, erscheint zweifelhaft. Folgender Satz etwa steht in einem Urteil des Bundesgerichtshofs zu § 330 a aF: Es „ergibt sich aus dem ... äußeren Tatablauf nichts, was der Feststellung der Absicht ... entgegenstehen könnte"[42]. Diese Formulierung ist dann unbedenklich, wenn im erstinstanzlichen Urteil (das nicht abgedruckt ist) dargelegt wurde, warum vom Tatablauf auf die Absicht des Rauschtäters geschlossen werden konnte. Sollte jedoch im erstinstanzlichen Urteil ohne nähere Ausführungen aus dem äußeren Tatablauf ein Willensziel des Rauschtäters abgeleitet worden sein, so hätte der Bundesgerichtshof eine solche Beweiswürdigung rügen müssen.

Besonderheiten können sich bei der Rauschtat auch daraus ergeben, daß einzelne Unrechtstatbestände Willensziele schildern, die zu verwirklichen ein Rauschtäter kaum in der Lage sein wird: Zwar ist durchaus denkbar, daß er eine Frau zum außerehelichen Beischlaf zu nötigen vermag (§ 177 I)[43]; ein zielgerichtetes Handeln aber, wie es bei der Geiselnahme nach § 239 b I vorausgesetzt ist, wird durch die schwere Bewußtseinsstörung im Rausch mit Sicherheit ausgeschlossen. Allgemeine Grenzen lassen sich allerdings nicht ziehen, da Rauschzustände nicht immer mit denselben Leistungseinbußen verbunden sind.

Häufig wird bei Erörterungen über die Rauschtat auf Diebstahlsbeispiele zurückgegriffen: Ein Zecher verläßt im Rausch die Gastwirtschaft und nimmt statt seines eigenen Mantels einen fremden mit. Hier stellt sich weder die Frage, ob ein solcher „Tatbestandsirrtum" dem Zecher „zugute" kommen soll[44], noch ist es von Belang, ob die beiden Mäntel ähnlich waren[45]. Hielt der Zecher den Mantel für seinen eigenen,

[41] Beispielsweise meint Grüner, BA II S. 276, daß besondere Vorsicht geboten sei bei der Subsumtion einer alkoholbedingten Kraftprotzerei unter den Unrechtstatbestand der Nötigung, § 240.

[42] BGH VRS 41, 93, 95 (1971).

[43] Davon geht auch BGHSt 1, 124, 127 (1951) aus.

[44] So aber Roeder S. 236.

[45] Nur, wenn infolge der Ähnlichkeit die Verwechslung glaubhaft nahe gelegen habe, stehe der Fehlgriff des Berauschten dem schuldbefreienden Irr-

so ist die Rauschtat mangels Enteignungsabsicht (als eines Teilmoments der Zueignungsabsicht) zu verneinen[46], ohne daß es auf die Ursache der Verwechslung ankäme[47]. Cramer glaubt, dieses Ergebnis damit begründen zu können, daß eine Rauschtat, die ohne das im Unrechtstatbestand geschilderte Willensziel begangen wird, ungefährlich sei[48]. Dem ist entgegenzuhalten, daß die Herrschaftsmacht des Eigentümers über seinen Mantel schon durch die bloße Wegnahmehandlung in Gefahr gebracht wird.

Hellmuth Mayer schlägt vor[49], bei demjenigen auf eine Bestrafung aus § 330 a I aF zu verzichten, der im Rausch eine Sache „mit natürlichem Aneignungswillen" wegnimmt, sie aber nach dem Ende des Rausches sofort wieder zurückgibt. Diese Meinung ist zwar abzulehnen, weil es keine gesetzliche Grundlage dafür gibt, im Rahmen der Rauschtat das dem Rausch nachfolgende Verhalten des Täters zu berücksichtigen. Die Auffassung Hellmuth Mayers läßt aber das Unbehagen spüren, das entsteht, wenn im Willensziel „Aneignung" ein Unrechtsmerkmal des § 242 I gesehen wird. Denn § 242 ist ein *Ent*eignungsdelikt: Das Rechtsgut Eigentum wird dadurch verletzt, daß dem Eigentümer sein Herrschaftsrecht über die Sache entzogen wird. Im Unrechtstatbestand des § 242 I ist daher nicht die *An*eignung als besonderes Willensziel geschildert, sondern die Absicht des Täters, mit der Sache so zu verfahren, daß sie dem Eigentümer auf erhebliche Dauer in der Substanz entzogen oder im Sachwert verringert werden kann[50]. Danach ist auch das Beispiel von Hellmuth Mayer zu beurteilen: Handelte der Rauschtäter nicht mit dem Willensziel, dem Eigentümer die Sache auf erhebliche Dauer zu entziehen, dann ist eine Rauschtat mangels Enteignungsabsicht zu verneinen. Nahm er die Sache in dieser Absicht weg, dann ist eine Rauschtat gemäß § 242 I unabhängig davon zu bejahen, was nach dem Rausch geschah.

Vergleicht man zwei Täter, die sich gemeinsam in einer Gastwirtschaft mit einem gleich großen Quantum Bier berauschen und am Ausgang je einen fremden Mantel mitnehmen, wobei der erste Täter mit, der zweite ohne Enteignungswillen handelt, so drängt sich angesichts der gleich großen Berauschungsschuld beider Täter die Frage auf, ob es

---

tum des Nüchternen gleich: Graf S. 236; ähnlich Flegel S. 301 und Hodes, NmilBl S. 311.

[46] Richard Lange, ZStW 59 S. 597; Niederreuther, GS 114 S. 340; Hogräfer S. 78; Grasmann S. 81; Wöckel S. 67; Kohlrausch/Lange § 330 a Anm. VI 3; Welzel Lb S. 475.

[47] Ehmcke S. 122; Wöckel S. 29.

[48] Cramer, Vollrauschtatbestand S. 123.

[49] Hellmuth Mayer, ZStW 59 S. 331.

[50] Schmidhäuser BT 8/13—16.

nicht gerechter wäre, beide Täter gleichermaßen nach § 323 a zu bestrafen, anstatt den zweiten mangels Enteignungswillens straffrei zu lassen. Für die Gleichbehandlung scheint auch die Bedeutung der Rauschtat als Strafwürdigkeitskriterium zu sprechen: Der generalpräventive Nutzen des § 323 a wird dadurch erhöht, daß nur solche Berauschungen bestraft werden, deren Gefährlichkeit in der begangenen Rauschtat für die Allgemeinheit besonders deutlich wird[51]. Daß die Rauschgefährlichkeit durch den „Diebstahl" des Rauschtäters, der ohne Enteignungswillen handelt, weniger deutlich würde als durch die äußerlich gleiche Tat seines Zechkumpanen, vermag nicht recht einzuleuchten. Die sachfremd erscheinende Differenzierung in der Strafbarkeit beider Täter würde vermieden, wenn die Rauschtat als „schadensgeneigte Handlung" aufgefaßt werden könnte, denn „schadensgeneigt" ist die Wegnahmehandlung unabhängig vom Enteignungswillen des Rauschtäters[52].

Die Rauschtat unterliegt aber als objektive Strafbarkeitsbedingung demselben Bestimmtheitserfordernis[53] wie jedes andere Merkmal eines Straftatbestandes. Diesem Erfordernis würde eine Auslegung des Rauschtatbegriffs als „schadensgeneigte Handlung" nicht entsprechen[54]. Demgegenüber ist der Begriff der „rechtswidrigen Tat" durch seine — von § 323 a unabhängige — Auslegung in Rechtsprechung und Lehre bestimmt genug. Das Merkmal der Rauschtat, die im Sinne des strafrechtlichen Allgemeinbegriffs der „rechtswidrigen Tat" zu verstehen ist, umfaßt also nicht etwa alle schadensgeneigten Handlungen im Rausch, in denen sich die Rauschgefährlichkeit manifestieren würde; sie beschränkt sich vielmehr um des rechtsstaatlichen Bestimmtheitsgrundsatzes willen auf einen Ausschnitt aus der Vielzahl denkbarer schadensgeneigter Handlungen: auf die in den Unrechtstatbeständen geschilderten rechtsgutsverletzenden Handlungen. Deshalb ist die Straflosigkeit des zweiten Täters im zuvor gebildeten Beispiel sachgerecht, obwohl — im Hinblick auf die Generalprävention — seine Berauschung ebenso strafwürdig ist wie die des ersten Täters.

Nach alledem steht fest, daß der Begriff der Rauschtat keine Verhaltensweisen umfaßt, die sich nicht unter einen Unrechtstatbestand subsumieren lassen. Ob darüber hinaus Einschränkungen des Begriffs geboten sind, wird sich aus den nachfolgenden Untersuchungen des 3. Kapitels ergeben.

---

[51] Vgl. oben S. 71 ff.

[52] Dies folgt aus der Stellungnahme zur Auffassung Cramers, oben auf S. 82.

[53] Vgl. hierzu Jescheck Lb S. 107 f.

[54] Vgl. schon die oben S. 77 dargelegten Schwierigkeiten, die sich ergäben, wenn willenloses Tun in die Rauschtat einbezogen würde.

2. Vollendung: die vorsätzliche/fahrlässige Rauschtat

§ 330 a I (1934) schilderte die Rauschtat als „eine mit Strafe bedrohte Handlung". Da das Gesetz nur vorsätzliches oder fahrlässiges Verhalten mit Strafe bedroht, wurden Vorsatz und Fahrlässigkeit als notwendige Merkmale der Rauschtat angesehen: Genauso wie die Strafbarkeit der Sachbeschädigung vorsätzliche Begehung voraussetzt, sollte dies auch für die Rauschtat gelten[1]. Und dann, wenn ein Berauschter einen anderen Menschen totschoß, sollte zu prüfen sein, ob der Berauschte auf den Getöteten gezielt oder nur wahllos um sich geschossen hatte; davon sollte es abhängen, ob die Rauschtat eine vorsätzliche oder fahrlässige Tötung war[2].

Auch seit die Rauschtat in § 323 a I als rechtswidrige Tat geschildert ist, wird an der Unterscheidung zwischen vorsätzlicher und fahrlässiger Rauschtat weithin festgehalten.

a) Vorsatz

Der in der allgemeinen Strafrechtslehre geläufige Vorsatzbegriff ist das Wissen und Wollen der Verwirklichung des objektiven Tatbestandes[3]. Dieser Begriff wird auch für den Vorsatz im Rausch verwendet[4], womit einerseits vorausgesetzt wird, daß im Rausch vorsätzliches Handeln denkbar ist[5], und andererseits der Vorsatz als Element der Rauschtat ebenso selbstverständlich unterstellt wird, wie er Element der Straftat ist. Der Hinweis, bei etlichen Straftaten hänge die Strafbarkeit davon ab, daß der Täter vorsätzlich gehandelt hat[6], ist zwar richtig, besagt aber für die Rauschtat nichts, weil ihretwegen der berauschte Täter gar nicht bestraft wird. Die Behauptung Maurachs[7], Vorsatzdelikte könnten (gemeint ist: als Rauschtat) vom Rauschtäter nur vorsätzlich erfüllt werden, ist daher nicht Ausgangspunkt, sondern Gegenstand der nachfolgenden Erörterungen. (Da die Wörter „Straftat" und „Delikt" synonym gebraucht werden[8], sollte man eine Rauschtat nicht als Delikt bezeichnen.)

---

[1] RG HRR 1936 Nr. 854; Nittel S. 28; Schmid S. 66; von Karger S. 68; Gramsch, Tatbestand S. 67.

[2] RG HRR 1936 Nr. 854; Nittel S. 27.

[3] Maurach/Zipf § 22 Rn 1; Lackner Erl. II zu § 15; Hellmuth Mayer, SchlHA 1962 S. 108; LK-Lay 9. Auflage § 330 a Rn 46.

[4] Roeder S. 225; BGH Urt. vom 21. 4. 1961 (2 StR 104/61), zit. bei LK-Lay 9. Auflage § 330 a Rn 45.

[5] Was beispielsweise RGSt 73, 11, 14 (1938), Gerland S. 802, Oehler S. 270 und Hentschel/Born Rn 305 bejahen.

[6] Gramsch, Tatbestand S. 66 f.

[7] Maurach, Schuld S. 111; ebenso Wöckel S. 6 und Ranft, JA 1983 S. 241.

[8] Siehe Schmidhäuser Lb 2/9. Unkorrekt ist beispielsweise der Sprachgebrauch bei Ranft, JA 1983 S. 241.

Als rechtswidrige Tat ist die Rauschtat tatbestandlich geschildertes Unrecht. Für diejenigen Straftatsysteme, in denen der Vorsatz als Merkmal des Unrechtstatbestandes fungiert, ist es selbstverständlich, den Vorsatz als Rauschtatelement anzusehen. Diese Ansicht wird in Rechtsprechung und Literatur aber auch insofern geteilt, als der herkömmliche Straftataufbau vertreten wird, demzufolge der Vorsatz ein Schuldmerkmal ist. Es mag dogmatisch einen Widerspruch bedeuten, den herkömmlichen Straftataufbau zu vertreten und gleichwohl den Vorsatz als Rauschtatelement anzuerkennen; ob damit aber die Ergebnisse der finalen Handlungslehre anerkannt werden, für die der Vorsatz als Rauschtatelement systemgemäß ist[9], wird von Engisch[10] zu Recht bezweifelt, denn für die Auslegung der Rauschtat ist im Hinblick auf die Strafwürdigkeit allein der Begriff des Vorsatzes entscheidend und nicht dessen sonstige Einordnung in Straftatsystemen.

In Abgrenzung zum Vorsatz als Schuldmerkmal wird bei der Rauschtat — vor allem von der Rechtsprechung — häufig von „natürlichem Vorsatz" gesprochen. Diese Wortwahl regt nicht nur zur Ironisierung an[11], sondern auch zur Wortakrobatik: Das Bayerische Oberste Landesgericht stellt im Leitsatz eines Urteils[12] fest, die innere Seite der Rauschtat dürfe nicht völlig außer Betracht bleiben. Dabei sei zur Frage eines „natürlichen Vorsatzes" zu prüfen, in welche Richtung der Wille des Rauschtäters gegangen sei. In den Gründen ist dann zu lesen, die innere Seite der Rauschtat bestehe aus der Vorstellung des Täters über die Tatumstände und dem sog. „natürlichen Willen". Was das Gericht mit all dem ausdrücken will, bleibt unklar.

Dasselbe läßt sich zu einem Aufsatz von Bruns[13] sagen, in dem die Worte: Schuldform, Vorsatz, Schuldausschließungsgrund, Bewußtsein, Rechtmäßigkeit, Absicht, Verschulden und sogar Tatbestandslehre jeweils mit dem Adjektiv „natürlich" garniert werden. Mit solch einer Terminologie ist der Boden strafrechtlicher Argumentation verlassen. Unter einem „natürlichen Vorsatz" wird nicht nur der oben erwähnte Vorsatzbegriff, sondern werden bisweilen auch ganz andere Begriffe verstanden[14]. Schon deshalb sollte auf diesen Ausdruck verzichtet werden.

---

[9] Busch S. 26; Welzel, ZStW 58 S. 522 f. Fn 44; Deselaers S. 48. Für die finale Handlungslehre bestünden die „Schwierigkeiten" der herkömmlichen Lehre nicht, meinen Hölz S. 16 und Berresheim S. 7.

[10] Engisch S. 172.

[11] Schüler-Springorum S. 365 Fn. 12; vgl. oben S. 16 f.

[12] BayObLG VRS 25, 346 (1962).

[13] Bruns, DStR 1939 S. 239 und 249.

[14] Einige Beispiele dafür, was in der Rechtsprechung unter „natürlichem Vorsatz" verstanden wird: Umschreibung der inneren Tatseite der Rauschtat

aa) Das Willensmoment des Vorsatzes

Soweit der Wille als Moment des Vorsatzes für die unrechte Tat vorausgesetzt wird, ist er bezogen auf die objektiven Merkmale des Unrechtstatbestandes, nicht aber auf die subjektiven Merkmale; diese sind schon ihrer Schilderung nach Willensinhalt (die Absicht in § 267, im Rechtsverkehr zu täuschen, ist also vom Vorsatz des Täters nicht umfaßt, sondern tritt zum Vorsatz hinzu). Einen Willen als Moment des Vorsatzes kann es im Rausch geben: Wenn nämlich der Berauschte in der Lage ist, einen Willen zu bilden, dann können auch die objektiven Merkmale des Unrechtstatbestandes Inhalt dieses Willens sein[15]. Eine Rauschtat, die Vorsatz voraussetzt, ist also nur dann zu bejahen, wenn der Wille des Täters auf die Verwirklichung der objektiven Unrechtsmerkmale gerichtet ist[16]. Drückt beispielsweise ein Berauschter einen Revolver ab, den er fälschlich für nicht geladen hält, und zertrümmert er dabei eine Fensterscheibe, dann fehlt ihm der Wille, eine Sache zu zerstören; er handelt ohne Vorsatz. Folgerichtig ist nach der hier genannten Auffassung eine Sachbeschädigung als Rauschtat zu verneinen[17].

Demgegenüber lassen es zwei Entscheidungen des Bundesgerichtshofs als zweifelhaft erscheinen, ob auch die Rechtsprechung den Willen als notwendiges Moment des Vorsatzes ansieht[18]: Im ersten Fall wird der Vorsatz gemäß § 212 davon abhängig gemacht, daß der Rauschtäter voraussah, seine Schläge könnten den Tod der von ihm traktierten Kinder herbeiführen, und daß er diese Folge „billigend in Kauf" nahm. Im zweiten Fall ist der Sachverhalt so geschildert: Der berauschte Angeklagte habe dem L das Messer in die Brust gestochen und dabei den Tod des L „billigend in Kauf" genommen. Die Urteilsgründe enthalten die lapidare Feststellung, der Angeklagte habe „den Tatbestand des Totschlags mit natürlichem Vorsatz verwirklicht". Vergegenwärtigt man sich, daß nach der Rechtsprechung des Bundesgerichtshofs die „Billigung im Rechtssinne" auch unerwünschte Folgen umfaßt[19], dann wird

---

(RG HRR 1941 Nr. 787); Fähigkeit, auf Grund von Vorstellungen aus der Außenwelt die körperliche Kraft für bestimmte Zwecke einzusetzen (BGHSt 1, 124, 126 f. (1951) und BGH NJW 1967, 579); Abbild eines wissentlichen und willentlichen Handelns (OLG Celle GA 1956, 360). — Wetterich/Plonka S. 35 sind der Ansicht, „Vorsatz im natürlichen Sinne" brauche kein Vorsatz im Rechtssinne zu sein. Was er ist, teilen sie nicht mit.

15 Ähnlich Schmid S. 68.

16 Vgl. hierzu Cramer, Vollrauschtatbestand S. 123; Hodes, NmilBl S. 310; Richard Lange, ZStW 59 S. 595; Brandenberger S. 108 nennt diesen Willen „Tatentschluß".

17 Stutzer S. 254.

18 1) Urt. vom 20. 10. 1967 (4 StR 410/67), zit. bei LK-Lay 9. Auflage § 330 a Rn 56; 2) BGH NJW 1979, 1370.

19 BGHSt 7, 363, 369 (1955).

deutlich, daß in den beiden Urteilen die Annahme einer Rauschtat gemäß § 212 nicht von einem Willen abhängig gemacht wurde, der auf den Tod der Kinder bzw. des L gerichtet war[20].

Auch in den Lehrdarstellungen zum Allgemeinen Teil des Strafrechts finden sich Einschränkungen des Willensmoments beim Vorsatz. Das Beispiel des Raubmörders, der lediglich zu seinem Geld kommen will, und dem der Gedanke an den Tod des Eigentümers durchaus unbehaglich ist, erhellen Maurach/Zipf[21] mit einer Spruchweisheit: „Will er den süßen Tropfen genießen, muß er sich auch zum bitteren bequemen." Der Raubmörder hat in diesem Fall den unerwünschten Tod des Opfers, auch wenn die Tötung zum Bruch des Gewahrsams nicht erforderlich war, „mitgewollt"[22]. Der solchermaßen „mitgewollte" oder „gebilligte" Umstand ist nicht Handlungsziel des Täters. Wenn Rechtsprechung und Literatur hier gleichwohl Vorsatz bejahen, dann gehen sie — ohne dies offen einzugestehen — von einem Vorsatzbegriff aus, der das Wollen der objektiven Merkmale des Unrechtstatbestandes nicht mehr enthält.

Auch bei der Rauschtat könnte der Verzicht auf das Willensmoment des Vorsatzes geboten sein. Bewußtsein und Wille sind im Rausch erheblich gestört[23]. Dies kann dazu führen, daß der Handlungswille des Berauschten sich in einer Unabhängigkeit von den zu erwartenden Handlungsfolgen entfaltet, wie dies bei einem Nichtberauschten nur schwer denkbar ist. Gibt beispielsweise ein berauschter Wirtshausbesucher einem Nachbarn aus bloßer Rauflust eine Ohrfeige, ohne ihm Schmerzen zufügen zu wollen (also auf Grund seiner Bewußtseinsstörung ohne das Bewußtsein, dem anderen Schmerzen zu bereiten), so ist die fehlende innere Beziehung des Rauschtäters zur Körperverletzung seines Opfers genau der Umstand, um dessentwillen der Rausch als ein gefährlicher psychischer Zustand angesehen wird[24]. Die dem Rausch beigemessene Gefahr, daß der Berauschte willentlich handelt, ohne den damit verbundenen Schaden zu wollen, verbietet es, das Willensmoment des Vorsatzes zur Voraussetzung der Rauschtat zu machen.

Zur Überprüfung dieses Ergebnisses sei ein Urteil des Bundesgerichtshofs erwähnt[25], in dem die Auffassung des Schwurgerichts wiedergegeben wird, der berauschte Angeklagte habe „mit natürlichem Vorsatz"

---

[20] Vgl. hierzu Schmidhäuser, JuS 1980 S. 245 f., der nachweist, daß der BGH mit der Formel des „Billigens im Rechtssinne" auf das Willensmoment im Vorsatz verzichtet.

[21] Maurach/Zipf § 22 Rn 15 wie schon Maurach AT 1. Auflage S. 222.

[22] Jescheck Lb S. 245.

[23] Ehmcke S. 146. Zu Unrecht meint Grasmann S. 55, der Wille des Berauschten unterscheide sich „in nichts" von dem des Nichtberauschten.

[24] Siehe hierzu Grasmann S. 31 und 74.

[25] BGH NJW 1975, 2250.

den Tatbestand (gemeint ist wohl Unrechtstatbestand) der „vorsätzlichen Trunkenheit im Verkehr" erfüllt. Wäre das Willensmoment des Vorsatzes Voraussetzung der Rauschtat, dann hätte das Schwurgericht beim Angeklagten einen Willen festzustellen gehabt, der sich nicht nur auf das Fahrzeugführen, sondern auch auf die Fahruntüchtigkeit bezogen hätte. Das Handlungsziel, als Fahruntüchtiger ein Fahrzeug zu führen, mutet nicht nur befremdlich an, sondern ist auch für die in § 316 geschilderte Rechtsgutsverletzung unerheblich (ebenso unerheblich wäre das Handlungsziel, quietschende Reifen zu hören oder einen neuen Streckenrekord Stuttgart-München aufzustellen). Kommt dem Willensmoment des Vorsatzes schon für die Strafbarkeit nach § 316 I keine Bedeutung zu, dann kann es auch nicht Voraussetzung der Rauschtat gemäß § 316 im Rahmen des § 323 a sein.

Nur angedeutet seien die Schwierigkeiten, die das Willensmoment des Vorsatzes in der Strafrechtsanwendung hervorriefe: Ob sich der Wille eines Täters auf die objektiven Merkmale des Unrechtstatbestandes (etwa: den Tod eines Menschen) bezog oder nicht, läßt sich beim Nichtberauschten vielfach aus dem Tatablauf schließen: „Wer zielend auf einen Menschen schießt, der will töten[26]." Beim Berauschten stimmt dies jedoch wegen dessen gestörter Willensbildung nicht. Gleichwohl prüft das Bayerische Oberste Landesgericht im Anschluß an das Reichsgericht[27], „in welche Richtung der Wille des Rauschtäters mit seiner äußeren Betätigung den Umständen nach bei unbefangener Beurteilung gegangen ist". Glücklicherweise erübrigt sich eine Stellungnahme zu dieser Art richterlicher „Beurteilung", weil das Wollen der objektiven Merkmale des Unrechtstatbestandes kein Element der Rauschtat ist: Erstens wird schon beim Vorsatz des Nichtberauschten auf das Willensmoment verzichtet[28], und zweitens verwirklicht sich eine typische Rauschgefahr gerade in einer Schaden stiftenden Handlung, die der Berauschte ohne das Ziel begeht, den Schaden herbeizuführen.

bb) Tatbewußtsein und Tatirrtum

Tatbewußtsein ist das Wissensmoment des Vorsatzes: das aktuelle Bewußtsein der objektiven Merkmale des (Unrechts-)Tatbestandes zum Zeitpunkt der Tat[29]. Ist sich der Täter nicht aller Merkmale bewußt, dann handelt er im Tatirrtum[30]. Der Rausch stört das Bewußtsein,

---

[26] Maurach, Schuld S. 136 geht stillschweigend davon aus, der Täter ziele auf Herz oder Kopf, nicht aber auf das Knie des Opfers.

[27] BayObLG VRS 25, 346 (1962); RGSt 73, 11, 16 (1938). Zustimmend: Dreher/Tröndle Rn 13.

[28] Vgl. die Ausführungen zur „Billigung im Rechtssinne" auf S. 86 f.

[29] Lackner Erl. II 2 zu § 15; Schmidhäuser Lb 10/33.

[30] Schmidhäuser, JZ 1979 S. 363; oftmals „Tatbestandsirrtum" genannt; vgl. hierzu ausführlich Jescheck Lb S. 246.

schaltet es aber nicht aus; Vorsatz im Sinne aktuellen Tatbewußtseins ist im Rausch möglich[31].

Unter der Annahme, daß die Rauschtat in § 323 a I als vorsätzliche Handlung geschildert werde, ist das Tatbewußtsein Voraussetzung der Rauschtat[32]. Nach dieser Ansicht schließt ein Tatirrtum die vorsätzliche Rauschtat aus; dabei spielt es keine Rolle, ob dem Täter auch dann, wenn er nicht berauscht gewesen wäre, der Irrtum unterlaufen wäre, oder ob dieser rauschbedingt[33] ist: Der rauschbedingte Tatirrtum gilt als beachtlich[34]. Diese Konsequenz aus dem Vorsatzbegriff wird jedoch von der überwiegenden Rechtsprechung und einem Teil der Lehre nicht gezogen. Sie halten den rauschbedingten Tatirrtum für unbeachtlich[35]

---

[31] BGHSt 1, 124, 127 (1951); Dollinger, Handlung S. 35. AA bezüglich sicheren Tatbewußtseins (z. B. bei § 164 I) Roeder S. 232.

[32] Bruns, JZ 1964 S. 473, der allerdings von der „Tatumstandskenntnis des Volltrunkenen" spricht. Im selben Sinne Schulz, Zweifelsfragen S. 23, Berresheim S. 5 f., Wöckel S. 33 und Kurt Mayer, Vollrausch S. 36. Otto S. 388 bezeichnet das Bewußtsein der Tatumstände und ihres Bedeutungsgehalts als „natürlichen Vorsatz".

[33] Der Begriff der Rauschbedingtheit wird hier nicht problematisiert, sondern von Roeder S. 238 übernommen: Danach ist ein Irrtum rauschbedingt, wenn mit dem weggedachten Rausch zugleich der Bewußtseinsmangel entfällt.

[34] *1935:* RG DStR 1936, 53, 55. *1936:* RG HRR 1936 Nr. 1550; Gerland S. 804; Olshausen § 330 a Anm. 5 d. *1937:* Becker S. 1439; Lang S. 1218; Schreyer S. 82. *1938:* Schulz, Zweifelsfragen S. 26. *1939:* Dahm S. 268; Wilhelm S. 34. *1948:* Maurach, Schuld S. 134. *1951:* Berresheim S. 65 und 68; Deselaers S. 48; Hölz S. 32. *1953:* Knoblach S. 195. *1954:* Berke S. 96. *1955:* Heinitz, DZgesgerMed 44 S. 517; Jescheck, GA 1955 S. 106. *1957:* Fajen S. 103; Roeder S. 239. *1961:* Hardwig, Studien S. 478. *1964:* Bruns, JZ 1964 S. 478; Hardwig, GA 1964 S. 150. *1969:* Maurach BT 5. Auflage S. 514; Welzel Lb S. 475. *1970:* Brandenberger S. 118. *1972:* LK-Lay 9. Auflage § 330 a Rn 54 und 56 aE. *1973:* Schüler-Springorum S. 368. *1977:* Otto S. 387. *1978:* Preisendanz § 330 a Anm. 3 b aa. *1980:* Dencker, NJW 1980 S. 2164; Hirsch S. 18; SK-Horn Rn 12. *1981:* Maurach/Schroeder S. 305. *1982:* Haft BT S. 269; S/S/Cramer Rn 18. *1983:* Arzt/Weber Rn 436; Dreher/Tröndle Rn 13; Blei S. 365; Krey S. 239; Lackner Erl. 3 b cc; Ranft, JA 1983 S. 241; Wessels S. 194.

[35] *1936:* Flegel S. 303; Hodes, JW 1936 S. 515; Sack S. 297; Schlosky S. 3427. *1938:* RGSt 73, 11, 17; Dollinger, Handlung S. 46; Gramsch, Tatbestand S. 72. *1939:* Boldt S. 1037; Bruns, DStR 1939 S. 235 (beachte bei Fn 34: 1964!); Dollinger, DR 1939 S. 1034; Domning S. 60 f.; Hodes, ZfWR IV S. 133. *1940:* Richard Lange, ZStW 59 S. 599; Hellmuth Mayer, ZStW 59 S. 319; Niederreuther, GS 114 S. 337 f.; Scheiff S. 80; Schmidt-Leichner S. 117. *1942:* Stierli S. 41. *1943:* Ehmcke S. 124 f.; Niederreuther, DJ 1943 S. 117. *1944:* Engisch S. 172 f. *1947:* OLG Braunschweig NsRPfl 1948, 112, 113. *1949:* Bockelmann, Verhältnis S. 14. *1951:* Grasmann S. 85. *1953:* BGH NJW 1953, 1442. *1954:* Sauer S. 598; Wöckel S. 65. *1958:* Nittel S. 29 f.; Schröder, DRiZ 1958 S. 221. *1959:* Traub S. 11. *1960:* Schultz, Behandlung S. 43. *1961:* Dalcke/Fuhrmann/Schäfer Anm. 5 a zu § 330 a; Kohlrausch/Lange § 330 a Anm. VI 3; Sieverts S. 6. *1962:* Cramer, Vollrauschtatbestand S. 121; Krumme S. 288. *1967:* BGH Urt. vom 20. 10. 1967 (4 StR 410/67), zit. bei LK-Lay 9. Auflage § 330 a Rn 56. *1970:* Gunther Weber, Volltrunkenheit S. 165. *1974:* Schönke/Schröder 17. Auflage § 330 a Rn 18. *1975:* BGH bei Spiegel, DAR 1976, 85, 86 (Nr. 11). *1976:* Krause/Thoma Rn 880. *1978:* Wetterich/Plonka S. 36. *1979:* Laube S. 69. *1980:* Bockelmann BT S. 215. *1983:* Schmidhäuser BT 15/28.

und setzen sich damit zwei Einwänden aus, deren erster in der Behauptung liegt, der Berauschte werde schlechter gestellt, als er stünde, wenn er als Nichtberauschter wegen einer — der Rauschtat entsprechenden — rechtswidrigen Tat bestraft würde[36]. Diesem Einwand liegt die Vorstellung zugrunde, der Berauschte solle im gleichen Umfang bestraft werden wie der Nichtberauschte[37]. Der Vergleich zwischen der Tat eines Nichtberauschten und der Berauschung ist jedoch verfehlt[38], weil die Rauschtat nicht zum Unrechtstatbestand des § 323 a I gehört; außerdem ist es absonderlich, sich den rauschbedingten Irrtum eines Nichtberauschten vorzustellen.

Gewichtiger ist der zweite Vorwurf, dem die Lehre von der Unbeachtlichkeit des rauschbedingten Irrtums ausgesetzt ist: Diese Lehre stelle einen systemwidrigen Einbruch in den Vorsatzbegriff dar[39]; dadurch, daß sie am Vorsatzbegriff festhalte, nötige sie im Falle des rauschbedingten Tatirrtums zur Vorsatz-Fiktion[40]. Der Bundesgerichtshof hat in einem Fall, in dem ein Berauschter minderjährige Männer dazu aufforderte, mit ihm Unzucht zu treiben, den Vorsatz bei der Rauschtat auf folgende Weise geprüft[41]: „Zunächst" komme es darauf an, ob der Angeklagte trotz seiner Trunkenheit die Minderjährigkeit der Männer erkannt habe, also Tatbewußtsein im Sinne des hier verwendeten Begriffs gehabt habe. „War das nicht der Fall, so hängt die Bestrafung des Angeklagten davon ab, ob er diesen ‚natürlichen Vorsatz' nur deshalb nicht gehabt hat, weil er völlig betrunken war." Übertragen auf einen anderen Straftatbestand würde die Argumentation so lauten: Wegen Sachbeschädigung wird nur bestraft, wer sich der Fremdheit der Sache bewußt ist; wer ohne dieses Bewußtsein handelt, kann gleichwohl nach § 303 bestraft werden. Ob man den rauschbedingten Irrtum als „Sonderfall" ansieht[42] oder nicht: Seine Unbeachtlichkeit ist mit dem üblichen Vorsatzbegriff unvereinbar. Soll der Vorsatz Element der Rauschtat sein, dann kann es unbeachtliche Tatirrtümer nicht geben; und wenn rauschbedingte Tatirrtümer unbeachtlich sein sollen, dann kann der Vorsatz kein Element der Rauschtat sein.

---

[36] Hellmuth von Weber, BA I S. 212 und schon RG HRR 1936 Nr. 1550.

[37] Dahm S. 268; Bruns, DStR 1939 S. 247; Schröder, DRiZ 1958 S. 221; Hardwig, GA 1964 S. 149.

[38] Richard Lange, ZStW 59 S. 592.

[39] Cramer, Vollrauschtatbestand S. 88; Gunther Weber, Volltrunkenheit S. 113.

[40] Maurach, Schuld S. 135; Fajen S. 74 f. Ähnlich Mezger/Mikorey S. 414; Heinitz, DZgesgerMed 44 S. 517; Jescheck, GA 1955 S. 106; Gunther Weber, Volltrunkenheit S. 114; Dencker, NJW 1980 S. 2164 Fn 72.

[41] BGH NJW 1953, 1442.

[42] Bruns, DStR 1939 S. 232.

Drei Gründe sind es im wesentlichen, die für die Unbeachtlichkeit des rauschbedingten Irrtums genannt werden. Erstens wird behauptet, durch eine Rauschtat, die in rauschbedingtem Tatirrtum begangen wird, werde in besonderen Maße die Gefährlichkeit des Rauschzustandes indiziert[43]. Schon oben[44] wurde jedoch festgestellt, daß die Rauschtat die Gefährlichkeit des Rausches gar nicht indizieren kann, weil es nicht möglich ist, von einem Schadenseintritt auf die Gefährlichkeit des Zustandes zurückzuschließen, aus dem der Schaden erwachsen ist.

Zweitens wird auf die Schwierigkeiten hingewiesen, Bewußtseinsinhalte im Rausch festzustellen[45]. Jeder aktuelle Bewußtseinsinhalt basiert auf einer Fülle selbstverständlicher, im einzelnen nicht mehr reflektierter Erfahrungen, die in ihrer Gesamtheit als Bewußtseins-„Grund" das Bezugssystem darstellen, innerhalb dessen die aktuelle Bewußtseins-„Figur" erlebt wird. Das Verhältnis von „Grund" und „Figur" ist die Orientierung[46]. Die Orientierung des Bewußtseins beim geistig Gesunden ist in der Strafrechtsanwendung die Grundlage dafür, Bewußtseinsinhalte auch dann feststellen zu können, wenn der Täter sie nicht mitteilt. Hält sich jemand in der Wohnung eines Freundes auf, so erlebt er dessen Einrichtungsgegenstände als fremde; die örtliche Orientierung macht es ihm unmöglich, die Gegenstände auf andere Weise zu erleben. Zerstört er nun ein Bild des Freundes, so ist ihm (bei intakter Psyche) die Fremdheit wenigstens sachgedanklich bewußt[47]. Dies festzustellen, ist ein Akt seelisch-geistigen Einfühlens. Beim berauschten Täter sind das Bewußtsein und damit die Orientierung als Teil des Bewußtseins gestört. Ein Einfühlen in die Psyche des berauschten Täters ist deshalb mit Schwierigkeiten verbunden, die möglicherweise unüberwindlich sind[48]. Der geistig Gesunde bezieht wahrgenommene Bewußtseinsfiguren notwendigerweise auf einen Bewußtseinsgrund und integriert sie damit in die Gesamtsituation. Beim Berauschten ist dies nicht selbstverständlich. So ist es beispielsweise denkbar, daß ein berauschter Mann den heftigen Widerstand der von ihm vergewaltigten Frau als nicht ernst gemeinte Koketterie empfindet[49]. In den Fällen, in denen das Tatbewußtsein des Berauschten nur durch

---

[43] Kohlrausch/Lange § 330 a Anm. VI 3 wie schon Richard Lange, ZStW 59 S. 596 f.; Ehmcke S. 124; Wöckel S. 65; Schultz, Behandlung S. 43.

[44] Siehe S. 70 f.

[45] Niederreuther, ZfWR I S. 291.

[46] Schewe, Bewußtsein S. 114 f.

[47] Zum Unterschied von Sach- und Sprachdenken: Schmidhäuser AT 7/66.

[48] Sich in die Psyche eines anderen einzufühlen, setzt unter anderem voraus, von eigenen Assoziationen auf die entsprechenden Assoziationen des anderen zu schließen. Gerade die Cannabis-Einnahme kann eine Lockerung der gewohnten Assoziationsvorgänge bewirken; Täschner, Rausch S. 30.

[49] Grüner, BA II S. 277.

Rückschluß aus der Tatsituation zu ermitteln ist, wird sich ein Richter die für den Vorsatznachweis erforderliche „subjektive Gewißheit"[50] kaum verschaffen können.

Die Lehre von der Unbeachtlichkeit des rauschbedingten Irrtums umgeht diese Schwierigkeiten auf einfache Weise: Ist wegen des Rauschzustandes ein Tatbewußtsein nicht festzustellen, so kann eine vorsätzliche Rauschtat gleichwohl bejaht werden, wenn nur der Tatirrtum als „rauschbedingt" bewertet wird. Beweisschwierigkeiten können im Strafrecht jedoch keine Fiktionen rechtfertigen: Wird der Vorsatz als Element der Rauschtat angesehen, dann muß er im Strafverfahren nachgewiesen werden, auch wenn dadurch der Anwendungsbereich des § 323 a I stark eingeschränkt wird.

Drittens wird die Unbeachtlichkeit des rauschbedingten Irrtums damit begründet, daß andernfalls der gesetzgeberische Zweck des § 323 a vereitelt würde[51]. Die Störung von Orientierung und Bewußtsein im Rausch erschwert ja nicht nur die Feststellung von Bewußtseinsinhalten, sondern schließt Bewußtseinsinhalte vielfach aus. Tatirrtümer gehören zu den typischen Gefahren des Rausches[52], da sie der Keim rechtsgutsverletzenden Verhaltens sein können. Die Rauschtat aus demselben Grund zu verneinen, dessentwegen der Rausch als gefährlich erachtet wird, wäre ein Widerspruch, der mit einer vernünftigen Gesetzesauslegung nicht vereinbar wäre[53]. Die Berauschung, in deren Folge der Berauschte eine Frau vergewaltigt, kann ja nicht deshalb straflos sein, weil der Berauschte den ernsthaften Widerstand der Frau für Koketterie hält[54].

Bei einer teleologischen Auslegung des § 323 a I kann der rauschbedingte Irrtum nicht beachtlich sein. Daraus folgt, daß das Tatbewußtsein im Hinblick auf die Strafwürdigkeit des Rausches kein sachgerechtes Merkmal der Rauschtat ist. Vorsatz im strafrechtlich üblichen Sinn gehört nicht zur Rauschtat; bei dieser spielen daher auch Tatirrtümer keine Rolle.

cc) Die quasivorsätzliche Rauschtat

Soweit sich in Rechtsprechung und Literatur die Erkenntnis durchsetzte, daß der übliche Vorsatzbegriff bei der Rauschtat nicht zu gebrauchen sei, wurde nach einem für die Rauschtat passenden Vorsatzbegriff

---

[50] Stree, In dubio S. 43.

[51] OLG Braunschweig NsRPfl 1948, 112, 113.

[52] Schlosky S. 3427; Stutzer S. 253; Schröder, DRiZ 1958 S. 221; Hellmuth von Weber, GA 1958 S. 261.

[53] Hogräfer S. 81; vgl. auch die Einleitung oben S. 16.

[54] So im Ergebnis auch Hodes, JW 1936 S. 514 f.

gesucht[55]. Der Fund ist nicht sehr üppig: einerseits „ein Vorsatz in natürlichem Sinne, gewissermaßen ein Abbild eines wissentlichen und willentlichen Handelns"[56]; andererseits eine dem Vorsatz „entsprechende", „ähnliche" bzw. „parallelisierte" Willensbetätigung[57]. Daß es sich hierbei nicht um einen neuen Begriff, sondern um begriffsleere Worthülsen handelt, ist leicht zu erkennen: Ein Täter handelt entweder mit oder ohne Tatbewußtsein — einen dem Tatbewußtsein ähnlichen oder entsprechenden psychischen Sachverhalt gibt es nicht. Somit ist auch die Annahme einer quasivorsätzlichen Rauschtat verfehlt.

dd) Das Unrechtsbewußtsein als Merkmal der Rauschtat

Schließlich wäre noch denkbar, einen Begriff des Rauschtat-Vorsatzes in Anlehnung an die Vorsatztheorie zu bilden. Für diese Theorie ist Kern des Vorsatzes das Unrechtsbewußtsein[58], welches einer vereinzelten Meinung zufolge[59] zur Rauschtat gehört. Diese Meinung ist nicht schon deshalb abzulehnen, weil das Unrechtsbewußtsein, soweit es für die Straftat vorausgesetzt ist, als Schuld- und nicht als Unrechtsmerkmal aufgefaßt wird. Denn die Auslegung der Rauschtat braucht auf den Begriff des Unrechts nicht von vornherein begrenzt zu sein.

Unrechtsbewußtsein im Rausch ist möglich[60]: Erstens setzt der Rausch nicht die Schuldunfähigkeit des Rauschtäters voraus, und zweitens kann die Schuldunfähigkeit auch darin bestehen, daß dem Täter zwar nicht das Unrechtsbewußtsein, wohl aber die Steuerungsfähigkeit fehlt. Läßt sich das Unrechtsbewußtsein somit zum Begriffsinhalt eines Rauschtatvorsatzes machen[61], so ist doch zweifelhaft, ob dies einer teleologischen Auslegung entspricht.

---

[55] Aufschlußreich ist die Argumentation von Krause/Thoma Rn 79: Obwohl Rauschtaten „kaum vom Vorsatz umfaßt sein können", kann der Betrunkene, der Gläser kaputt macht, „nur dann wegen Vollrausches bestraft werden, wenn er dies mit natürlichem Vorsatz getan hat".

[56] OLG Celle GA 1956, 360 und schon Graf S. 235. Willi Müller, JR 1960 S. 11 meint, wenn schon bei der Rauschtat eine strafrechtlich faßbare Schuld nicht gegeben sei, so müsse „doch jedenfalls eine natürliche Willensbetätigung, gleichsam ein natürlicher Vorsatz" vorliegen. Laube S. 69 spricht von „zielmäßigem" Handeln, das an die Stelle „vorsätzlichen" Handelns trete, und auch Streng S. 117 hält im Rahmen des § 323 a einen „‚natürlichen' Vorsatz" für ausreichend.

[57] Schewe, BA XIII S. 95; OLG Hamburg JR 1951, 210, 211; Schüler-Springorum S. 364.

[58] Jescheck Lb S. 365.

[59] Traub S. 13. Das OLG Stuttgart NJW 1964, 413 setzt für die Rauschtat die Fähigkeit des Rauschtäters voraus, zum Zeitpunkt der Tat zu erkennen, daß seine Handlung verboten ist.

[60] Dollinger, DR 1939 S. 1034; Cramer, Vollrauschtatbestand S. 123 f.; Hardwig, GA 1964 S. 149.

[61] Dollinger, DR 1939 S. 1034.

Der Rausch ist gefährlich, weil er die Möglichkeit willentlicher Rechtsgutsverletzungen schafft oder vergrößert, und zwar deshalb, weil Bewußtsein und Willensbildung des Berauschten schwer gestört sind. Im rechtsgutsverletzenden Handeln trotz Unrechtsbewußtseins realisiert sich diese Gefahr ebenso wie im Handeln ohne Unrechtsbewußtsein. Zwischen diesen beiden Möglichkeiten läßt sich im Hinblick auf die Strafwürdigkeit ein Unterschied nicht erkennen; das Unrechtsbewußtsein ist daher kein Merkmal der Rauschtat[62]. Gestützt wird dieses Ergebnis durch die oben festgestellte Unerheblichkeit des Tatbewußtseins für die Rauschtat. Denn das Unrechtsbewußtsein setzt das Tatbewußtsein voraus[63].

ee) Drei Sachverhalte und deren Beurteilung durch die Rechtsprechung

Der Vorsatz ist kein Merkmal der Rauschtat: Dieses — keineswegs neue — Ergebnis[64] teleologischer Auslegung soll nun an Hand einiger Sachverhalte überprüft werden.

(1) Das öffentliche Ärgernis: A versetzte sich in einen Rausch und führte in einer Gastwirtschaft vor jungen Leuten unzüchtige Reden, wobei er einigen von ihnen an die Geschlechtsteile faßte.

Das Reichsgericht bejahte eine Rauschtat gemäß § 183 I aF („wer durch eine unzüchtige Handlung öffentlich ein Ärgernis gibt, wird ... bestraft") und hielt hierfür das Bewußtsein des A für entbehrlich, öffentlich gehandelt oder ein Ärgernis gegeben zu haben[65]: Die Öffentlichkeit sei ein „begleitendes Merkmal" der unzüchtigen Handlung, und das Erregen des Ärgernisses sei lediglich deren Folge, die außerhalb des Machtbereichs des Täters liege. Wäre das Bewußtsein derartiger Umstände, die außerhalb der Willensbetätigung des Rauschtäters liegen, Voraussetzung der Rauschtat, so würde das Anwendungsgebiet des § 330 a aF allzusehr eingeengt werden. Denn diese Umstände nehme der Rauschtäter nur selten in seine Vorstellung auf, weil sie „nicht stark genug auf ihn einwirken, um von ihm trotz der Bewußtseinsstörung beachtet zu werden".

Der Gedanke, den das Reichsgericht mit dieser eigentümlichen Formulierung zum Ausdruck bringt, ist das Verhältnis von Bewußtseinsgrund und Bewußtseinsfigur, das durch den Rausch gestört ist. Befindet

---

[62] Otto S. 386; im Ergebnis ebenso Brandenberger S. 102.

[63] Schmidhäuser Lb 10/56.

[64] Klee, JW 1939 S. 548; Schmidt-Leichner S. 114; Bockelmann, Verhältnis S. 14 meint, § 330 a aF habe auch vorsatzlose Rauschtaten „im Auge".

[65] RGSt 70, 159, 160 (1936). Das Reichsgericht verwies die Sache zurück, weil in der Vorinstanz das Merkmal der Öffentlichkeit nicht nachgewiesen worden war.

sich ein geistig Gesunder an einem öffentlichen Ort, so erlebt er die Öffentlichkeit als Bezugssystem[66]; sie ist der „Grund", vor dem sich die einzelne „Figur" — beispielsweise die unzüchtige Handlung — abhebt. Der Nichtberauschte ist sich der Öffentlichkeit wenigstens sachgedanklich bewußt — beim Berauschten kann dies nicht als selbstverständlich vorausgesetzt werden.

Nun mochte das Reichsgericht aber nicht so weit gehen, auf die Prüfung des Tatbewußtseins gänzlich zu verzichten. Es stellte fest, A sei sich der geschlechtlichen Beziehung der begangenen Schamlosigkeit bewußt gewesen, was sich „ohne weiteres" aus Inhalt und Form der unzüchtigen Reden ergebe[67]. Die Frage, ob es für die Rauschtat auf dieses Tatbewußtsein überhaupt ankomme, wurde in dem Urteil offengelassen. Sie hätte verneint werden müssen: Rechtsgutsverletzend war die Handlung durch ihre objektive „Unzüchtigkeit", unabhängig davon, ob sich A dessen bewußt war oder nicht.

Die Unterscheidung des Reichsgerichts zwischen wesentlichen und begleitenden Umständen ist zu Recht als willkürlich kritisiert worden[68]. Das Urteil ist im Ergebnis jedoch richtig[69], weil das Tatbewußtsein kein Merkmal der Rauschtat ist.

(2) Die Fahrerflucht[70]: B trank um die Mittagszeit einen über den Durst und versetzte sich dabei in einen Rausch. Sodann fuhr er in sei-

---

[66] Ebenso, wie der Frontsoldat die Kriegszeit als Bezugssystem erlebt; Schewe, Bewußtsein S. 123.

[67] RGSt 70, 159 (1936).

[68] Schlosky S. 3427; Dahm S. 268; Domning S. 54; Sartor S. 26; Bruns, DStR 1939 S. 242; LK-Lay 9. Auflage § 330 a Rn 54 aE.

[69] Was auch Ehmcke S. 126 und Krumme S. 288 feststellen.

[70] Umstritten ist die Frage, ob § 142 I ein Handlungs- oder ein Unterlassungsdelikt ist. Handlungsdelikte schildern eine verbotene Handlung, Unterlassungsdelikte schildern die Nichtvornahme einer gebotenen Handlung. Rechtsgutsverletzend ist die in § 142 I geschilderte Tat weniger wegen der Flucht des Unfallbeteiligten, als vielmehr wegen des Nicht-Bleibens. Aus diesem Grunde sieht Schmidhäuser (BT 11/82) in § 142 I ein Unterlassungsdelikt. Er meint (JZ 1955 S. 436), „Dableiben" könne Inhalt eines strafrechtlichen Gebots sein, weil es eine entschiedenere Anforderung an den Willen bedeuten könne als das Weggehen. Das ist sicher richtig, reicht aber als Begründung eines Unterlassungsdelikts nicht aus, da dieser Gedanke ebenso für Handlungsdelikte zutreffen kann: Für die Schwiegermutter mag es angesichts des verhaßten Schwiegersohnes eine sehr viel größere „Willensanstrengung" bedeuten, ruhig zu sein, als der bösen Zunge freien Lauf zu lassen. Unterlassungsdelikte setzen eine Pflicht zum Handeln voraus (Schmidhäuser Lb 16/23). Es ist daher zu fragen, ob die in § 142 I vorausgesetzte Pflicht zum Dableiben als „Handlung" verstanden werden kann. Ein Unfallbeteiligter genügt der Bleibepflicht, wenn er am Steuer seines Autos sitzend Radio hört, wenn er vor dem Auto hin und her geht oder Kniebeugen macht. Er genügt dieser Pflicht aber auch, wenn er sich neben dem Auto schlafen legt oder gar mittels Autohypnose in einen Zustand vorübergehender Bewußtlosigkeit bringt. § 142 I enthält zwar kein Passivitätsgebot (Schmidhäuser, JZ 1955

nem Auto und streifte infolge alkoholbedingter Fahruntüchtigkeit (BAK ca. 2,3 ‰) einen entgegenkommenden Wagen, der dabei erheblich beschädigt wurde. B fuhr weiter ohne anzuhalten. Das Landgericht vermochte nicht festzustellen, daß B den Unfall bemerkt hatte, mit erheblichem Sachschaden rechnete und sich im Bewußtsein all dessen von der Unfallstelle entfernt hat.

Das Landgericht bejahte eine Rauschtat gemäß § 142, das Oberlandesgericht Hamm verneinte sie[71]: „Entfernt sich der volltrunkene Kraftfahrer vom Unfallort, so kommt Verkehrsunfallflucht als Rauschtat nur dann in Betracht, wenn er sich des Unfalls zumindest undeutlich bewußt geworden war und sich mit natürlichem Vorsatz den Feststellungen entziehen wollte. Hatte er den Unfall jedoch überhaupt nicht wahrgenommen, kommt der Tatbestand des § 142 StGB als Rauschtat selbst dann nicht in Betracht, wenn das Nichtwahrnehmen lediglich auf den Rauschzustand zurückzuführen ist."

Bleibt ein Unfallbeteiligter nicht am Unfallort, erschwert er möglicherweise bei den anderen Unfallbeteiligten die Durchsetzung begründeter und die Abwehr unbegründeter Schadensersatzansprüche[72]. Im Hinblick auf das in § 142 geschützte Vermögen ist es nicht verständlich, warum zum Unrechtstatbestand ein „undeutliches" Bewußtsein des Unfallhergangs gehören soll. Angenommen, ein unfallbeteiligter Fahrer, dessen Auto mit einer Musikanlage ausgestattet ist, entferne sich vom Unfallort, so ist das Vermögen der anderen gleichermaßen in Gefahr, ob der Autofahrer weiterfährt, weil er sich den Feststellungen entziehen will, oder ob er infolge ohrenbetäubend lauter Musik den Unfall gar nicht bemerkt hat.

Die in § 142 statuierte Wartepflicht ist Verkehrsteilnehmern ebenso bekannt wie beispielsweise die Bedeutung einer roten Ampel. Der nichtberauschte Unfallbeteiligte erlebt den Unfall ebenso wie das rote Lichtzeichen als Aufforderung, zu warten. Wartet er nicht, dann setzt er sich über die Aufforderung nur dann hinweg, wenn er die Ampel oder den Unfall bemerkt hat. Deshalb ist es beim Nichtberauschten sinnvoll, zu fragen, ob er den Unfall bemerkt hat.

S. 437). Ebensowenig enthält diese Vorschrift aber ein Handlungsgebot: Der Schlafende erfüllt die Bleibepflicht ebenso wie derjenige, der Kniebeugen macht. Der Unfallbeteiligte braucht nichts zu tun, darf manches tun und darf nur etwas Bestimmtes nicht tun: weggehen. Damit entspricht § 142 I der Struktur eines Handlungsdelikts. Dem steht auch nicht der Gebrauch des Wortes „Bleibepflicht" entgegen; dieses Wort ist lediglich sprachlich schöner als die gleichermaßen sachgerechte Formulierung: „Verbot des unerlaubten Sich-Entfernens".

[71] OLG Hamm NJW 1967, 1523 (Leitsatz).

[72] Schmidhäuser BT 11/78; S/S/Cramer § 142 Rn 1; Lackner Erl. 1 zu § 142.

Für den Berauschten stellt sich das Unfallerlebnis unter Umständen gar nicht als Aufforderung, zu warten, dar: Die mit der schweren Bewußtseinsstörung möglicherweise verbundene Assoziationsstörung kann dazu führen, daß der Berauschte den Unfall zwar wahrnimmt, aber nicht als relevantes Geschehen erlebt. Wenn das Oberlandesgericht Köln von einem „Fluchttrieb" spricht, dem der Berauschte trotz Wahrnehmung des Unfalls infolge rauschbedingter Enthemmung nicht widerstehen könne[73], so unterstellt es mit dem Gebrauch dieses Wortes zu Unrecht, daß der Berauschte den Unfall, sofern er ihn wahrnimmt, notwendig als relevantes Geschehen erlebt.

Von Bresser wird folgender Bericht eines jungen Mannes wiedergegeben[74]: Er sei unter der Wirkung von Haschisch Auto gefahren und habe dabei den Eindruck gehabt, die Häuser neigten sich an beiden Seiten über die Straße. „Er habe sich dann dranghaft gezwungen gesehen, noch schnell und rechtzeitig durchzukommen." Angenommen, bei dieser Panikfahrt wäre ein Unfall passiert und der Haschischkonsument hätte es krachen gehört, so braucht man nur noch hinzuzudenken, er habe das Krachen für einstürzende Häuser gehalten, um zu erkennen, wie sachfremd es in diesem — möglicherweise extremen — Fall ist, die Rauschtat gemäß § 142 I von einem wenigstens undeutlichen Geschehensbewußtsein abhängig zu machen[75].

Wäre für die Rauschtat gemäß § 142 I das Geschehensbewußtsein vorausgesetzt, so wäre die Rauschtat gerade in den Fällen zu verneinen, in denen sich eine typische Rauschgefahr realisiert: dann nämlich, wenn die Bewußtseinsstörung zur Wahrnehmungsstörung führt. Im Meskalin-Rausch beispielsweise kommt es zu mannigfaltigen Störungen des „Bewegungssehens": Die Wahrnehmung von Bewegungen ist entweder abnorm oder völlig beseitigt[76]. Verursacht ein Autofahrer im Meskalin-Rausch einen von ihm unbemerkten Unfall und fährt weiter, dann ist nach Ansicht der Rechtsprechung die Rauschtat gemäß § 142 I genau deshalb zu verneinen, weshalb die Berauschung mit Meskalin strafbar ist.

Aufschlußreich ist auch die Art und Weise, wie die Rechtsprechung den „natürlichen Vorsatz" beim unerlaubten Entfernen vom Unfallort feststellt:

(a) In einem vom Kammergericht entschiedenen Fall[77] hatte sich der angeklagte Autofahrer durch Tabletten und Alkohol in einen Rausch

---

[73] OLG Köln DAR 1967, 139 (Leitsatz 3).

[74] Bresser S. 63.

[75] So aber: OLG Köln NJW 1960, 1264, 1265; OLG Hamm NJW 1967, 1523; Hentschel/Born Rn 306.

[76] Beringer S. 83.

[77] KG VRS 19, 111 (1960).

versetzt und war anschließend in Schlangenlinien durch einige Straßen gefahren, wobei er auf die Bordsteinkanten zu beiden Seiten der Fahrbahn geriet und insgesamt drei parkende Autos beschädigte. Der Sachverhaltsschilderung ist zu entnehmen, daß er nach der ersten Karambolage ohne anzuhalten weitergefahren war, nach dem dritten Aufprall aber zum Stehen kam; dort trat ein Zeuge an den Wagen des „völlig apathischen" Angeklagten heran und nahm den Zündschlüssel an sich. In den Urteilsgründen wird ausgeführt[78], der natürliche Vorsatz ergebe sich „zwanglos" aus dem Sachverhalt, „insbesondere aus dem prompten, offensichtlich zweckgesteuerten Reagieren des Angeklagten nach dem jeweiligen Anfahren der abgestellten Kraftwagen". Was sich hier „zwanglos" und „offensichtlich" ergeben soll, wenn ein schwer bewußtseinsgestörter, apathischer Autofahrer nach der Beschädigung eines anderen Autos weiterfährt ohne anzuhalten, ist unerfindlich.

(b) Einem Angeklagten, der sich (vielleicht in Kenntnis der verbreiteten Meinung) dahin einließ, einen von ihm im Rausch verursachten Autounfall gar nicht wahrgenommen zu haben, mochte die Strafkammer nicht glauben: Sie hielt die Einlassung des Angeklagten für widerlegt, weil dieser kurz nach dem Unfall angehalten hatte. Der Unfall hatte sich auf einer Bundesstraße ereignet, und der Angeklagte hielt an der Abzweigung zu seinem Wohnort an. Das Oberlandesgericht Köln[79] als Revisionsgericht sah sich zunächst zu einer Interpretation des vorinstanzlichen Urteils genötigt: Das Urteil nenne für das Anhalten keinen ersichtlichen Anlaß, sei „aber nur so zu verstehen, daß es einen solchen festgestellt hätte, wenn er bestanden hätte". Auf dieser Interpretation des landgerichtlichen Urteils baut das Folgende auf: Die von der Strafkammer gezogene Schlußfolgerung, der Angeklagte sei sich beim Weiterfahren nach dem Unfall, wenn auch undeutlich, des Geschehenen bewußt gewesen, habe also auf Grund des Vorgefallenen ohne anderen Anlaß angehalten und dadurch zu erkennen gegeben, daß er irgendwelche Vorstellungen vom Unfall und seiner Flucht hatte, ist denk- und erfahrungsmöglich und daher als ausreichende Feststellung des Tatrichters für einen natürlichen Vorsatz hinzunehmen."

Diese Ausführungen eines Oberlandesgerichts sind jedoch nicht hinzunehmen. Ein Anlaß für das Anhalten mag nicht feststellbar sein, kann aber ebensowenig ausgeschlossen werden: Vielleicht hatte der Angeklagte deswegen an der Abzweigung angehalten, weil er in seinem Rausch Schwierigkeiten hatte, „die Kurve zu kriegen", vielleicht fühlte er sich müde — das alles ist nicht ergründbar. Unbewiesen und beim Berauschten auch unbeweisbar ist daher die Behauptung des Ober-

---

[78] KG VRS 19, 111, 113.

[79] OLG Köln NJW 1960, 1264, 1265.

landesgerichts, der Angeklagte habe „auf Grund" des Unfallgeschehens angehalten. Vielleicht hätte der Angeklagte die Kosten der Revisionsinstanz gespart, wenn er folgendes bedacht hätte: Der „natürliche Vorsatz" bei § 142 I ist so inhaltsarm, daß es keine Schwierigkeit bereitet, ihn auch dann zu „beweisen", wenn von einem „Wissen und Wollen" der Tat nichts zu entdecken ist.

Unerlaubtes Entfernen vom Unfallort setzt als Rauschtat keinen wie auch immer gearteten „natürlichen Vorsatz" voraus[80]. Würde sich die Rechtsprechung dem anschließen, könnte sie bei der Rauschtat gemäß § 142 I auf alle Fiktionen und Unterstellungen verzichten.

(3) Die blutige Autofahrt[81]: C unternahm mit den Eheleuten M und F eine Autofahrt. Der Ehemann M lenkte wegen Müdigkeit das Fahrzeug auf einen Parkplatz und schlief dort auf dem Fahrersitz ein. Auf der Rücksitzbank schlief seine Frau F ebenfalls. Der schon unter Rauschgift stehende C nahm Heroin zu sich. Nach den Feststellungen des Landgerichts setzte nun das Bewußtsein des C „total" aus. Als es wieder einsetzte, saß er allein in dem Auto auf einem anderen Parkplatz; er sah neben sich ein blutiges Messer liegen und außerdem Blutspuren. Folgendes hatte sich auf dem ersten Parkplatz ereignet: Vom Beifahrersitz aus hatte C zunächst auf die F eingestochen, war dann um das Auto herumgegangen, stach auf M heftig ein, schrie dabei Worte wie „Schwein" und heulte vor Wut. Nachdem C von M, der später seinen Verletzungen erlag, abgelassen hatte, setzte er sich ans Steuer, fuhr in schneller Fahrt davon und kam schließlich auf dem anderen Parkplatz wieder zum Stehen.

Mit Billigung des Bundesgerichtshofs schließt das Landgericht hieraus, C habe den „natürlichen Willen" gehabt, F zu verletzen und M zu töten. Im Anschluß daran habe er „im natürlichen Sinne den Entschluß (gefaßt), den Wagen zu nehmen und damit irgendwohin zu fliehen"[82].

Daß der Bundesgerichtshof die Ausführungen des Landgerichts zum „natürlichen" Tötungswillen unbeanstandet ließ, kann wohl nur so erklärt werden: Denkt man sich C als nichtberauschten Täter, dann ist auf Grund des äußeren Tathergangs Totschlag unproblematisch zu bejahen.

---

[80] Sprachlich unschön, aber der Sache nach richtig spricht Venzlaff S. 845 von „Fahrerflucht durch Nichtbemerken des Unfalls".

[81] Verkürzte und geringfügig abgewandelte Darstellung von BGH VRS 56, 447 (1979).

[82] Der BGH kritisierte lediglich die Feststellung des Landgerichts, bei C habe das Bewußtsein total ausgesetzt; der weitere Geschehensablauf zeige, daß C nicht bewußtlos gewesen sei. Ersichtlich habe das Landgericht nur eine Erinnerungslosigkeit des C feststellen wollen (VRS 56, 448). Diese Kritik ist berechtigt: Erstens ist eine längere Autofahrt als willenloses Tun undenkbar, und zweitens läge — falls C tatsächlich bewußtlos gewesen wäre — eine Rauschtat schon mangels Handlung gar nicht vor.

Wer auf einen Menschen wahllos einsticht, ist sich der Möglichkeit des Todes bewußt, so daß dann gar nicht mehr geprüft zu werden braucht, ob der Täter den Tod oder vielleicht nur Verstümmelungen des Opfers wollte oder gar nur die Befriedigung seines Aggressionstriebes suchte.

C handelte aber im Zustand schwerer Bewußtseinsstörung; sein „Wissen und Wollen“ ist daher nicht einfach durch Rückschluß aus dem äußeren Tathergang zu ermitteln. Dafür, daß C den Tod des M wollte oder sich auch nur der Möglichkeit des Todeseintrittserfolges beim Opfer bewußt war, gibt vorliegender Sachverhalt nicht den geringsten Anhaltspunkt. Gegen einen zielgerichteten Tötungswillen des C spricht vielmehr der Umstand, daß C, M und F sich zu der Autofahrt verabredet hatten, um in Amsterdam gemeinsam (!) Rauschgift zu kaufen. Ein Tatbewußtsein ist dem C — sofern er es überhaupt gehabt haben mag — nicht nachzuweisen, so daß für die Anwendung des § 323 a I davon auszugehen ist, daß C ohne Tatbewußtsein den M tötete.

Hatte C aber weder den zielgerichteten Willen, M zu töten, noch ein diesbezügliches Bewußtsein, so erweist sich das Urteil des Landgerichts, dem C lapidar einen „natürlichen Willen“, d. h. vorsätzliches Töten zu unterstellen, als unhaltbar. Gleichwohl war eine Rauschtat gemäß § 212 I zu bejahen: Die Handlung des C entspricht dem im Unrechtstatbestand geschilderten Töten eines Menschen. Da der Vorsatz hierbei unerheblich ist, konnte das Landgericht trotz der verfehlten Vorsatzfiktion zum richtigen Ergebnis kommen.

b) Fahrlässigkeit

In der Lehre findet sich häufig die Unterscheidung zwischen bewußter und unbewußter Fahrlässigkeit[1]; beide Begriffe werden üblicherweise an Hand von vier Einzelmomenten erörtert, als da sind: die objektive und die subjektive Pflichtwidrigkeit der Willensbetätigung (= Sorgfaltspflichtverletzung) sowie die objektive und die subjektive Voraussehbarkeit der Tatbestandsverwirklichung[2]. Welche dieser Momente zum Unrechts- und welche zum Schuldtatbestand gehören, ist strittig, spielt aber für die nachfolgende Untersuchung keine Rolle, weil die Auslegung der Rauschtat nicht von vornherein auf den Unrechtstatbestand fixiert zu sein braucht.

aa) Die objektive Sorgfaltspflichtverletzung

Bei der fahrlässigen Rauschtat beachtet — nach heute verbreiteter Ansicht — der Täter nicht die von jedermann geforderte („im Verkehr

---

[1] Für den üblichen Begriff vgl. Lackner Erl. III zu § 15.

[2] Maihofer S. 163.

erforderliche") Sorgfalt[3]: Was diese Aussage meint, ist nicht so leicht verständlich, wie es beim ersten Lesen den Anschein hat.

Auf der Suche nach einem Phänomen namens „Sorgfalt", die von jedermann zu fordern ist, stößt man auf Handlungen, die sich als sorgfältig oder unsorgfältig nur bewerten lassen, wenn die Fähigkeiten des Handelnden berücksichtigt werden. Man denke an einen Skifahrer, der „im Schuß" einen Hang hinabfährt und dabei mit einem anderen zusammenstößt, wodurch dieser verletzt wird. Ob die Schußfahrt der im Skiverkehr erforderlichen Sorgfalt entspricht oder nicht, läßt sich nur in bezug auf das Können des Fahrers feststellen: Die Schußfahrt eines Skilehrers ist im Vergleich zu den zaghaften Stemmbögen eines Anfängers möglicherweise für die Gesundheit anderer Skifahrer die geringere Gefahr. Auch der Bundesgerichtshof verneint eine für jedermann gleiche Sorgfaltspflicht: Der alkoholbedingt Fahruntüchtige, der Auto fährt, sei einer wegen des psychischen Mangels gesteigerten Pflicht zu besonderer Vorsicht unterworfen[4].

Da sich die Sorgfalt eines „Jedermanns" nicht denken läßt, wird die Rauschtat mit der gedachten Handlung eines „pflichtbewußten Anderen aus dem Fachkreise des Täters"[5] oder der Handlung eines rechtschaffenen und gewissenhaften Menschen gleichen Alters und gleichen Kräfte- und Gesundheitszustandes[6] verglichen. Reichert man das vorige Beispiel um einen Rausch des rasanten Skifahrers an, so verletzt er mit der Schußfahrt dann die objektive Sorgfaltspflicht, wenn ein pflichtbewußter anderer mit dem Können des Täters sorgfältiger zu Tale gebraust wäre. Nun ist aber nicht einzusehen, warum diesem anderen einerseits Eigenschaften des Rauschtäters beigegeben werden, andererseits jedoch eine wesentliche Eigenschaft — die schwere Bewußtseinsstörung — ausgeklammert bleiben soll. Wenn schon der Rauschtäter mit einem anderen Menschen in der Rolle und Lage des Rauschtäters verglichen werden soll[7], dann ist es konsequent, auch die Vergleichsperson berauscht sein zu lassen[8]. In dem Skibeispiel wäre mit diesem Maßstab die objektive

[3] Dreher/Tröndle Rn 15; Dollinger, Handlung S. 35; Heinitz, DZgesgerMed 44 S. 516; Welzel, ZStW 58 S. 558 und Lb S. 475; Arzt/Weber Rn 438.

[4] BGHSt 24, 31, 36 (1970).

[5] Maurach, Schuld S. 125.

[6] Dollinger, Handlung S. 37 und DR S. 1034; Salm S. 128 f. im Anschluß an Kadečka S. 362 f.

[7] Welzel Lb S. 132: „sorgfältig ist dasjenige Verhalten, das ein einsichtiger und besonnener Mensch in der Lage des Täters einschlagen würde". Ein ähnlicher Fahrlässigkeitsbegriff findet sich auch bei Ranft, JA 1983 S. 242.

[8] Mit diesem Vergleichsmaßstab werden freilich nur sportliche Juristen etwas anfangen können: Demjenigen, der nicht regelmäßig alpin Ski fährt, wird die Phantasie fehlen, sich einen Berauschten vorzustellen, der gewissenhaft zu Tale rast.

Sorgfaltspflichtverletzung wohl zu verneinen; es sei denn, das Beispiel würde so verändert, daß die Fahrt des Täters (noch) unsorgfältiger als die gedachte Fahrt eines anderen Berauschten wäre. Ob es freilich Lebenssachverhalte gibt, die einer solchen objektiven Sorgfaltspflichtverletzung entsprechen, erscheint zweifelhaft.

Vergleicht man hingegen die Rauschtat mit der gedachten Handlung eines Nichtberauschten, dann gibt es überhaupt keine Rauschtat ohne objektive Sorgfaltspflichtverletzung: Ein pflichtbewußter anderer hätte sich schon gar nicht in den Rausch versetzt. Ist aber nach dieser Auslegung die objektive Sorgfaltspflichtverletzung notwendig mit der Rauschtat verbunden, dann kann sie kein eigenständiges Merkmal derselben sein. Maurach/Gössel/Zipf halten eine Handlung für sorgfaltswidrig, wenn sie „den zur Vermeidung von Rechtsgutsbeeinträchtigungen dienenden Regeln widerspricht"[9]; da eine derartige „Regel" mit Sicherheit das in § 323 a I enthaltene Berauschungsverbot ist, gibt es auch auf der Grundlage der Auffassung von Maurach/Gössel/Zipf keine Rauschtat, die nicht zugleich sorgfaltswidrig ist. Dasselbe gilt für die Meinung, objektiv sorgfaltswidrig handele derjenige, der hinter den Anforderungen des „Sollens" zurückbleibt[10]: Kein Rauschtäter genügt diesen Anforderungen; er hätte sich nicht berauschen sollen[11].

Jescheck[12] erachtet diejenige Sorgfalt als objektiv geboten, die erforderlich ist, um durch richtiges Wollen die Verwirklichung des Tatbestandes zu vermeiden. Dieses Gebot an einen in der Willensbildung schwer Gestörten zu richten, mutet an wie der Zuruf an einen Blinden: sieh!

Wird die objektive Sorgfaltspflichtverletzung nicht als Voraussetzung der fahrlässigen Tat angesehen, dann beschränkt sich ihre Bedeutung auf solche Handlungen, die wegen ihrer Gefährlichkeit nur dann erlaubt sind, wenn sie mit der erforderlichen Sorgfalt vorgenommen werden[13]. Eine ihrer Natur nach gefährliche Handlung (z. B. das Autofahren) wird dann, wenn ein Berauschter sie vornimmt, noch viel gefährlicher. Also handelt auch in diesen Fällen der Berauschte immer unsorgfältig. Die

---

[9] Maurach/Gössel/Zipf S. 75.

[10] Maurach, Schuld S. 126 und GA 1960 S. 104; Maurach/Schroeder S. 305; Hellmuth von Weber, GA 1958 S. 263.

[11] Vgl. hierzu SK-Horn Rn 7; Horn (Rn 13) will bei der Bildung des Sorgfalts-„tatbestandes" auf die Sorgfalt abheben, „die in der konkreten Situation unter Anlegung der jeweils auch sonst üblichen Maßstäbe — allerdings unter Absehen der Tatsache, daß sich der Täter im Rauschzustand befindet — obj. geboten ist". Wie diese objektiven und üblichen Maßstäbe aussehen, sagt Horn nicht.

[12] Jescheck Lb S. 467.

[13] Schmidhäuser, Festschrift für Schaffstein S. 138.

objektive Sorgfaltspflichtverletzung kommt als Merkmal der Rauschtat nicht in Betracht.

bb) Die objektive Voraussehbarkeit

Maurach/Schroeder bejahen Fahrlässigkeit dann, „wenn ein Normalmensch an Stelle des Berauschten in der Lage gewesen wäre, den tatbestandlichen Erfolg vorauszusehen“[14]. Dieser Maßstab ist identisch mit dem der Lehre von der adäquaten Kausalität[15], deren Unbrauchbarkeit für die Rauschtat schon oben auf S. 69 f. dargetan wurde. Ohne objektive Voraussehbarkeit kann auch die objektive Vermeidbarkeit[16] nicht Merkmal der Rauschtat sein, denn nur ein voraussehbarer Schaden läßt sich vermeiden.

cc) Die Fahrlässigkeit als Kausalitätsproblem

Dencker meint, die Rauschtat könne nur durch solche Sorgfaltsmängel begründet werden, die auf der Berauschung beruhen[17], und Maurach/Gössel/Zipf fordern eine „Vermeidbarkeitskausalität“, derzufolge die Tatbestandsverwirklichung das Ergebnis des Sorgfaltsmangels sein muß[18]. Nimmt man beides zusammen, hat man die Kausalität zwischen Berauschung und Rauschtat: Diese ist immer gegeben[19].

dd) Die subjektive Vermeidbarkeit

Der heute gängige Begriff der subjektiven Vermeidbarkeit setzt sich zusammen aus der subjektiven Sorgfaltspflichtverletzung und der subjektiven Voraussehbarkeit[20], wobei folgende Unterscheidung zwischen bewußter und unbewußter Fahrlässigkeit üblich ist: Der unbewußt fahrlässig handelnde Täter sieht infolge der subjektiven Sorgfaltspflichtverletzung die Folgen seiner Tat nicht voraus — die Tat ist voraussehbar und daher vermeidbar; der bewußt fahrlässig handelnde Täter sieht die Folgen seiner Tat voraus, vertraut aber infolge der subjektiven

---

[14] Maurach/Schroeder S. 305 f.; Dreher/Tröndle Rn 15; ähnlich Wöckel S 31. Roeder S. 229 bezieht die Voraussehbarkeit auf einen normalen Durchschnittsmenschen gleichen Geschlechts, gleichen Alters und gleicher körperlicher Beschaffenheit. Gruhle S. 125 kennzeichnet die Konstruktion eines Durchschnittsmenschen treffend als „Unding“.

[15] Maihofer S. 187 f.; Wolter, GA 1977 S. 257 f. meint, der Maßstab der objektiven Voraussehbarkeit biete einen „Anknüpfungspunkt“ für die Verurteilung nach § 330 a aF.

[16] Maurach/Gössel/Zipf S. 69.

[17] Dencker, NJW 1980 S. 2165; ähnlich schon Hodes, NmilBl S. 311.

[18] Maurach/Gössel/Zipf S. 87.

[19] Siehe oben S. 69.

[20] Mezger S. 675 bezeichnet die Vermeidbarkeit als den „soziologischen Sinn“ der fahrlässigen Handlung.

Sorgfaltspflichtverletzung darauf, daß diese Folgen nicht eintreten werden — hier ergibt sich die Vermeidbarkeit unmittelbar aus der Sorgfaltspflichtverletzung[21].

§ 330 a I (1934) schilderte den Rausch als einen Zustand der Schuldunfähigkeit. Daher lag die Frage nahe, ob die Tat eines Schuldunfähigen für diesen überhaupt vermeidbar sein könne. Die Frage wurde überwiegend verneint[22]; auch wurde die Meinung vertreten, die Tat des Schuldunfähigen sei für diesen nur in den Fällen bewußter Fahrlässigkeit, nicht aber in denen unbewußter Fahrlässigkeit vermeidbar[23]. Brandenberger hält die bewußt fahrlässige Handlung des Schuldunfähigen dann für denkbar, wenn die Schuldunfähigkeit auf fehlender Steuerungsfähigkeit beruht, die Fähigkeit zur Unrechtseinsicht aber noch besteht[24]. Dem kann nicht zugestimmt werden: Wem die Fähigkeit fehlt, seine Handlung einsichtsgemäß zu steuern, der ist auch zur Beachtung irgendeiner Sorgfalt nicht mehr in der Lage. Ist der Täter jedoch unfähig, das Unrecht der Tat einzusehen, dann hat er gar keinen Anlaß, eine Tat zu vermeiden. Die fahrlässige Tat eines Schuldunfähigen gibt es nicht[25].

Nun schildert § 323 a I den Rausch aber nicht als einen Zustand der Schuldunfähigkeit. Die subjektive Voraussehbarkeit ist somit beim (vermindert) schuldfähigen Rauschtäter nicht undenkbar. Durch den Rausch ist aber der Assoziationsmechanismus als psychische Grundlage der Voraussehbarkeit[26] schwer gestört; die subjektive Voraussehbarkeit kann daher kein sachgerechtes Merkmal der Rauschtat sein. Gestützt wird dies durch einen weiteren Gesichtspunkt: Die subjektive Voraussehbarkeit ist dasselbe wie potentielles Tatbewußtsein. Die Ausführungen oben auf S. 92 haben ergeben, daß das Tatbewußtsein für die Rauschtat unwesentlich ist. Für das potentielle Tatbewußtsein kann nichts anderes gelten. Daraus folgt, daß die subjektive Vermeidbarkeit kein Merkmal der Rauschtat ist — unabhängig davon, ob sie im Hinblick auf den Berauschten undenkbar[27] oder jedenfalls bei diesem nicht feststellbar ist[28].

---

[21] Jescheck Lb S. 483; vgl. zum Begriff der „bewußten Fahrlässigkeit" auch Maihofer S. 161, S/S/Cramer § 15 Rn 201, OLG Stuttgart NJW 1976, 1852, 1853.

[22] Dollinger, Handlung S. 35; Hellmuth Mayer, ZStW 59 S. 320; Maurach, Schuld S. 122; Knoblach S. 205; Gunther Weber, Volltrunkenheit S. 109. AA Schmid S. 93.

[23] Welzel, ZStW 58 S. 565; Roeder S. 229.

[24] Brandenberger S. 105.

[25] Unmittelbar einleuchtend ist dies, wenn Fahrlässigkeit als potentielles Tat- und Unrechtsbewußtsein begriffen wird; so Schmidhäuser AT 10/97 mwN.

[26] Vgl. dazu Schmidhäuser, Festschrift für Schaffstein S. 144 f.

ee) Die quasifahrlässige Rauschtat

Sorgfaltspflichtverletzung und Voraussehbarkeit — objektiv wie subjektiv — sind keine Rauschtatmerkmale. Da dieses Ergebnis als unbefriedigend empfunden wurde[29], begaben sich verschiedene Autoren auf die Suche nach einem für die Rauschtat passenden Fahrlässigkeitsbegriff. Das, was sie dabei fanden, nannten sie „natürliche Fahrlässigkeit". Einige ließen es bei der Namensgebung bewenden[30], andere erläuterten ihren Fund: „Natürliche Fahrlässigkeit" liege vor, wenn der Rauschtäter „aus Versehen", auf Grund rauschbedingter „Unachtsamkeit" handele, oder wenn er „noch sachgemäßer" hätte handeln können[31]. Unbeirrt von den kritischen Stimmen[32] zur „natürlichen Fahrlässigkeit" will Schüler-Springorum diese dann bejahen, wenn der Rauschtäter „mit ‚natürlicher Voraussehbarkeit' und ‚natürlicher Vermeidbarkeit' des (Todes-, Verletzungs- usw.) Erfolges" handelt[33].

Ernster zu nehmen ist der von Bruns verwendete Begriff der „natürlichen Fahrlässigkeit", der — wenn auch meist anders benannt — heute kaum noch Widerspruch erfährt: Der Rauschtäter handelt fahrlässig, wenn er in nichtberauschtem Zustand in der Lage gewesen wäre, die Sorgfaltspflichtverletzung zu vermeiden[34]. Dieser Maßstab ist nicht etwa

---

27 Welzel, ZStW 58 S. 565 (beschränkt auf die unbewußte Fahrlässigkeit); Scheiff S. 75; Deselaers S. 55; Grasmann S. 70; Berresheim S. 16; Schröder, DRiZ 1958 S. 221.

28 Brandenberger S. 106; Schewe, BA XIII S. 95. Vermeidbarkeit „in der Regel" nicht feststellbar: Cramer, Vollrauschtatbestand S. 126. Feststellung begegnet „besonderen Schwierigkeiten": Dahm S. 269.

29 Hölz S. 18.

30 Gerland S. 803 f.; Gramsch, Tatbestand S. 67; Schreyer S. 68 und 83; Schmid S. 93 warnt immerhin vor den unüberwindlichen Schwierigkeiten für den Richter, der die „natürliche Fahrlässigkeit" feststellen und beweisen soll.

31 Lang S. 1218; Tröndle S. 144; Hellmuth Mayer, ZStW 59 S. 321; Entwurf 1960 S. 409.

32 Dollinger, Handlung S. 51; Hográfer S. 89 f.; Scheiff S. 76; Maurach, Schuld S. 121. LK-Lay 9. Auflage § 330 a Rn 52 empfiehlt, den „in sich widerspruchsvolle(n) Begriff einer ‚natürlichen Fahrlässigkeit'" zu vermeiden. Die Kommentierung Lays zur „fahrlässigen Rauschtat" Rn 50—52 zeigt, daß sich Lay nicht gegen den Begriff, sondern nur gegen den Terminus wendet: Wie die Autoren, die eine „natürliche Fahrlässigkeit" als Element der Rauschtat ansehen, spricht auch Lay von „Unachtsamkeit" und meint, es genüge, „wenn die Rauschtat dem ‚Vorbild einer fahrlässigen strafbaren Handlung' entspricht".

33 Schüler-Springorum S. 367 Fn 27.

34 Bruns, DStR 1939 S. 248; RG HRR 1936 Nr. 854 aE; BGH Urt. vom 9. 10. 1952 (4 StR 113/52), zit. bei Salm S. 122, 123; Domning S. 46; Dorbritz S. 178; Knoblach S. 209; Dahm S. 269; Berresheim S. 16 f. und 20 ff.; Welzel, ZStW 58 S. 565 f.; Richard Lange, ZStW 59 S. 596; Stutzer S. 253; Niederreuther, GS 114 S. 325 f. und DJ 1943 S. 117; Berke S. 119 f.; Kern S. 183; Schröder, DRiZ 1958 S. 221; Traub S. 14; Dalcke/Fuhrmann/Schäfer Anm. 5 a zu § 330 a; LK-Lay 9. Auflage § 330 a Rn 49; Sieverts S. 6; Breucker S. 193

hypothetisch, sondern eine Fiktion[35]. Die Psyche des Rauschtäters ist gegenüber seiner Psyche im nichtberauschten Zustand stark verändert. Infolge dieser Veränderung stehen dem Rauschtäter die Fähigkeiten, über die er in nichtberauschtem Zustand verfügt, nicht näher als die Fähigkeiten einer anderen Person: Der fiktive Fahrlässigkeitsmaßstab ist willkürlich und daher abzulehnen[36]. Er findet auch im Gesetz keine Stütze, denn § 323 a I schildert die im Rausch (wirklich) begangene Tat. Unter die Unrechtstatbestände ist daher die Handlung des Rauschtäters zu subsumieren und nicht das fiktive Verhalten des Rauschtäters ohne Rausch[37].

ff) Die Unterscheidung zwischen Vorsatz und Fahrlässigkeit als Prämisse der Auslegung

Um Beweisschwierigkeiten zu vermeiden, sollen nach Meinung Olshausens „fahrlässige Rauschtaten" die objektive Strafbarkeitsbedingung des Vollrauschtatbestandes nicht erfüllen[38]. Hiergegen wird eingewandt, daß diese Meinung jedes gesetzlichen Anhaltspunktes entbehre[39]. Andere sehen in § 330 a aF sogar einen Beweis dafür, daß es Fahrlässigkeit gebe, die vom subjektiven Können unabhängig ist[40]. All diesen Auffassungen liege die Prämisse zugrunde, zur Rauschtat gehöre die Unterscheidung zwischen Vorsatz und Fahrlässigkeit. Diese Prämisse wird besonders deutlich an dem Hinweis des Reichsgerichts[41], falls sich kein (Vorsatz-) Wille ergebe, könne „nur" Fahrlässigkeit in Frage kommen[42]. Dazu, wie diese zu bestimmen sei, äußert sich das Gericht nicht[43].

Die Unterscheidung zwischen Vorsatz und Fahrlässigkeit zur Prämisse der Auslegung zu machen, führt zu einem Zirkelschluß: Ohne Begrün-

---

Fn 1; Schewe, BA XIII S. 95; Jescheck Lb S. 481 Fn 5; Laube S. 69; Lackner Erl. 3 b ee; Arzt/Weber Rn 439. Unklar: Schultz, Behandlung S. 42.

[35] Richtig: Salm S. 124; Berresheim S. 22; Knoblach S. 211. Falsch: Traub S. 14.

[36] Mezger/Mikorey S. 414; Hogräfer S. 90; Maurach, Schuld S. 123; Schmid S. 95; Hölz S. 20; Roeder S. 228; Salm S. 123; Brandenberger S. 111.

[37] RG HRR 1936 Nr. 448; Olshausen § 330 a Anm. 5 a; Bruns, DStR 1939 S. 229 (im Widerspruch zum Zitat oben Fn 34).

[38] Olshausen, § 330 a Anm. 5 b. Rittler S. 666 vertritt die Auffassung, daß als Rauschtat „nur ein im psychologischen Sinn vorsätzliches Verhalten" in Betracht komme.

[39] Dollinger, Handlung S. 36 und 47; Niederreuther, GS 114 S. 326.

[40] Salm S. 137. Ähnlich Welzel, ZStW 58 S. 564 f. und Jescheck Lb S. 458.

[41] RGSt 73, 11, 16 (1938) und ihm folgend BayObLG JR 1955, 151, 152 und VRS 25, 346 f. (1962).

[42] Auch Stierli S. 38 meint, „natürliche Fahrlässigkeit" liege immer dann vor, wenn „natürlicher Vorsatz" nicht erkennbar sei.

[43] Auch Ranft, MDR 1972 S. 742 spricht von „fahrlässiger" Tatbestandsverwirklichung so, als sei dies bei der Rauschtat ein allgemein anerkannter Begriff.

dung wird Fahrlässigkeit zum Rauschtatmerkmal erklärt, und dann wird darin, daß § 323 a I die Rauschtat als objektive Strafbarkeitsbedingung schildert, der „Beweis" dafür gesehen, daß es Fahrlässigkeit in solcher Gestalt „gebe", die auf den Berauschten paßt. Auch die von Olshausen konstatierten Beweisschwierigkeiten beruhen auf der unreflektierten Prämisse, Fahrlässigkeit sei ein sachgerechtes Merkmal der Rauschtat. Die vorangegangenen Ausführungen haben jedoch gezeigt, daß keines der Kriterien, an Hand derer in der allgemeinen Strafrechtslehre die Fahrlässigkeit bestimmt wird, für die Rauschtat paßt[44].

c) Ergebnis

Für die Fahrlässigkeit gilt dasselbe wie für den Vorsatz: Beide sind keine sachgerechten Merkmale der Rauschtat. Die Bedeutung, die dieses Ergebnis für die Auslegung des § 323 a hat, wird im weiteren Verlauf der Darstellung deutlich werden.

Für Irrtumsfragen ergibt sich folgende Antwort: Da bei der Rauschtat sowohl Tat- als auch Unrechtsbewußtsein des Rauschtäters bedeutungslos sind, spielen Tat- und Verbotsirrtümer keine Rolle[45]. Zur Kommentierung Cramers, die vorne in der Einleitung (S. 15 f.) zitiert und als widersprüchlich kritisiert worden war, ist zu sagen: Hat man erkannt, daß bei teleologischer Auslegung der rauschbedingte Irrtum unbeachtlich sein muß, dann steht hierzu jede Ansicht im Widerspruch, die am Vorsatz als Rauschtat-Merkmal festhält. Da Vorsatz und Fahrlässigkeit ein Begriffspaar bilden, muß aus der zutreffenden Ansicht Cramers, daß rauschbedingte Irrtümer der typischen Rauschgefahr entsprechen, die Konsequenz gezogen werden: Vorsatz und Fahrlässigkeit sind keine Merkmale der Rauschtat.

Nach der in Urteilen gängigen Diktion gehören Vorsatz und Fahrlässigkeit zum „inneren Tatbestand". Welch geringe Bedeutung die Rechtsprechung diesem „inneren Tatbestand" im Rahmen der Rauschtat beimißt, zeigt ein Urteil des Oberlandesgerichts Hamburg aus dem Jahre 1981: Das Amtsgericht hatte den Angeklagten wegen fahrlässigen Vollrausches zu einer Freiheitsstrafe von sechs Monaten verurteilt, das Landgericht hatte die Berufung des Angeklagten verworfen, und das Oberlandesgericht stellt als Revisionsinstanz fest[46]: „Zum inneren Tatbestand der Rauschtat läßt das angefochtene Urteil ... nähere Aus-

---

[44] So auch Maurach, JuS 1961 S. 380; Klee, JW 1939 S. 548; Kurt Mayer, Vollrausch S. 34. Cramer, Vollrauschtatbestand S. 127 schlägt vor, „entsprechend dem festgestellten psychischen Sachverhalt" von einer unvorsätzlichen Rauschtat zu sprechen.

[45] Ausführlicher zu Irrtumsfragen: unten S. 132 ff. und 156 ff.

[46] OLG Hamburg BA XIX, 468, 469.

führungen vermissen. Diese unvollständigen Feststellungen zur inneren Tatseite können jedoch bei einem so einfach wie hier liegenden Sachverhalt aus dem Urteilszusammenhang, insbesondere aus den dort erwähnten Vorstrafen des Angeklagten, ergänzt werden. Danach neigte er dazu, übermäßig Alkohol zu trinken, um dann unter Alkoholeinfluß leicht die Kontrolle zu verlieren." Da sich aus den Vorstrafen des Angeklagten sicherlich nicht auf (natürlichen?) Vorsatz oder eine Fahrlässigkeit des Angeklagten zum Zeitpunkt der Rauschtat schließen läßt, wird in dem Urteil des Oberlandesgerichts Hamburg an Vorsatz und Fahrlässigkeit als Merkmalen der Rauschtat nicht mehr festgehalten.

3. Der Versuch als Rauschtat

Folgt man der verbreiteten Meinung, die den Vorsatz als notwendiges Unrechtsmerkmal des Versuchs ansieht[47], so käme Versuch als Rauschtat nicht in Betracht, wenn man die bisherigen Erkenntnisse der vorliegenden Abhandlung unbesehen zugrunde legte. Nun ist aber die Berauschung eines Amokläufers, der Leib und Leben vieler Menschen gefährdet, die „wie durch Wunder" unversehrt bleiben, nicht weniger strafwürdig als die Berauschung desjenigen, der im Rausch eine Sache beschädigt: Der Verzicht auf die Versuchs-Rauschtat führt zu sachwidrigen Ergebnissen.

Da der Vorsatz kein Merkmal der Rauschtat ist, setzt die Versuchs-Rauschtat einen Begriff des Versuchs voraus, dessen Unrechtstatbestand den Vorsatz nicht umfaßt. Einen solchen Begriff vertrat schon Hogräfer[48] — allerdings beschränkt auf die Rauschtat; heute findet er sich im teleologischen Straftatsystem Schmidhäusers. Dieses System setzt zur Begründung des Unrechts den Handlungsunwert voraus: Die Tendenz des willentlichen Tuns ist auf einen Sachverhalt gerichtet, der, wenn er einträte, das Rechtsgut in vollem Umfang verneinen würde. Dabei kann es sich um die subjektive Tendenz des Willens handeln (Zielunwert) oder um die objektive Tendenz des Tuns (Gefährdungsunwert). Eine Handlung kann auch gleichzeitig beides erfüllen[49]. Voraussetzung des Versuchs-Unrechtstatbestandes ist der Handlungsentschluß: Beim Gefährdungsunwert ist er nur auf die Fortsetzung der gefährlichen Handlung gerichtet, beim Zielunwert ist entscheidend das Willensziel, mit dem der Täter zu handeln begonnen hat. Der Handlungsentschluß hat nichts mit dem Tatbewußtsein (und ebensowenig

---

[47] Vgl. etwa: Baumann Lb S. 500 f.; Lackner Erl. 1 a zu § 22. Krey S. 239 glaubt, Vorsatz sei beim Versuch „unstreitig" Tatbestandsmerkmal. Daß dies so nicht stimmt, braucht an dieser Stelle nicht dargetan zu werden; vgl. aber Schmidhäuser AT 11/61 f.

[48] Hogräfer S. 102.

[49] Schmidhäuser Lb 8/28—32.

mit dem Unrechtsbewußtsein) zu tun. Er ist mit dem Vorsatz daher nicht identisch[50].

Die Handlung des Amokläufers im oben gebildeten Beispiel gefährdet das Leben anderer Menschen; da sie sich als unwillkürlich-reflexhaftes Tun nicht denken läßt, ist ein Wille des Täters zu bejahen, der sich auf das Schießen und somit auf die Fortsetzung der gefährlichen Handlung bezieht. Der Gefährdungsunwert und damit der Unrechtstatbestand des Totschlagsversuchs sind gegeben[51].

In einem von Cramer[52] gebildeten Beispiel ist der Unrechtstatbestand des Versuchs auf Grund gegebenen Zielunwerts zu bejahen: Ein Berauschter schießt in Tötungsabsicht auf einen am Fensterkreuz hängenden Morgenrock, den er im Dämmerlicht für seine Frau hält.

Nun meint aber die herrschende Lehre, auf den Vorsatz könne schon deshalb nicht verzichtet werden, weil sich andernfalls nicht feststellen lasse, bezüglich welchen Unrechtstatbestandes Versuch in Betracht komme. Jescheck illustriert das folgendermaßen: Wenn ein Berauschter die falsche Wohnungstür öffne, so hänge es von seinem Vorsatz ab, ob Versuch von Hausfriedensbruch, Diebstahl oder Vergewaltigung in Betracht komme, oder ob er sich einfach in der Etage geirrt habe[53]. Sieht man zunächst von § 123 ab (dazu weiter unten), so ist Jescheck darin zuzustimmen, daß die Rauschtat vom Willensinhalt des Berauschten abhängt: Will dieser beim Eindringen in die Wohnung die Mieterin weder bezüglich einer ihr gehörenden Sache enteignen noch zum außerehelichen Beischlaf zwingen, so ist keine Rauschtat, sondern nur ein strafrechtlich unerheblicher Etagenirrtum gegeben. Die Begründung dieses Ergebnisses liegt freilich nicht im fehlenden Vorsatz, sondern darin, daß das Öffnen einer fremden Wohnungstür eine objektiv ungefährliche Handlung ist, die nur dann als Versuch (von Diebstahl oder Vergewaltigung) in Betracht kommt, wenn der Berauschte mit dem zuvor genannten entsprechenden Willensziel handelt. Das bloße Öffnen einer

---

[50] Schmidhäuser Lb 15/23; aA Ranft, JA 1983 S. 243. Gunther Weber, Volltrunkenheit S. 162 hält den „Tatentschluß" für ein wesentliches, den Unrechtsgehalt mitbestimmendes Element des Versuchs. Obwohl er den Vorsatz nicht als Bestandteil der Rauschtat ansehen will (S. 159 f.), scheint er beim Versuch unter der Bezeichnung „Tatentschluß" doch so etwas wie Vorsatz zu fordern, denn Weber meint, „die nur fahrlässige Gefährdung eines Rechtsguts" sei kein strafwürdiges Unrecht.

[51] Im Ergebnis ebenso: Hográfer S. 102 f.

[52] Cramer, Vollrauschtatbestand S. 88.

[53] Jescheck Lb S. 193; ebenso Schüler-Springorum S. 365. Schon Dahm S. 268 hielt beim Versuch den Vorsatz für unabdingbar; Gramsch, JW 1938 S. 779 verlangte „natürlichen Vorsatz". Eigenartig ist die Entscheidung RGSt 69, 187, 188 (1935), in der als Rauschtat „versuchte Notzucht" nur auf Grund äußerer Tatumstände angenommen wurde mit der Begründung, der innere Tatbestand einer Rauschtat brauche nicht festgestellt zu werden.

falschen Wohnungstür ist kein Diebstahls- oder Vergewaltigungsversuch, weil es sowohl am Gefährdungsunwert als auch an einem den Zielunwert begründenden Handlungsentschluß fehlt.

Welche Folgen es hat, den Handlungsentschluß mit dem Vorsatz gleichzusetzen, zeigt ein von Dahm[54] gebildetes Beispiel: Jemand zielt mit dem Gewehr auf einen Menschen, ohne sich in seinem Rausch überhaupt bewußt zu werden, daß er einen Menschen vor sich oder eine Schußwaffe in der Hand hat, und „im letzten Moment" wird er am Schießen gehindert. Dahm selbst und andere verneinen die Rauschtat: Es fehle am Tötungswillen[55], und somit läge hier ein — nicht strafbarer — Versuch der Fahrlässigkeit vor[56]. Dem kann nicht gefolgt werden. Auch ohne Tötungswillen ist der Versuch im Unrechtstatbestand zu bejahen, wenn der Berauschte erstens den Entschluß gefaßt hatte, so zu handeln, wie er es tat, nämlich zu diesem Schuß anzusetzen, und wenn er zweitens damit das Leben des anderen objektiv in Gefahr zu bringen drohte.

Jescheck erwähnt in dem Etagenirrtumsbeispiel den „Versuch von Hausfriedensbruch". Ob dieser als Rauschtat überhaupt in Frage kommt, ist zweifelhaft. Versuchs-Handlungen sind nach § 23 I strafbar, soweit es sich um Verbrechen oder um solche Vergehen handelt, bei denen das Gesetz den Versuch für strafbar erklärt. Bei anderen Vergehen (z. B. § 123) lag es nahe, wegen der Straflosigkeit des Versuchs auch dessen Eignung als Rauschtat zu verneinen[57], denn § 330 a I (1934) schilderte die Rauschtat als „eine mit Strafe bedrohte Handlung". Seit 1975 ist es nicht mehr so offenkundig, daß nur derjenige Versuch als Rauschtat in Frage kommt, der auch strafbar ist: Versuchter Hausfriedensbruch ist zwar straflos, könnte aber gleichwohl eine rechtswidrige Tat und damit eine Rauschtat sein. Dann müßte eine solche Handlung im Gesetz als Unrecht geschildert sein. § 123 beschränkt sich auf die vollendete Handlung und kann auch nicht um den Wortlaut des § 22 ergänzt werden, weil hierfür gemäß § 23 I eine ausdrückliche gesetzliche Bestimmung in § 123 erforderlich wäre. Die Vergehen ohne eine derartige Bestimmung schildern im Unrechtstatbestand keine Versuchshandlung. Der Versuch kommt als Rauschtat daher nur in Betracht, soweit § 23 I ihn für strafbar erklärt[58].

---

[54] Dahm S. 268.
[55] Bruns, DStR 1939 S. 244 f.; Stutzer S. 254.
[56] Nittel S. 28 im Anschluß an Kohlrausch/Lange § 330 a Anm. VI 3.
[57] Gramsch, JW 1938 S. 779; Dollinger, Handlung S. 52.
[58] Im Ergebnis ebenso: Obermann S. 101.

4. Teilnahme als Rauschtat

Strafbar sind nur vorsätzliche Anstiftung und vorsätzliche Beihilfe (§§ 26 und 27 I). Würde der Vorsatz zum Unrecht der Teilnahmetat gehören, so käme diese als Rauschtat nicht in Betracht[59]. Folgt man aber der Auffassung, daß im Unrechtstatbestand der Teilnahme der Vorsatz nicht geschildert sei[60], so ergeben sich für die Teilnahme-Rauschtat keine systematischen Besonderheiten[61]. Ob beispielsweise der für die Anstiftung erforderliche geistige Kontakt[62] vorliegt, oder ob dieser an der schweren Bewußtseinsstörung des Rauschtäters scheitert, ist eine Frage des Einzelfalls. Es mag noch so unwahrscheinlich sein, daß ein Berauschter auf Grund geistigen Kontakts bei einem anderen den Entschluß hervorruft, eine rechtswidrige Tat zu begehen — undenkbar ist es nicht. Teilnahme ist als Rauschtat möglich[63].

II. Die Unterlassung als Rauschtat

In der allgemeinen Strafrechtslehre umfaßt der Begriff der rechtswidrigen Tat neben der Handlung auch die Unterlassung: die Nichtvornahme der rechtlich gebotenen Handlung[1]. Daher wird aus dem Wortlaut des § 323 a I geschlossen, daß als Rauschtat auch die Unterlassung in Betracht komme[2]. Vom Unterlassen einer Handlung kann nur dann gesprochen werden, wenn gerade der Täter, dessen Verhalten zu beurteilen ist, über die allgemeinen Kenntnisse und Fähigkeiten verfügte, die zur Vornahme der rettenden Handlung nötig waren (wer an Heiserkeit erkrankt ist, kann nicht um Hilfe rufen — das Schweigen des Heiseren ist keine Unterlassung)[3]. Da die Unterlassung gleichbedeutend

---

[59] Demgegenüber meint Schober, Anmerkung S. 46, daß eine Teilnahme dann möglich sei, wenn man erkenne, daß auch Rauschtäter vorsätzlich handeln können.

[60] Schmidhäuser AT 10/22 f., 10/118.

[61] Fajen S. 110.

[62] Schmidhäuser AT 10/113.

[63] Dies bejaht auch Gramsch, Tatbestand S. 60. Auf S. 80 behauptet er allerdings, die Rauschtat könne nicht in Mittäterschaft begangen werden. Dies ist nicht richtig: Der gemeinschaftliche Tatentschluß ist — ebenso wie der geistige Kontakt des Anstifters — trotz des Rausches denkbar.

[1] Vgl. etwa SK-Horn Rn 14.

[2] Cramer, JuS 1964 S. 362 und Streng S. 118. Ebenso, jedoch ohne Begründung: Gerland S. 799; Niederreuther, ZfWR I S. 287; Gramsch, Tatbestand S. 60; Stierli S. 39; Hölz S. 6; Schröder, DRiZ 1958 S. 222; Schultz, Behandlung S. 31; Wöckel S. 5; Gunther Weber, Volltrunkenheit S. 129 Fn 3; Otto S. 387; LK-Lay 9. Auflage § 330 a Rn 40; Bockelmann BT S. 215; Blei S. 365; Dreher/Tröndle Rn 11; Lackner Erl. 3 b; Maurach/Schroeder S. 306; Maurach/Zipf § 36 Rn 64; Haft BT S. 268; Ranft, JA 1983 S. 240; Arzt/Weber Rn 429.

[3] Schmidhäuser AT 12/42 f.; Jescheck Lb S. 500 spricht von „individueller Handlungsfähigkeit".

ist mit der Nichtvornahme gewollten Tuns, ist für das Unterlassungsunrecht die Fähigkeit des Täters vorausgesetzt, einen Willen zu bilden; der Bewußtlose unterläßt kein Handeln[4]. Beim Berauschten sind das Bewußtsein und damit die Fähigkeit zur Willensbildung schwer gestört. Hinge die Vornahme einer gebotenen Handlung in allen denkbaren Fällen von einer einigermaßen ungestörten Willensbildungsfähigkeit des Täters ab, dann würde der Berauschte mangels dieser Fähigkeit nie unterlassen. Stellt man sich aber eine Situation vor, in der die gebotene Handlung darin besteht, einen Alarmknopf zu drücken, so ist davon auszugehen, daß ein Berauschter zum Drücken fähig ist, sofern er in nichtberauschtem Zustand den Knopf drücken könnte und trotz des Rausches die Willens- und Steuerungsfähigkeit erhalten sind; denn damit stehen dem Berauschten die physisch und psychisch fürs Knopfdrücken erforderlichen Voraussetzungen zur Verfügung. Nicht jeder Rausch beseitigt somit die Fähigkeit, situationsgemäß zu handeln. Nimmt man hingegen statt des Knopfdrückens eine kompliziertere Handlung an, die am reduzierten Denkvermögen des Berauschten scheitert, so ist er zu einer solchen gefahrabwendenden Handlung unfähig[5]. Einer Handlungspflicht aber, die eine einfache Tätigkeit zum Inhalt hat, vermag ein handlungsfähiger Berauschter generell zu entsprechen.

Da nur der Handlungsfähige als Unterlassungstäter in Betracht kommt, muß im Strafverfahren als Voraussetzung der Handlungsfähigkeit die Willensfähigkeit festgestellt werden. Beim Nichtberauschten ist dies einfach, weil sich selbst dann, wenn er nichts tut, in vielen Fällen feststellen läßt, ob er bewußtlos ist oder nicht. Beim Berauschten hingegen kann man nicht ohne weiteres vom Äußeren auf psychische Fähigkeiten schließen: Auf Grund der schweren Bewußtseinsstörung ist ein Ausschluß der Willensfähigkeit selbst dann möglich, wenn der Berauschte nicht wie ein Bewußtloser wirkt. Die Willensfähigkeit läßt sich beim Berauschten nur an Hand solcher körperlicher Aktionen feststellen, die als unwillkürlich-reflexhaftes Tun nicht denkbar sind. Beim Berauschten, der überhaupt nicht agiert, ist die Willensfähigkeit nicht beweisbar und daher im Strafverfahren („in dubio pro reo") zu verneinen. Damit hängt — im Strafverfahren — die Unterlassungs-Rauschtat davon ab, daß der Rauschtäter etwas anderes als das Gebotene tut. Da es für den Unterlassungsunwert unerheblich ist, ob der Täter etwas tut oder nicht, wäre es willkürlich, Unterlassungs-Rauschtaten auf solche zu beschränken, bei denen der Rauschtäter etwas anderes tut als das, was von ihm erwartet wird. Diese Willkürlichkeit ist aber unvermeidbar, wenn im

---

[4] Schmidhäuser AT 12/41; Jescheck Lb S. 179.

[5] Abzulehnen ist ein fiktiver Maßstab, wie ihn Hodes, ZfWR I S. 47 anlegt: Es sei zu untersuchen, ob der Täter den strafrechtlich erheblichen Erfolg „im nüchternen Zustand hätte verhindern können und müssen".

Strafverfahren die Willensfähigkeit des Rauschtäters festgestellt werden soll.

Ein Ausweg läßt sich vielleicht darin finden, daß im Rahmen der Rauschtat bei Unterlassungen auf das Merkmal der Handlungsfähigkeit verzichtet wird. Lenckner meint, soweit den Rauschtäter Handlungspflichten träfen, sei seine rauschbedingte Handlungsunfähigkeit um nichts ungefährlicher als seine auf dem Rausch beruhende Schuldunfähigkeit[6]. Abgesehen davon, daß nicht die Schuldunfähigkeit Gefährlichkeitskriterium des Rausches ist, sondern die schwere Bewußtseinsstörung, enthält die Aussage Lenckners zwei Probleme, die nachfolgend zu erörtern sind.

Das erste Problem ist die nicht näher begründete Prämisse Lenckners, daß einen berauschten Menschen Handlungspflichten treffen können. Denkt man an eine berauschte Mutter, die ihr neugeborenes Kind nicht ernährt, so daß dieses Hungerqualen leidet, so hat die Mutter für den ersten Blick eine sie treffende Handlungspflicht nicht erfüllt. Dann ist aber zu bedenken, was eigentlich geschähe, wenn die Mutter der vermeintlichen Pflicht entsprechend handelte. In ihrem schwer bewußtseinsgestörten Zustand würde sie dem Kind möglicherweise das Essen in ganz falscher Weise geben, so daß das sich verschluckende Kind der Gefahr des Erstickens ausgesetzt wäre. Im so gebildeten Beispiel trifft die berauschte Mutter keine Handlungspflicht: Leben und Gesundheit des Neugeborenen sind durch mehrstündiges Hungern weniger gefährdet als durch ein falsches Füttern. Ist die Mutter zu gefahrlosem Füttern nicht in der Lage, so ist das „Unterlassen" falschen und somit gefährlichen Fütterns nicht rechtsgutsverletzend. Mangels Rechtsgutsverletzung ist das Nichtstun der Mutter keine Rauschtat — die Mutter ist nach § 323 a jedenfalls nicht zu bestrafen.

Ein weiteres Beispiel: Der berauschte, aber nicht handlungsunfähige R sitzt in seiner Wohnung, vor der sich ein Unglücksfall ereignet. Die Augenzeugin A klingelt an der Tür des R, um von dessen Telefon aus Hilfe herbeizuholen. R rührt sich nicht, so daß die A nicht telefonieren kann. Beurteilt man das Verhalten des R zunächst nur im Hinblick auf den Unglücksfall, so ist eine Handlungspflicht zu bejahen: R ist trotz seiner Berauschung physisch und psychisch zur Vornahme der nach § 323 c (Unterlassene Hilfeleistung) gebotenen Handlung in der Lage, nämlich die Türe zu öffnen. Das bloße Türöffnen birgt im Hinblick auf den Unglücksfall keine zusätzlichen Gefahren; im Gegensatz zum Verhalten der Mutter im vorigen Beispiel ist das Nichtstun des R rechtsgutsverletzend. Damit ist aber noch keine abschließende Beurteilung des Falles gewonnen. Die Willensbildung des berauschten R ist schwer ge-

[6] Lenckner S. 33.

stört und daher gefährlich: Was er — im Anschluß an die gebotene Handlung, das Türöffnen — der A antun wird, wenn diese die Wohnung betritt, ist nicht voraussehbar; jedenfalls sind Leib und Leben der A in erhöhter Gefahr, sobald R die Tür öffnet. Wie groß die Gefahr ist, in der sich A nach einem Öffnen der Tür befände, ergibt sich daraus, daß der Rausch im Sinne des § 323 a I ein stets abstrakt gemeingefährlicher Zustand ist[7] und sich das Verhalten eines Berauschten im Umgang mit anderen Menschen nicht vorhersehen läßt. Soweit R eine menschliche Gefahrenquelle ist, der jede Selbstkontrolle fehlt[8], befände sich A in dem Moment, da sie die Wohnung betritt, in großer Gefahr. Sobald es zu einer Willensentfaltung des R kommt, die mit dem Türöffnen beginnt, läßt sich wegen der schweren Bewußtseinsstörung des R nicht ausschließen, daß seine Willensentfaltung mit einem Angriff auf das Leben der A endet. Hält man diese Gefahr für größer als die durch das Unglück geschaffene Gefahr, so geht dem Handlungsgebot (das aus dem Unglücksfall herrührt) das Verbot vor, eine für die A gefährliche Handlung vorzunehmen. Auf Grund dieser Güterabwägung ist das Nichtstun des R als gerechtfertigt anzusehen.

Eine Verallgemeinerung der bisherigen Überlegungen, etwa dergestalt, daß jegliches Unterlassen eines Berauschten rechtmäßig oder schon keine Rechtsgutsverletzung sei, ist nicht möglich, wie folgendes Beispiel zeigt: An einem Bahndamm steht eine berauschte Mutter und sieht, wie ihr kleines Kind auf den Gleisen spielt; wenn nun ein Zug naht, dann ist die Mutter zur rettenden Handlung verpflichtet. Was immer die bewußtseinsgestörte Mutter im Anschluß an das Wegziehen von den Gleisen tun mag: Größere Gefahr als durch den herannahenden Zug droht dem Kind keinesfalls.

Die drei Beispiele sollten deutlich machen, daß die Annahme einer Unterlassungsrauschtat ohne Gefahrabwägung hinsichtlich der konkreten Tatsituation verfehlt ist; den Rauschtäter trifft eine Handlungspflicht nur dann, wenn der in einer Tatsituation drohende Schaden so groß ist, daß willensgestörtes und damit möglicherweise falsches Handeln verglichen mit einer Untätigkeit des Berauschten immer noch als das kleinere Übel erscheint.

Nun ist auf das zweite Problem in Lenckners Äußerung einzugehen. Lenckner vergleicht die Gefährlichkeit von Handlungs- und Schuldunfähigkeit im Hinblick auf Unterlassungen; durch diesen Vergleich gibt er zu verstehen, daß er die Unterlassung als mögliche Realisation der Rauschgefahr ansieht. Vollends deutlich wird dies an einer späteren

---

[7] Vgl. oben S. 49.

[8] Diese Formulierung findet sich (mit anderem Kontext) bei Schmidhäuser Lb 16/53.

Stelle der Abhandlung, wo Lenckner sich der Meinung Cramers anschließt, daß die Rauschtat eine Bestätigung der Gefährlichkeit des Rausches sein müsse[9]. Hiervon ausgehend, lautet die entscheidende Frage, ob es Unterlassungen gibt, in denen sich diejenige Gefahr realisiert, um derentwillen der Rausch bestraft wird[10].

Sieht man die Rauschgefahr in der „Wurstigkeit" des Rauschtäters[11] oder darin, daß dieser sein Verhalten nicht mehr den allgemeinen Anforderungen der Gemeinschaft entsprechend zu steuern vermag[12], dann kann das Nichtstun durchaus als Realisierung dieser Gefahr angesehen werden[13].

Dem steht aber entgegen, daß im Hinblick auf eine künftige Handlungspflicht die Berauschung nicht gefährlicher ist als das Einschlafen, Weggehen etc. Die vom Berauschten ausgehende Gefahr, rechtsgutsbeachtende Handlungen nicht vorzunehmen, ist genauso groß oder klein wie diejenige Gefahr, die vom Bewußtlosen, Schlafenden oder Abwesenden ausgeht. Hodes[14] bildet folgendes Beispiel: Ein Sanitätssoldat unterläßt wegen seines Rauschzustandes die ihm obliegende Betreuung der ihm anvertrauten Schwerkranken; der Kranke erhält die Arznei zu spät und stirbt. Das Beispiel besagt für die Strafwürdigkeit des Rausches nichts: Der Soldat wäre genauso „gefährlich" gewesen, wenn er sich nicht berauscht, sondern schlafen gelegt hätte. In beiden Fällen ist an eine Bestrafung nach den Grundsätzen der omissio libera in causa zu denken[15].

Eigenartig ist die Unterscheidung Backmanns[16] zwischen „echtem" und „unechtem" Unterlassungsdelikt. Letzteres soll dann als Rauschtat in Betracht kommen, wenn es „Aufgabe der besonderen Pflichtenstellung des Täters im Zeitpunkt des Sichberauschens" war, „auch einem derartigen Ereignis und einem derartigen Verlauf zu steuern"[17]. War der Täter sich zum Zeitpunkt der Berauschung der Möglichkeit des Schadenseintritts bewußt, oder hätte er sich dessen bewußt werden können, dann liegt eine omissio libera in causa vor. Fehlt es am (potentiellen)

---

[9] Lenckner S. 33 aE; Cramer, Vollrauschtatbestand S. 103.

[10] Verfehlt ist folgende Fragestellung Ehmckes S. 122: Es komme darauf an, ob Unterlassungen die Rauschgefährlichkeit indizieren können (vgl. oben S. 70 f.).

[11] BayObLG NJW 1974, 1520, 1521.

[12] Ranft, MDR 1972 S. 741 f.; Puppe, GA 1974 S. 107. Ähnlich Backmann S. 704 Fn 41 und Dencker, JuS 1980 S. 214 Fn 52.

[13] Wessels S. 193.

[14] Hodes, ZfWR I S. 47.

[15] Vgl. hierzu Ranft, JA 1983 S. 240 und Schmidhäuser AT 12/55. Ehmcke S. 113 f. und Hardwig, Studien S. 479 nehmen „actio" libera in causa an.

[16] Backmann S. 702 f.

[17] Backmann S. 703.

Tatbewußtsein, dann ist im Hinblick auf die Handlungspflicht der Berauschte wiederum nicht gefährlicher als der Bewußtlose. Die Begründung, mit der Backmann[18] „echte“ Unterlassungsdelikte als Rauschtaten verneint, gilt für alle Unterlassungen: Es besteht keine allgemeine Pflicht, sich handlungsfähig zu halten. Es ist deshalb nicht einzusehen, warum einige Autoren[19] die Auffassung vertreten, nur Unterlassene Hilfeleistung, § 323 c scheide als Rauschtat aus.

Beim Nichtstun wird kein Wille gebildet. In der Unterlassung realisiert sich somit nicht diejenige Gefahr, um derentwillen der Rausch bestraft wird: nämlich die schwer gestörte Willensbildung, die den Berauschten unberechenbar macht[20]. Die Unterlassung scheidet als Rauschtat aus.

III. Ergänzung: zusätzliche rauschtatbegründende Merkmale

Die bisherigen Ergebnisse zur Rauschtatbegründung lassen sich folgendermaßen zusammenfassen: Soweit anerkannt wird, daß Vorsatz und Fahrlässigkeit keine Merkmale des Unrechtstatbestandes sind, unterscheiden sich Rauschtatbegründung und Unrechtsbegründung nur insoweit, als eine Unterlassung zwar Unrecht, aber keine Rauschtat sein kann. Anders ausgedrückt: Jede Handlung eines Rauschtäters, die einem Unrechtstatbestand entspricht, begründet auch in vollem Umfang eine Rauschtat (gleichwohl kann die Rauschtat als objektive Strafbarkeitsbedingung zu verneinen sein, wenn zusätzliche rauschtatausschließende Momente gegeben sind; vgl. hierzu Abschnitt C, S. 119 ff.).

Von der soeben als Zwischenergebnis formulierten Ansicht, daß mit jedem Handlungs-Unrechtstatbestand auch die Rauschtat in vollem Umfang begründet sei, weichen verschiedene Äußerungen in Rechtsprechung und Literatur erheblich ab. Schewe beispielsweise schreibt in einem Aufsatz unter der Überschrift „Ratio legis“ zu § 323 a, die Bestrafung setze voraus, daß im Rauschzustand „eine Handlung begangen wird, die strafbar wäre, wenn kein Intoxikationszustand vorgelegen hätte“[21]. Der von Schewe befürwortete Begriff der Rauschtat ist gleichbedeutend mit einer wegen des Rauschzustandes straflosen Straftat; dieser Rauschtatbegriff umfaßt also außer den Merkmalen des Unrechts-

---

[18] Backmann S. 702.

[19] Lenckner S. 33 f.; Blei S. 365; Lackner Erl. 3 b; S/S/Cramer Rn 14; Maurach/Schroeder S. 306.

[20] Dasselbe meint offenbar auch Kurbjuhn S. 2059: Die Aktualisierung des Rausches in der Rauschtat erfordere eine irgendwie geartete Initiative des Berauschten.

[21] Schewe, Alkoholdelinquenz S. 59; ebenso BGHSt 16, 124, 125 f. (1961), allerdings zu § 330 a (1941).

tatbestandes alle übrigen Merkmale der Straftat, die nicht infolge des Rauschzustandes ausgeschlossen sind. Vier Merkmalsgruppen kommen in Betracht und sind nachfolgend zu erörtern:

Erstens die Schuldfähigkeit des Täters als allgemeines Schuldmerkmal. Eine Bestrafung nach § 323 a I hängt davon ab, daß entweder die Rauschtat in schuldunfähigem Zustand begangen wurde, oder daß im Strafverfahren die Schuldunfähigkeit weder bejaht noch verneint werden kann. Für die Rauschtat ist also nicht etwa die Schuldunfähigkeit des Täters vorausgesetzt; ebenso kommen Handlungen in Frage, die im Zustand der Schuldfähigkeit oder verminderten Schuldfähigkeit begangen werden. Im Strafverfahren jedoch wird bei letzteren Rauschtaten zu Gunsten des Rauschtäters von dessen Schuldunfähigkeit ausgegangen. Grundlage jeder Verurteilung nach § 323 a ist die erwiesene oder unterstellte Schuldunfähigkeit des Täters zum Zeitpunkt der Rauschtat. Die Schuldfähigkeit des Täters kann daher kein Rauschtatmerkmal sein.

Zweitens ist als allgemeines Schuldmerkmal die subjektive Zurechnung in den Begriffen Vorsätzlichkeit/Fahrlässigkeit zu nennen. Daß Vorsatz (Vorsätzlichkeit) und Fahrlässigkeit keine Merkmale der Rauschtat sind, hat sich oben[22] gezeigt, und für dieses Ergebnis spielt es keine Rolle, ob man Vorsatz/Fahrlässigkeit als Unrechts- oder als Schuldmerkmale begreift.

Drittens kommen die besonderen Schuldmerkmale in Betracht, die in einzelnen Straftatbeständen innerhalb des Schuldtatbestandes entweder gesteigerte oder verminderte Schuld anzeigen[23]. Solch ein besonderes Schuldmerkmal ist beispielsweise in § 211 das Handlungsziel der Befriedigung des Geschlechtstriebes. Tötet ein Nichtberauschter mit dem Ziel, seinen Geschlechtstrieb zu befriedigen, so macht dieses Handlungsziel das Töten als geistiges Verhalten besonders verwerflich und qualifiziert es zum Mord. Begeht ein Berauschter eine gewollte Tötung, so ist sie rechtsgutsverletzendes Willensverhalten, nicht aber (im Sinne geistigen Verhaltens) verwerflich, da die geistige Teilhabe des Berauschten am Rechtsgut entweder fehlt oder durch den Rausch so schwer gestört ist, daß nach ihr (im Strafverfahren) nicht gefragt wird. Der Rauschtäter ist wegen einer Tötung zur Befriedigung des Geschlechtstriebes keinem gesteigerten Vorwurf ausgesetzt, weil er schon der bloßen Tötung wegen keinem Schuldvorwurf ausgesetzt ist. Da es bei der Rauschtat auf Schuld nicht ankommt[24], spielen besondere Schuldmerkmale keine Rolle;

---

[22] Vgl. das Ergebnis S. 107 und die vorausgehenden Ausführungen S. 84 ff.

[23] Schmidhäuser AT 7/124. Jescheck Lb S. 347 spricht von „besonderen deliktstypischen Schuldmerkmalen".

[24] Der Gedanke, es könne bei der Rauschtat auf eine „natürliche Schuld" ankommen (K. Schäfer, DJ 1938 S. 258; OLG Hamburg JR 1951, 210, 211;

schuldsteigernde oder -mindernde Momente können keine Rauschtatmerkmale sein. Dies sei an zwei Beispielen illustriert: (1) Wenn ein Berauschter einen anderen Menschen willentlich tötet, so handelt es sich bei der Rauschtat um Totschlag gemäß § 212 und nicht etwa um Mord[25] oder um Tötung auf Verlangen. (2) Die Bestrafung wegen Betruges setzt als besonderes Schuldmerkmal die Vorteilsabsicht des Täters voraus[26]. Für eine Rauschtat gemäß § 263 bedarf es dieser Absicht nicht[27]; hierfür reicht aus, daß der Berauschte täuscht, einen Irrtum erregt, und der Irrende vermögensschädigend verfügt[28].

Schließlich ist viertens noch an objektive Strafbarkeitsbedingungen zu denken, z. B. die Verbürgung der Gegenseitigkeit zur Tatzeit bei der Straftat der Beleidigung von Organen ausländischer Staaten, §§ 103, 104 a[29]. Objektive Strafbarkeitsbedingungen sind Strafwürdigkeitsmomente[30] und können für die Rauschtat deshalb keine Bedeutung haben, weil die Rauschtat als eine nachweisbar oder nicht ausschließbar schuldlose Handlung ohnehin nie strafwürdig ist.

Somit erweist sich das oben auf S. 116 formulierte Ergebnis als richtig: Die Rauschtat wird im Handlungs-Unrechtstatbestand begründet und setzt keinerlei weitere Merkmale voraus.

BGH JR 1959, 28) wird zu Recht abgelehnt von Arthur Kaufmann, JZ 1963 S. 427.

[25] Im Schrifttum wird auch die Meinung vertreten, der Berauschte sei gar nicht in der Lage, die Mordmerkmale zu „verwirklichen“: Graf S. 236; Olshausen § 330 a Anm. 5 a; Niederreuther, ZfWR I S. 291; Dollinger, Handlung S. 45 Fn 13; Wilhelm S. 29. Es ist aber nicht einzusehen, warum das Töten zur Befriedigung des Geschlechtstriebes beim Berauschten ausgeschlossen sein soll.

[26] Schmidhäuser BT 11/36.

[27] Anders Schober, Fragekasten S. 242.

[28] Der BGH hingegen hält die Vorteilsabsicht für ein Merkmal des Unrechtstatbestandes und verneint daher eine Rauschtat gemäß § 263, wenn der Berauschte seine falschen Behauptungen für wahr hält und somit nicht die Absicht hat, sich oder anderen einen rechtswidrigen Vermögensvorteil zu verschaffen (BGHSt 18, 235, 237 [1963]).

[29] Naheliegendstes Beispiel ist natürlich die Rauschtat bei der Straftat des Vollrausches; dieses Beispiel wäre hier aber unpassend, weil ein Vollrausch als Rauschtat nicht in Frage kommt: Der Täter, der sich schuldhaft berauscht hat, kann sich im Rauschzustand nicht abermals (schuldlos) berauschen. Er mag weitere Rauschmittel einnehmen; hierdurch versetzt er sich aber nicht in einen (neuen) Rausch, sondern verlängert allenfalls die Dauer des Rausches, in den er sich schuldhaft versetzt hat. AA ohne Begründung: Jakobs AT 17/63.

[30] Schmidhäuser AT 9/4.

C. Rauschtatausschluß durch Gefahrüberlagerung

Zu Beginn des 3. Kapitels wurden die Überlegungen genannt, die zur Trennung zwischen Rauschtatbegründung und Rauschtatausschluß führten. Sie sollen kurz in Erinnerung gebracht werden: Wäre der gängigen Meinung entsprechend der Rauschtatbegriff identisch mit dem strafrechtlichen Allgemeinbegriff der rechtswidrigen Tat, dann wären in diesem Abschnitt C ausschließlich Rechtfertigungsgründe zu erörtern. Schon die Überschrift des Abschnitts weist jedoch darauf hin, daß es beim Rauschtatausschluß nicht nur um Unrechtsausschluß durch Rechtfertigung geht. Vielmehr ergibt sich aus dem, was zur Rauschtatbegründung gesagt wurde, ein eigenständiges Prinzip des Rauschtatausschlusses, das sich am besten als „Gefahrüberlagerung" bezeichnen läßt. Über einen ersten Begriff solcher Gefahrüberlagerung ist zu sagen:

Die Rauschtat als objektive Strafbarkeitsbedingung in § 323 a I ist ein Kriterium der Strafwürdigkeit: Nur solche Berauschungen werden bestraft, auf deren Gefährlichkeit eine im Rausch begangene rechtsgutsverletzende Handlung deutlich hinweist[1]. Jede Handlung im Rausch ist — durch diesen bedingt — willensgestört und stellt daher eine Realisation der Rauschgefahr dar. Wenn sich aber in solch einer Handlung nicht nur die Rauschgefahr, sondern darüber hinaus eine weitere stärkere Gefahr realisiert, dann wird die Rauschgefahr durch die andere Gefahr überlagert; die Handlung des Berauschten büßt ihre Prägnanz als willensgestörte Rechtsgutsverletzung ein und ist nicht mehr in der Lage, auf die Gefährlichkeit der Berauschung deutlich hinzuweisen. In einem solchen Fall ist die im Unrechtstatbestand begründete Rauschtat durch Gefahrüberlagerung ausgeschlossen; mangels objektiver Strafbarkeitsbedingung kann eine Bestrafung nach § 323 a nicht erfolgen.

Nach dieser ersten groben Skizze der Gefahrüberlagerung, die in der weiteren Darstellung zu präzisieren und an Beispielen zu erläutern ist, werden diejenigen Momente, die üblicherweise als rauschtatausschließend angesehen werden, kritisch erörtert und in Beziehung zum Prinzip der Gefahrüberlagerung gebracht (nachfolgend I—III). Dieses Prinzip wird sodann (unter IV) nochmals zusammenfassend dargestellt.

I. Rechtfertigungsgründe

Soweit in der Literatur zur Frage der gerechtfertigten Rauschtat Stellung genommen wird, lautet die einhellige, aber nicht begründete Antwort, daß beim Vorliegen von Rechtfertigungsgründen die Rauschtat

[1] Vgl. oben S. 72 f.

zu verneinen sei[2]. Schlosky[3] meint, dem „Volltrunkenen" sei dasselbe erlaubt wie dem Nüchternen. Diese Parallele ist jedoch problematisch: Die Handlung, die ein Nüchterner im rechtfertigenden Notstand begeht, stellt kein Unrecht dar und ist somit straflos. Die Handlung, derentwegen ein Berauschter bestraft wird, ist die Berauschung, und diese bleibt Unrecht auch dann, wenn die im Rausch begangene Tat gerechtfertigt ist. Daß die Rauschtat durch Rechtfertigung ausgeschlossen wird, ist nur dann sachgerecht, wenn sich im Hinblick auf die Strafwürdigkeit der Berauschung die gerechtfertigte Handlung im Rausch von der rechtswidrigen unterscheidet.

Die rechtsgutsverletzende Handlung ist dann gerechtfertigt, wenn eine Güterkollision vorliegt und vom beachteten Gut ein dringlicherer Achtungsanspruch ausgeht als vom verletzten[4]. Derartige Kollisionslagen bergen die Gefahr, daß der weniger dringliche Achtungsanspruch um der Beachtung des dringlicheren willen mißachtet wird. In jeder rechtsgutsverletzenden, aber gerechtfertigten Handlung realisiert sich diese aus der Kollisionslage herrührende Gefahr. Die gerechtfertigte Tat im Rausch ereignet sich also notwendig in einer doppelten Gefahrenlage: Zur Rauschgefahr tritt die in der Güterkollision begründete Gefahr hinzu. Aus dem Prinzip der Gefahrüberlagerung ergibt sich nun die Frage, ob die Rauschgefahr durch die Güterkollisions-Gefahr überlagert wird oder nicht. Letztere Gefahr bezieht sich nur auf eine bestimmte Rechtsgutsverletzung, wohingegen der Rausch irgendwelche Rechtsgutsverletzungen wahrscheinlich macht: Die gerechtfertigte Rechtsgutsverletzung eines Berauschten erlangt ihr Gepräge vornehmlich durch die Güterkollision. Die Handlung des Berauschten verliert durch diese Güterkollision ihre Prägnanz als willensgestörte Rechtsgutsverletzung und wird somit nicht der generalpräventiven Bedeutung gerecht, die der Rauschtat als objektiver Strafbarkeitsbedingung in § 323 a zukommt. Daher kann nur die nicht gerechtfertigte, also rechtswidrige Tat eine Rauschtat sein.

Hierfür zwei Beispiele: 1. Der berauschte A geht durch eine unbewohnte Gegend, wobei er an einem mitgeführten Stock den nötigen Halt findet. Plötzlich wird er von einem bösartigen Hund in einer Weise angefallen, daß das Töten des Hundes die einzige Möglichkeit ist, den

---

[2] Nebel S. 2374; Gerland S. 805; Olshausen § 330 a Anm. 5 d; Lang S. 1218; Dollinger, Handlung S. 41; Gramsch, Tatbestand S. 63; Domning S. 37; Hellmuth Mayer, ZStW 59 S. 333; Maurach, Schuld S. 114; Grasmann S. 52; Wöckel S. 6; Berke S. 102; Roeder S. 234; Kohlrausch/Lange § 330 a Anm. VI 2; Cramer, Vollrauschtatbestand S. 123 und S/S/Cramer Rn 15; LK-Lay 9. Auflage § 330 a Rn 41; Schewe, BA XIII S. 95; SK-Horn Rn 15; Wessels S. 194; Dreher/Tröndle Rn 14; Arzt/Weber Rn 431.

[3] Schlosky S. 3427.

[4] Schmidhäuser AT 6/6.

Biß ins Bein zu verhindern. Wenn nun A nicht gebissen werden will und deshalb den Hund erschlägt, so realisiert sich in dieser Handlung erstens die Gefahr, die aus der Berauschung des A herrührt (und die durch den mitgeführten Stock gesteigert ist): Der Schlag mit dem Stock ist eine willensgestörte rechtsgutsverletzende Handlung. Das Töten des Hundes ereignet sich zweitens aber auch in einer vom Rausch des A unabhängigen Gefahrenlage: Das Umherstreunen eines fremden, bissigen Hundes in einsamer Gegend macht, wenn der Hund auf einen Spaziergänger trifft, die Verletzung des Rechtsguts Eigentum in Gestalt der Abwehr des Hundes wahrscheinlich. Diese Gefahrenlage nimmt der Handlung des A ihre Prägnanz als willensgestörte Rechtsgutsverletzung und überlagert somit die Rauschgefahr. Die Tat des A ist wegen rechtfertigenden Notstands (§ 34) keine Rauschtat.

2. Der schwächliche berauschte B wird vom kräftigen X beleidigt, und zwar in einem Wortschwall, der weiterzugehen befürchten läßt. Als eine Warnung nur auf Gelächter stößt, schlägt B dem X ins Gesicht. In nüchternem Zustand wäre B einfach weitergegangen, weil er sich vor Schlägen durch den X gefürchtet hätte. Hier ist die Tat des B durch Notwehr (§ 32) gerechtfertigt: Die Handlung des B ist zur Abwehr des gegenwärtigen rechtswidrigen Angriffs erforderlich. Gemäß dem oben formulierten Ergebnis, daß nur die nicht gerechtfertigte, also rechtswidrige Tat eine Rauschtat sein könne, stellt die von B begangene Körperverletzung keine Rauschtat dar. Das Problematische an diesem Beispiel ist nun nicht die Rechtsanwendung und deren Ergebnis, sondern die Herleitung des Ergebnisses aus dem Prinzip der Gefahrüberlagerung. Das Prinzip setzt zweierlei voraus: erstens die Realisation zweier Gefahren in der Tat des Berauschten; diese Voraussetzung liegt vor, da sich in der willensgestörten rechtsgutsverletzenden Handlung des B sowohl die Rauschgefahr realisiert als auch die durch X geschaffene Gefahr, daß eine andauernde Beleidigung vom Betroffenen nicht tatenlos hingenommen wird (nachfolgend „Provokationsgefahr" genannt). Die zweite Voraussetzung des Rauschtatausschlusses ist die Überlagerung der Rauschgefahr durch die andere, rauschunabhängige Gefahr, hier: die Provokationsgefahr. Diese Voraussetzung bereitet bei der Beurteilung des Beispielsfalles Schwierigkeiten, weil B als ein Mensch geschildert ist, der ohne Rauschzustand nicht den Mut aufbrächte, einem ihm körperlich überlegenen Beleidiger eine Ohrfeige zu geben. Der Rausch hat dem B den für die Tat erforderlichen Mut verliehen. Kann man hier noch davon sprechen, die Provokationsgefahr überlagere die Rauschgefahr?

Einer sachgerechten Analyse steht der durch die Schilderung im Beispiel nahegelegte Vergleich des berauschten B mit dem als nichtberauscht gedachten B im Weg. Der Vorschlag, einen Berauschten an sich selbst im nichtberauschten Zustand zu messen, wird zur Rechtsanwendung des § 323 a öfters gemacht[5]; gleichwohl ist er falsch: Durch die schwere Bewußtseinsstörung unterscheidet sich die Psyche im Rauschzustand so sehr von der „Normalpsyche" desselben Menschen, daß sie dieser nicht oder jedenfalls kaum näher steht als der „Normalpsyche" eines anderen Menschen. Ob die Tat eines Berauschten seinem üblichen Verhalten im nichtberauschten Zustand entspricht, oder ob sie „aus dem Rahmen fällt", ist Zufall. Der Rausch ist ein abstrakt gefährlicher Zustand, weil er die Psyche des Menschen so stark verändert, daß die Begehung irgendwelcher Rechtsgutsverletzungen zu befürchten ist. In bestimmten Tatsituationen kann sich diese Befürchtung auf einige wenige Rechtsgutsverletzungen verdichten (die Berauschung des Einsiedlers, der auf einer herrenlosen Insel haust, läßt als Rauschtat allenfalls einen Suicidversuch oder eine Selbstbeschädigung befürchten — sofern man hierin eine Rechtsgutsverletzung sieht). Die Befürchtung, im Rausch könne es zu irgendwelchen rechtsgutsverletzenden Handlungen kommen, ist von der Person des Berauschten unabhängig: Angenommen, ein im nüchternen Zustand liebevoller Familienvater berausche sich alle paar Wochen und verprügle im Rausch regelmäßig Frau und Kinder, so ist er dennoch bei jedem Rausch von neuem *gemein*gefährlich: Nach 50 gleich verlaufenen Rauschzuständen birgt der 51. Rausch unverändert die Gefahr *irgendwelcher* Rechtsgutsverletzungen[6]; in einer (für Beobachter überraschenden) Sachbeschädigung würde sich die Rauschgefahr ebenso realisieren wie im abermaligen Verprügeln von Frau und Kindern.

Zurück zum zweiten Beispiel: Das Gefährliche am Rausch des B ist nicht der Verlust der Mutlosigkeit, sondern die bei B hervorgerufene schwere Bewußtseinsstörung, die die Begehung irgendwelcher Rechtsgutsverletzungen befürchten läßt. Ein Beobachter der Tatsituation, der den B und dessen Psyche so gut wie irgend möglich kennt, könnte nicht vorhersagen, wie der berauschte B auf die Provokation des X reagieren wird. Achselzuckendes Weggehen ist — ex ante betrachtet — ebenso möglich wie das Erstechen des X mit einem mitgeführten Messer. Daß B bei der Verteidigungshandlung die Grenze des Erforderlichen nicht überschreitet, ist, von der Rauschgefahr aus betrachtet, Zufall. Demgegenüber weckt die Provokationsgefahrenlage nicht die Befürchtung, es werde zu *irgendwelchen* Rechtsgutsverletzungen kommen; das provokative Verhalten des X birgt nur die Gefahr, daß der Beleidigte solche rechtsgutsverletzenden Handlungen vornimmt, die für eine erfolgreiche Verteidigung unumgänglich sind, daß also selbst ein schwächlicher

---

[5] Vgl. oben S. 64 die Ausführungen zur „Normalpersönlichkeit des Rauschtäters".

[6] Vgl. oben S. 34 f.: Die Motivationslage bei der Einnahme des Alkohols hat auf dessen Wirkung Einfluß.

Mensch wie B nach entsprechender Warnung den Mut zur Ohrfeige hat, um dem Wortschwall Einhalt zu gebieten. Die Provokation des X macht nicht irgendwelche Rechtsgutsverletzungen wahrscheinlich, sondern genau diejenige, die mit der gebotenen Verteidigungshandlung einhergeht. Im „Brennpunkt" der Provokationsgefahr steht eine bestimmte Rechtsgutsverletzung. Die Rauschgefahr hingegen hat keinen solchen „Brennpunkt"; sie bezieht sich auf eine Fülle zahlreicher denkbarer Rechtsgutsverletzungen. Die Tat des B, in der sich beide Gefahren realisieren, ereignet sich im „Brennpunkt" der Provokationsgefahr. Hinsichtlich einer bestimmten Rechtsgutsverletzung hat eine Gefahrenlage, in deren „Brennpunkt" ausschließlich diese Rechtsgutsverletzung steht, größeres Gewicht als eine andere Gefahrenlage, die diese Rechtsgutsverletzung, gleichermaßen aber auch eine Fülle anderer Rechtsgutsverletzungen umfaßt. Demzufolge wird hinsichtlich der im Rausch begangenen Tat des B die schwächere Rauschgefahr von der stärkeren Provokationsgefahr überlagert.

Die Analyse des soeben erörterten Fallbeispiels soll nun nochmals aufgezeigt werden, wobei auch Details zu nennen sind, auf deren Darstellung zunächst verzichtet wurde. Die Frage nach der Gefahrüberlagerung erfolgt ex ante, d. h. bezogen auf den Zeitpunkt unmittelbar vor Begehung der Rechtsgutsverletzung, und macht es erforderlich, daß die Tatsituation, die aus komplex aufeinander bezogenen Einzelheiten besteht, in die beiden Gefahrenlagen aufgespalten wird, deren Überlagerung festgestellt werden soll. Im Beispielsfall fragt der Beurteilende getrennt nach den beiden Gefahrenlagen, mit welcher Wahrscheinlichkeit B eine durch Notwehr gerechtfertigte Körperverletzung begehen wird. Die Antwort erfolgt in zwei Schritten und lautet bei der Provokationsgefahrenlage, die alle Tatmomente enthält außer der (durch den Rausch bewußtseinsgestörten) speziellen Psyche des B: (1.Schritt:) Daß ein schwächlicher Mensch sich gegen einen körperlich Überlegenen, der ihn fortwährend beleidigt, mittels rechtsgutsverletzender Handlungen zur Wehr setzt, ist nicht sehr wahrscheinlich, aber immerhin möglich; (2. Schritt:) wenn es zur Rechtsgutsverletzung kommt, dann wird es mit großer Wahrscheinlichkeit eine gerechtfertigte Körperverletzung sein. Bei der Antwort hinsichtlich der Rauschgefahrenlage ist zunächst zweifelhaft, welche Einzelmomente der Beurteilungssituation überhaupt zu eliminieren sind; in Betracht kommen der beleidigende Wortschwall des X, die Schwächlichkeit des B oder auch beides — alle drei Möglichkeiten werden nachfolgend berücksichtigt: (1. Schritt:) Eliminiert man beide Einzelmomente, so sind rechtsgutsverletzende Handlungen schon auf Grund des Rausches wahrscheinlich; nimmt man den Wortschwall des X hinzu, so wird durch diesen „Handlungs-Auslöser" die Wahrscheinlichkeit erhöht, nimmt man stattdessen die Schwächlichkeit des

B hinzu, so wird hierdurch die Wahrscheinlichkeit einer Rechtsgutsverletzung etwas geringer; in jedem Fall sind rechtsgutsverletzende Handlungen möglich. (2. Schritt:) Wenn es zur Rechtsgutsverletzung kommt, dann ist — selbst unter Einbeziehung des Wortschwalles des X — wegen der schweren Bewußtseinsstörung des B eine gerechtfertigte Körperverletzung nicht wahrscheinlicher als eine Fülle anderer rechtsgutsverletzender Handlungen.

Nunmehr kann im Hinblick auf die begangene Rechtsgutsverletzung festgestellt werden, welche der beiden Gefahrenlagen stärker war, welche also durch die Tat des B prägnanter realisiert wurde. Dieser Vergleich erfolgt nicht beim ersten Schritt, wo nur gefragt wird, ob überhaupt Rechtsgutsverletzungen zu erwarten sind, sondern beim zweiten Schritt, wo es um die begangene Tat des B in ihren Einzelheiten geht. Im zweiten Schritt ist die Provokationsgefahr deutlich größer als die Rauschgefahr.

Das Prinzip der Gefahrüberlagerung beruht also darauf, daß bei der Frage nach der Prägnanz dem zweiten Schritt mehr Gewicht beigemessen wird als dem ersten. Das bedeutet: Wenn sich beim zweiten Schritt zeigt, daß die konkrete Tat von der Rauschgefahr ausgehend weniger wahrscheinlich war als auf Grund der weiteren, hinzutretenden Gefahr (im Beispiel: die Provokationsgefahr), so erübrigt sich ein Vergleich der Gefahrenlagen beim ersten Schritt; bei diesem läßt sich eine Gefahrüberlagerung nur dann bejahen, wenn sich beim zweiten Schritt ein „Patt“ ergibt.

Zu diesem „Patt“ ist noch klarzustellen: Jeder Rausch ist gefährlich, weil er Rechtsgutsverletzungen befürchten läßt (1. Schritt) und weil das Verhalten des Berauschten unvorhersehbar ist, so daß es im 2. Schritt auf die Psyche des Berauschten nicht oder jedenfalls nicht erheblich ankommt. Als Beispiel diene der 51. Rausch des Familienvaters auf S. 122: Im 2. Schritt ist die Wahrscheinlichkeit eines Verprügelns von Frau und Kindern nicht oder jedenfalls kaum größer als die Wahrscheinlichkeit anderer rechtsgutsverletzender Handlungen; die schwere Bewußtseinsstörung des berauschten Vaters läßt es nicht zu, eine Tötung der Frau oder einen sexuellen Mißbrauch der Kinder als unwahrscheinlich zu beurteilen[7]. Begrenzungen der im 2. Schritt als wahrscheinlich angesehenen Taten können sich nur aus der äußeren Situation ergeben, zum Beispiel beim Einsiedler[8], dessen Rausch — wenn überhaupt — nur wenige bestimmte Rechtsgutsverletzungen wahrscheinlich macht. Im Normalfall, in dem der Rausch eine Fülle verschiedener Rechtsgutsverletzungen wahrscheinlich macht, ist ein „Patt“ nur dann gegeben,

---

[7] Diese Aussage wird unten auf S. 131 f. näher begründet.

[8] Vgl. oben S. 122.

wenn die zusätzliche, zur Rauschgefahr hinzutretende Gefahr zwar Rechtsgutsverletzungen, aber nicht speziell eine oder eine wenige bestimmte Rechtsgutsverletzungen befürchten läßt.

Nach dieser ersten Darstellung des sicherlich mühsam wirkenden Gefahrabwägungsvorganges ist nochmals darauf hinzuweisen, daß jeder Rechtfertigungsgrund ein Rauschtatausschließungsgrund ist; soweit es also um Rauschtatausschluß durch Rechtfertigung geht, genügt es, das Vorliegen eines anerkannten Rechtfertigungsgrundes zu prüfen. Liegt er vor, dann ist die Rauschtat ausgeschlossen; liegt er nicht vor, bedarf es der mühsameren Gefahrabwägung in der soeben dargestellten Weise.

II. Entschuldigungsgründe

Weit verbreitet ist die Ansicht, Entschuldigungsgründe gälten auch bei der Rauschtat[9]. Entschuldigungsgründe sind Momente im seelischen Erleben des Täters, die die Verwerflichkeit der Tat so mindern, daß die Rechtsschuld und damit die Strafbarkeit zu verneinen sind, obwohl die Tat der Schilderung des Schuldtatbestandes entspricht[10]. Fehlt es schon am Schuldtatbestand, dann können auch Entschuldigungsgründe keine Rolle spielen[11]: Da die Rauschtat von der Schuld des Rauschtäters unabhängig ist[12], gibt es bei der Rauschtat nichts zu entschuldigen. Außerdem beruhen Entschuldigungsgründe darauf, daß uns ein Handeln als einigermaßen verständlich erscheint; entschuldigt wird dort, „wo niemand sicher von sich sagen könnte, im Falle des Täters anders gehandelt zu haben"[13]. Solch ein Eingeständnis kann es bei der Rauschtat nicht geben. Die Möglichkeit des „Anders-Handelns" folgt schon daraus, daß der Täter auf die Rauschmitteleinnahme hätte verzichten können; die Rauschtat kann uns nie einigermaßen verständlich erscheinen[14].

[9] BGH NJW 1953, 1442; Dollinger, Handlung S. 43 f.; Schulz, Zweifelsfragen S. 30; Bruns, DStR 1939 S. 231; Domning S. 60 f.; Hellmuth Mayer, ZStW 59 S. 333; Stierli S. 42; Maurach, Schuld S. 115 f.; Deselaers S. 49; Wöckel S. 8; Berke S. 105; Roeder S. 234; Dalcke/Fuhrmann/Schäfer Anm. 5 a zu § 330 a; Dreher/Tröndle Rn 14; Arzt/Weber Rn 440.

[10] Schmidhäuser Lb 11/2; Jescheck Lb S. 386 sieht Entschuldigungsgründe als Unrechts- und Schuldminderungsgründe an, „denen der Gesetzgeber strafbefreiende Kraft beigelegt hat, weil die Grenze der Strafwürdigkeit nicht erreicht ist". Meist wird als Grundprinzip der Entschuldigungsgründe die Unzumutbarkeit normgemäßen Verhaltens genannt; siehe Maurach/Zipf § 33 Rn 1 ff. und ausführlich S/S/Lenckner Rn 108 ff. vor § 32.

[11] So in bezug auf Putativnotwehr ein Oberkriegsgerichts-Urteil vom 27. 9. 1935 (NmilBl S. 163, 165).

[12] Vgl. zur Schuldfähigkeit, zu Vorsätzlichkeit/Fahrlässigkeit und zu besonderen Schuldmerkmalen: oben S. 117 f.

[13] Schmidhäuser Lb 11/2.

[14] Anders jedoch Wöckel S. 45, der die Rauschtat einer „hypothetischen Schuldprüfung" unterziehen will.

Entschuldigungsgründe können bei Rauschtaten jedenfalls nicht dieselbe Bedeutung wie bei ansonsten schuldhaften Taten haben[15]. Sie könnten aber in gewandelter Funktion eine Rolle spielen, wenn sie einer durch die rechtswidrige Handlung erhöhten Strafwürdigkeit der Berauschung entgegenstünden und somit die Bedeutung von Rauschtatausschließungsgründen gewännen.

Eine Möglichkeit, Entschuldigungsgründe zu Rauschtatausschließungsgründen zu machen, bietet die Tatverantwortungslehre von Maurach/Gössel/Zipf: Der von ihnen vertretene Begriff der rechtswidrigen Tat umfaßt nicht bloß das Unrecht, sondern zusätzlich die „Tatverantwortung", die dann entfällt, wenn der Handlungsentschluß nicht in einer durchschnittlichen Motivationslage gefaßt wird[16], der Täter beispielsweise eine rechtswidrige Tat begeht, um von einem Angehörigen eine Lebensgefahr abzuwenden (§ 35 I 1). Diese Tatverantwortungslehre bedeutet, den Begriff der Rauschtat auf die „freie und daher verantwortliche Handlung"[17] zu beschränken. Den Sinn dieser Beschränkung illustriert Schaad[18] an dem Beispiel, daß der Rauschtäter unter der Drohung einer unwiderstehlichen Gewalt handele: Hier könne er sich auf den Ausschluß der Tatverantwortung berufen, weshalb eine Rauschtat zu verneinen sei.

Auch wenn dieses Ergebnis einleuchten mag, so ist die Begründung doch zweifelhaft: Der Rauschtäter wird nicht erst durch die unwiderstehliche Gewalt einer „durchschnittlichen Motivationslage"[19] beraubt; diese ist allein schon durch den Rausch ausgeschlossen. Der Rauschtäter ist mangels geistigen Kontakts zum Sozialleben für die Rauschtat nicht verantwortlich. Zu Unrecht behauptet Derwort[20], man verlange von einem normalen Menschen, sich im Rausch so zu beherrschen, daß es zu keinen rechtswidrigen Taten kommt. Weil man von einem Berauschten gar kein verantwortliches Handeln verlangen kann, ist die Berauschung strafbar. Die Tatverantwortungslehre eignet sich nicht zur Beurteilung von Rauschtaten[21].

Es zeigt sich nunmehr, daß die bisher in der Wissenschaft unternommenen Versuche, eine Anwendbarkeit der Entschuldigungsgründe für die Rauschtat zu begründen oder gar nur zu postulieren, nicht zu über-

---

[15] Anders Wessels S. 194: „Im Prinzip" richte sich deren Eingreifen nach den allgemeinen Regeln.

[16] Maurach/Zipf § 31 Rn 16.

[17] Maurach, Schuld S. 116.

[18] Schaad S. 78.

[19] Kritik an einem Begriff der Verantwortlichkeit, mit dem „die normale Bestimmbarkeit durch normale Motive" gemeint ist, übt Gruhle S. 126.

[20] Derwort S. 71.

[21] So auch Bemmann, GA 1961 S. 66 f.

zeugen vermögen, vermutlich deshalb, weil nicht von einer teleologischen Auslegung des Rauschtatbegriffs, sondern von einem unreflektierten Gerechtigkeitsgefühl ausgegangen wird. Dieses Gefühl, demzufolge der Berauschte bei der rechtlichen Bewertung seiner Tat nicht schlechter gestellt werden darf als ein Nichtberauschter[22], steht nicht in Einklang mit der Bedeutung der Rauschtat als objektiver Strafbarkeitsbedingung; das hat sich schon oben[23] gezeigt.

Das einzige Prinzip, demzufolge Entschuldigungsgründe zum Ausschluß der Rauschtat führen können, ist das der Gefahrüberlagerung. Dieses Prinzip allerdings kann nicht in allen Fällen der Entschuldigung passen, denn es gibt Entschuldigungsgründe, die sich ausschließlich auf ein seelisches Erleben des Täters gründen, und die Gefahrüberlagerung setzt voraus, daß zur Rauschgefahr, die in der Psyche des Täters wurzelt, eine andere Gefahr hinzutritt. Die beiden Gefahren müssen voneinander unterscheidbar sein, weil sie sich andernfalls nicht gegeneinander abwägen lassen. Da die Rauschgefahr auf der schweren Bewußtseinsstörung beruht, die die gesamte Psyche des Täters ergreift, kommt als hinzutretende Gefahr nur eine solche in Betracht, die auf einem Vorgang außerhalb der Psyche des Täters beruht. Auf bloßes seelisches Erleben des Rauschtäters läßt sich das Prinzip der Gefahrüberlagerung nicht anwenden. Als Beispiel eignet sich der in § 33 geschilderte Notwehrexzeß. Könnte diese Vorschrift bei Rauschtaten Anwendung finden[24], dann böte das Gesetz keine Handhabe dafür, den Ausschluß der Rauschtat davon abhängig zu machen, daß die Verwirrung nicht auf dem Rausch beruht[25]. Es geht aber nicht an, die Rauschtat deswegen zu verneinen, weil die rechtswidrige Tat auf einem psychischen Zustand beruht (Verwirrung, Furcht oder Schrecken), der als geradezu typischer Fall einer schweren Bewußtseinsstörung angesehen werden kann[26]. Verwirrung, Furcht oder Schrecken stellen auch dann, wenn sie nicht auf dem Rausch beruhen, keine Gefahrlage dar, die sich gegen die Rauschgefahr abwägen ließe.

Demgegenüber kann ein Geschehen außerhalb der Täterpsyche, dem in der allgemeinen Strafrechtslehre die Bedeutung eines Entschuldigungsgrundes beigemessen wird, durchaus als Gefahrenlage anzusehen sein, die die Rauschgefahr überlagert und somit die Rauschtat aus-

---

[22] Auf dieses Argument stützen Hölz S. 22 und Traub S. 12 ihre Forderung, Entschuldigungsgründe auch auf den Rauschtäter anzuwenden.

[23] S. 76 f.

[24] So die Auffassung von Maurach, Schuld S. 125 und Dreher/Tröndle Rn 14.

[25] Schulz, Zweifelsfragen S. 30. AA Gerland S. 805 und Olshausen § 330 a Anm. 5 d.

[26] Ähnlich Grüner, BA II S. 278.

schließt. Hier ist das schon erwähnte[27] Beispiel des Rauschtäters aufzugreifen, der unter der Drohung einer unwiderstehlichen Gewalt handelt: A nötigt den berauschten B durch Schläge dazu, den C zu verprügeln; B gibt dem C eine Ohrfeige. Trotz der einfachen Struktur des Beispiels soll die Analyse in der gleichen Weise wie oben[28] erfolgen: getrennt nach den beiden Gefahrenlagen und jeweils in 2 Schritten. Zunächst zur Gefahrenlage, die aus dem nötigenden Verhalten des A resultiert, wobei der Rausch des B gedanklich eliminiert ist: (1. Schritt:) Wer wie B durch Schläge zu einer rechtsgutsverletzenden Handlung genötigt wird, der wird eine Rechtsgutsverletzung wahrscheinlich begehen; (2. Schritt:) begeht er sie, so wird sie mit größter Wahrscheinlichkeit genau demjenigen Verhalten entsprechen, das vom Nötiger verlangt wird. Nun zur Rauschgefahr, deren Beurteilung es erfordert, das Verhalten des A gedanklich zu eliminieren — so daß in dem mageren Beispiel nicht viel Substanz übrig bleibt; im 1. Schritt ist zu sagen: Jeder Rausch macht das Begehen irgendwelcher Rechtsgutsverletzungen wahrscheinlich; der 2. Schritt lautet: Kommt es zur Rechtsgutsverletzung, so ist das Austeilen einer Ohrfeige nicht wahrscheinlicher als eine Fülle anderer Rechtsgutsverletzungen. Vergleicht man den jeweils zweiten Schritt der Analyse, so erweist sich in bezug auf das Austeilen von Ohrfeigen, daß die Nötigungsgefahr als die stärkere die Rauschgefahr überlagert; die Gefahrüberlagerung schließt die (im Unrechtstatbestand einer Körperverletzung begründete) Rauschtat des B aus[29]. Die ausführliche Erörterung des Beispielsfalles sollte zeigen, daß die Gegebenheiten außerhalb der Täterpsyche, die zu einer Entschuldigung rechtswidriger Tat führen können, auch zum Rauschtatausschluß führen können, allerdings nur nach dem eigenständigen Prinzip der Gefahrüberlagerung, das mit dem Prinzip der Entschuldigung[30] nichts zu tun hat.

III. Straftatausschließungsgründe

Straftatausschließungsgründe im Rahmen der Rauschtat zu erörtern, mutet eigentümlich an: Die Rauschtat ist als objektive Strafbarkeitsbedingung ein Straftatmerkmal und nicht etwa selbst Straftat, die durch irgendwelche Gründe ausgeschlossen werden könnte. Gleichwohl wird

[27] Auf S. 126.

[28] Auf S. 123 f.

[29] Für den Fall der Drohung verneint Grasmann S. 87 die Rauschtat infolge „fehlender Konnexität“ zwischen Rausch und Rauschtat. Bei willentlichem Tun fehlt diese aber nicht, sondern wird allenfalls durch eine andere Konnexität überlagert.

[30] Vgl. hierzu schon oben S. 125 Fn 9.

häufig die Meinung vertreten[31], daß der Rücktritt (§§ 24, 31) als der wohl wichtigste Fall eines Straftatausschließungsgrundes bei der Rauschtat dieselbe Bedeutung wie bei der Straftat habe: Der Rücktritt des Rauschtäters schließe die Versuchs-Rauschtat aus. Hogräfer[32] sieht im Rücktritt ein Indiz für die mangelnde Gefährlichkeit des Rauschzustandes, und Cramer[33] glaubt, beim Rücktritt stehe fest, daß der Täter im berauschten Zustand nicht gefährlicher sei als im nichtberauschten. Da aber schon die Rauschtat weder Indiz noch Beweis für die Rauschgefährlichkeit ist[34], kann für den Rücktritt nichts anderes gelten. Zu Recht hält es Ranft[35] für dogmatisch widersinnig, dem Rücktritt rauschtatausschließende Bedeutung beizumessen, sofern die Rauschtat als objektive Strafbarkeitsbedingung aufgefaßt wird. Die erhöhte Strafwürdigkeit der Berauschung, die mit der rechtsgutsverletzenden Versuchshandlung gegeben ist, wird durch den Rücktritt nicht beseitigt, weil das Abstehen eines schwer Bewußtseinsgestörten von der weiteren Tat nicht in dem Sinne als autonom verstanden werden kann, wie es beim Nichtberauschten für die Freiwilligkeit des Rücktritts vorausgesetzt wird[36]. Der Rücktritt des Berauschten kann als gleichsam „zufällige" Nichtvollendung der Tat verstanden werden; er schließt die Versuchs-Rauschtat nicht aus.

Welche Momente des Tatgeschehens in einzelnen Strafvorschriften als Straftatausschließungsgründe anzusehen sind, bereitet im Einzelfall Probleme, auf die hier nicht einzugehen ist. Jedenfalls ist es nicht völlig ausgeschlossen, daß ein Straftatausschließungsgrund — ebenso wie Rechtfertigungs- und Entschuldigungsgründe — die Bedeutung eines Rauschtatausschließungsgrundes erlangt. So läßt sich daran denken, daß in bestimmter Situation die Gefahr, die von der Rechtswidrigkeit einer Diensthandlung (vgl. § 113 III)[37] ausgeht, die Rauschgefahr überlagert, wodurch die im Unrechtstatbestand begründete Rauschtat gemäß § 113 ausgeschlossen wird.

---

[31] RG HRR 1936 Nr. 1149; BGH bei Dallinger, MDR 1971, 361, 362 (Urt. vom 5. 1. 1971, 5 StR 676/70); Gramsch, Tatbestand S. 74; Bruns, DStR 1939 S. 227; Domning S. 69; Hogräfer S. 103 f.; Hellmuth Mayer, ZStW 59 S. 331; Grasmann S. 92; Cramer, JuS 1964 S. 364; LK-Lay 9. Auflage § 330 a Rn 40; SK-Horn Rn 19; Lackner Erl. 3 b dd; S/S/Cramer Rn 21; Wessels S. 194; Dreher/Tröndle Rn 14; Ranft, JA 1983 S. 243; Arzt/Weber Rn 442. Maurach, JuS 1961 S. 378 hält es für sicher, daß das Rechtsgefühl in diesen Fällen keinerlei Bedürfnis nach Bestrafung anmelden wird.

[32] Hogräfer S. 104; ähnlich Blei S. 366.

[33] Cramer, JuS 1964 S. 364.

[34] Siehe oben S. 71.

[35] Ranft, MDR 1972 S. 742.

[36] Vgl. zum Begriff der Freiwilligkeit S/S/Eser § 24 Rn 43 ff. und Schmidhäuser AT 11/83 ff.

[37] Zur Einordnung als Straftatausschließungsgrund siehe Schmidhäuser BT 22/31.

IV. Gefahrüberlagerung: Zusammenfassung und zwei weitere Beispiele

Jede in einem Unrechtstatbestand begründete Rauschtat kann durch Gefahrüberlagerung als Merkmal der Straftat „Vollrausch" ausgeschlossen sein. Das Grundprinzip der Gefahrüberlagerung beruht auf der Bedeutung der Rauschtat als objektiver Strafbarkeitsbedingung, die darin besteht, auf die Gefährlichkeit der Berauschung deutlich hinzuweisen. Dieser Bedeutung der Rauschtat entsprechen nur solche Handlungen des Berauschten, die ausschließlich oder vornehmlich durch die Rauschgefahr geprägt sind. Andernfalls, d. h. dann, wenn die Rauschgefahr durch eine weitere stärkere Gefahr überlagert wird, ist die Rauschtat ausgeschlossen. Alle Rechtfertigungsgründe sind Rauschtatausschließungsgründe, da sie stets dem Prinzip der Gefahrüberlagerung entsprechen. Wo kein Rechtfertigungsgrund gegeben ist, gleichwohl aber auf Grund äußerer Umstände Anlaß besteht, den Ausschluß der Rauschtat durch Gefahrüberlagerung zu prüfen, ergibt sich folgende Struktur: Die Rauschgefahr, d. h. die Gefährlichkeit des Berauschten, die sich aus seiner schweren Bewußtseinsstörung ergibt, wird abgewogen gegen eine weitere Gefahr, die durch äußere, von der Täterpsyche unabhängige Umstände konstituiert wird. Die Abwägung dient dem Ziel, festzustellen, welche der beiden Gefahrenlagen, die sich in der Handlung des Berauschten realisieren, die stärkere ist. Hierzu wird hinsichtlich beider Gefahrenlagen (im 1. Schritt) nach der Wahrscheinlichkeit gefragt, mit der es in solch einer Lage zu irgendwelchen rechtswidrigen Taten kommt. Sodann lautet (im 2. Schritt) die Frage: Wenn es zur rechtswidrigen Tat kommt, ist dann genau die Tat wahrscheinlich, wie sie vom Täter begangen wurde? Nun sind die Antworten im zweiten Schritt hinsichtlich beider Gefahrenlagen miteinander zu vergleichen: Ist die Rauschgefahr deutlich schwerer, so scheidet die Gefahrüberlagerung endgültig aus; ist die andere Gefahr deutlich schwerer, so überlagert sie die Rauschgefahr, wodurch die Rauschtat ausgeschlossen wird. Ist jedoch keine der beiden Gefahren deutlich schwerer als die jeweils andere, so ist zum ersten Schritt zurückzukehren: Ist hier nun die andere Gefahr deutlich stärker als die Rauschgefahr, so ist die Rauschtat wegen Gefahrüberlagerung ausgeschlossen; andernfalls bleibt es bei der im Unrechtstatbestand begründeten Rauschtat.

Dem Verständnis der Gefahrüberlagerung möge noch folgende Wiederholung und Ergänzung dienen: Die Prägnanz, mit der sich Gefahrenlagen in der Rauschtat realisieren, ergibt sich in erster Linie aus den Einzelheiten der Rauschtat; deshalb hat bei der Abwägung der zweite Schritt Priorität vor dem ersten. Erst dann, wenn sich die Einzelheiten der Rauschtat nicht deutlich überwiegend einer der beiden Gefahrenlagen zuordnen lassen (2. Schritt), kommt es darauf an, ob sich aus der Rauschgefahr oder aus der weiteren Gefahr mit deutlich größerer Wahrscheinlichkeit irgendwelche rechtswidrigen Taten ergeben (1. Schritt). Zu der Frage, mit *welcher* Wahrscheinlichkeit sich aus der weiteren Gefahrenlage irgendwelche rechtswidrigen Taten ergeben (1. Schritt) oder die konkret begangene Tat ergibt (2. Schritt), läßt sich ohne Kenntnis der Umstände, die die weitere Gefahrenlage konstituieren, nichts Allgemeinverbindliches sagen. Anders jedoch ist es hinsichtlich der Rauschgefahr: Im ersten Schritt ist die Wahrscheinlichkeit irgendwelcher rechtswidriger Taten stets zu bejahen, da der Rausch als stets gemeingefährlicher Zustand der Psyche definiert ist. Abstufungen zwischen „mehr" und „weniger" wahrscheinlich können sich allerdings aus den äußeren Momenten der Tatsituation (damit sind die von der Psyche des Täters unabhängigen Momente gemeint) ergeben. Im zweiten Schritt ist zu berücksichtigen, daß wegen der Unvorhersehbarkeit menschlichen Verhaltens im Rausch die konkret begangene Tat nicht wahrscheinlicher ist als eine Fülle anderer rechtswidriger Taten. Die „Fülle" kann allenfalls durch die äußeren Momente der Tatsituation, nicht aber durch die Psyche des Täters begrenzt oder gar ausgeschlossen sein: Zur Verdeutlichung des ersten Teils dieser Aussage stelle man sich eine große unbewohnte Steppe vor, auf der ein berauschter Poet wandelt, der außer eigener Kleidung nur noch ein fremdes Buch bei sich hat. Wenn es in dieser Situation (bei der unterstellt wird, daß dem Poeten das zur Selbstbeschädigung nötige Werkzeug fehlt) zu einer rechtswidrigen Tat kommt, dann ist nicht eine Fülle verschiedener Taten gleichermaßen wahrscheinlich, sondern nur eine: die Sachbeschädigung. Zur Erläuterung des anderen Teils der Aussage, daß nämlich die Psyche des Täters die „Fülle" nicht einzuschränken vermöge, wird auf das Beispiel des prügelnden Vaters von S. 122 zurückgegriffen. Kommt der Vater in seinem 51. Rauschzustand ins Wohnzimmer, wo Frau und Kinder versammelt sind, so wirkt die Beurteilung, daß eine Fülle rechtswidriger Taten ebenso wahrscheinlich sei wie das Prügeln, im ersten Moment nicht überzeugend: Vielmehr drängt sich der empirisch fundierte Gedanke auf, daß ein Mensch, der sich in gleichen Situationen 50mal gleich verhalten hat, beim 51. Mal wiederum das gleiche tun wird. Dieser Gedanke mag durchaus zutreffen, gleichwohl ist er bei einer Beurteilung der konkreten Rauschgefahr verfehlt, denn am Rausch ist nicht der Eintritt bestimmter, sondern der Eintritt irgendwelcher Rechtsgutsverletzungen gefährlich: Die Berauschung verletzt alle Rechtsgüter[38]. Hätte man auf Grund psychologischer Erkenntnisse so guten Einblick in die Psyche des Berauschten, daß man sicher wüßte, daß im Rauschzustand keinerlei Taten außer einem Verprügeln von Frau und Kindern möglich

[38] Vgl. oben S. 23 f.

sind, dann wäre diese Berauschung nicht *gemein*gefährlich und somit nicht rechtsgutsverletzend im Sinne des § 323 a. Da es einen derartigen Einblick in die Psyche eines Berauschten aber nicht gibt, ist jeder Rausch von neuem gemeingefährlich, unabhängig davon, wie sich der Berauschte bei früheren Rauschzuständen verhalten hat. Bei der Beurteilung der Rauschgefahr im Rahmen der Gefahrüberlagerung ist somit der Rausch in seiner Gemeingefährlichkeit in die Bewertung einzustellen, und das bedeutet, daß der Rausch als schwere Bewußtseinsstörung, die das Verhalten des Täters unvorhersehbar macht, hinsichtlich der *möglichen* rechtswidrigen Taten kein unterschiedliches *Wahrscheinlichkeits*urteil zuläßt. Im Beispiel des berauschten Vaters ist also eine Fülle rechtswidriger Taten ebenso wahrscheinlich wie das Verprügeln von Frau und Kindern. Ein auf Alltagserfahrungen sich gründendes Gefühl, das an dieser Aussage Anstoß nähme, ändert nichts am vorgetragenen Verständnis der Strafvorschrift des § 323 a.

Das Prinzip der Gefahrüberlagerung soll noch an zwei Beispielen aufgezeigt werden: Gramsch[39] bildet den Fall, daß ein Berauschter seine Bierrechnung unwissentlich mit Falschgeld begleicht, das er selbst kurz zuvor als echt erhalten hatte. Hier ist im Unrechtstatbestand des § 147 I zwar eine Rauschtat begründet; diese ist aber durch Gefahrüberlagerung ausgeschlossen[40]: Die jedem Falschgeld innewohnende Gefahr, für echt gehalten zu werden und deswegen die Sicherheit des Zahlungsverkehrs zu beeinträchtigen, ist in bezug auf die begangene Tat stärker als die Rauschgefahr.

Als zweites und in diesem Kapitel letztes Beispiel sei folgender Fall angenommen: Zwei Freunde verlassen eine Gaststätte, der eine nüchtern, der andere berauscht. Beiden begegnet ein Kegelklubkamerad und ruft sie an: „Geld oder Leben!" Er versteht es als Scherz, die beiden anderen nehmen den Ruf ernst und schlagen den vermeintlichen Angreifer zusammen. Wenn der nüchterne „Verteidiger" wegen der Dunkelheit nicht erkennen konnte, daß es sich hier um einen Scherz handele: wie ist der berauschte „Verteidiger" zu beurteilen?

Die Antwort, die wohl nach dem heutigen Erkenntnisstand in Rechtsprechung und Lehre keinen Widerspruch fände, würde lauten: Der Irrtum des Berauschten über die tatsächlichen Voraussetzungen eines Rechtfertigungsgrundes (hier: Putativnotwehr) war nicht rauschbedingt, sondern beruhte auf der Dunkelheit zum Zeitpunkt der Tat. Ein rauschunabhängiger Irrtum ist ebenso wie beim nüchternen Täter zu Gunsten

---

[39] Gramsch, Tatbestand S. 71.

[40] Klee, DStR 1940 S. 119 f. hingegen hält den Rauschtäter im Falschgeld-Beispiel für strafwürdig.

des Rauschtäters zu berücksichtigen[41]. Fragt man zunächst nach der Strafbarkeit des nüchternen Freundes, so ist an vorsätzliche Körperverletzung zu denken. Bei Putativnotwehr ist der Vorsatz aber im Rahmen der sog. eingeschränkten Schuldtheorien zu verneinen; da der Irrtum unvermeidbar war, scheidet auch fahrlässige Körperverletzung aus. Der nüchterne Freund bleibt straflos. Da der Irrtum dem Berauschten ebenso zugute kommt, ist nach der üblichen Meinung eine Rauschtat zu verneinen; mangels objektiver Strafbarkeitsbedingung bleibt also auch der Berauschte straflos.

Mit Ausnahme des Ergebnisses ist jedoch diese Beurteilung des Falles verfehlt. Der berauschte „Verteidiger" ist vielmehr wie folgt zu beurteilen: Vorausgesetzt, er habe sich schuldhaft berauscht, so stellt sich die Frage nach der Rauschtat. Das Niederschlagen des Kegelklubkameraden ist dem Unrechtstatbestand nach eine Körperverletzung (§ 223 I); sie ist nicht gerechtfertigt. Als willentliches Tun entspricht sie der Rauschgefahr[42]. Sie entspricht aber auch der Gefahr, die durch das Verhalten des Kegelklubkameraden hervorgerufen worden ist und die darin besteht, daß in der Dunkelheit ein Scherzüberfall vom „Angegriffenen" nicht als Scherz erkannt wird. Diese „Angriffs"-gefahrenlage läßt erstens rechtswidrige Taten befürchten und macht zweitens für den Fall, daß es zur rechtswidrigen Tat kommt, eine verteidigende Körperverletzung sehr viel wahrscheinlicher als andere rechtswidrige Handlungen. Im Rahmen der Rauschgefahr hingegen sind außer einer „verteidigenden" Körperverletzung auch andere Handlungen wahrscheinlich: Die Angriffsgefahr ist die stärkere und überlagert die Rauschgefahr — eine Rauschtat ist wegen Gefahrüberlagerung ausgeschlossen, und der Berauschte bleibt straflos.

Diese beiden Fallbeurteilungen zeigen, daß Irrtümer, denen der Rauschtäter unterliegt, kein eigenständiges Gewicht haben (etwa im Sinne eines Rauschtatausschlusses). Sie geben nur dazu Anlaß, die äußere Tatsituation auf irrtumsbegünstigende Momente zu überprüfen und die aus solchen Momenten bestehende Gefahrenlage gegen die Rauschgefahrenlage abzuwägen. Auf Irrtumsfragen wird nochmals am Ende des 4. Kapitels[43] eingegangen. Dort findet sich auch ein weiteres Fallbeispiel[44], an Hand dessen nicht nur die Irrtumsproblematik deutlich wird, sondern nochmals das gesamte Prinzip der Gefahrüberlagerung veranschaulicht wird.

---

[41] Diese Formulierung bei Lackner Erl. 3 b cc; der gleiche Gedanke findet sich in zahlreichen Stellungnahmen zu § 323 a.

[42] Anders Schmidhäuser BT 15/28.

[43] Unten S. 156 ff.

[44] Unten S. 158.

4. Kapitel

Die Subsidiaritätsregel

Die Subsidiaritätsregel[1] macht die Bestrafung des Vollrausches von der Straflosigkeit der Rauschtat abhängig; dieses Abhängigkeitsverhältnis ist im 4. Kapitel zu analysieren. Für den Unrechtstatbestand des § 323 a I ist die Subsidiaritätsregel bedeutungslos: Sie knüpft an die Rauschtat als objektive Strafbarkeitsbedingung an und berührt nur die Frage, ob die unrechte Berauschung *bestraft* wird oder nicht. Schon dem Satzbau des § 323 a I ist zu entnehmen, daß der Begriff der Berauschung nicht mittels der Subsidiaritätsregel ausgelegt werden kann[2].

Gleichwohl meint Haft, im Hinblick auf das Merkmal der Berauschung „zwei Lesarten" der Subsidiaritätsregel unterscheiden zu können[3]: Die „herrschende Meinung" sage, es müsse „mindestens verminderte Schuldfähigkeit sicher sein". Die „Gegenmeinung" sage, § 323 a sei ein Auffangtatbestand, der immer eingreife, wenn die Rauschtat wegen der Möglichkeit der Schuldunfähigkeit des Täters nicht bestraft werden kann. Mit solch einer Gegenüberstellung stiftet Haft doppelte Verwirrung: Erstens bedeutet die „herrschende Meinung", daß der Rauschbegriff eingeschränkt wird[4]; diese Einschränkung (die abzulehnen ist[5]) betrifft den Unrechtstatbestand des § 323 a I und hat mit der Subsidiaritätsregel nichts zu tun. Zweitens wird § 323 a I keineswegs nur von der „Gegenmeinung" als „Auffangtatbestand" ausgelegt. Dieselbe Auslegung ist auch auf dem Boden der „herrschenden Meinung" möglich[6]; ob sie geboten ist, wird nachfolgend untersucht.

A. § 323 a als „Auffangtatbestand"

Der Große Strafsenat des Bundesgerichtshofs legte § 330 a (1941) als „Auffangstrafdrohung" aus, die dann gelten sollte, wenn eine Strafbarkeit der Rauschtat infolge erwiesener oder „in dubio pro reo" zu unter-

---

[1] Zu diesem Begriff siehe oben S. 18.

[2] Ebenso Horn, JR 1980 S. 2.

[3] Haft BT S. 269.

[4] Vgl. den ausführlich begründeten Beschluß des BayObLG JR 1980, 27 ff.

[5] Siehe oben S. 51 ff.

[6] Beispielsweise im Beschluß des BayObLG JR 1980, 27.

stellender rauschbedingter Schuldunfähigkeit ausschied[7]. Auch heute wird § 323 a in diesem Sinne verstanden[8]. Die Konsequenzen, die sich hieraus ergeben, lassen sich einerseits an der actio libera in causa (a. l. i. c.) darstellen und andererseits an der mehrfach im Schrifttum problematisierten Kausalität zwischen Berauschung und Schuldunfähigkeit.

I. actio libera in causa

Die Strafbarkeit der Berauschung braucht sich nicht auf § 323 a zu beschränken; auch andere Straftatbestände können anwendbar sein, und zwar unter Heranziehung der Figur der a. l. i. c. Diese Figur soll an Hand eines Beispiels aus dem Bereich der Körperverletzung dargestellt werden: Ein Ehemann berauscht sich um 20 Uhr, damit er eine Stunde später bei der erwarteten Rückkehr der Ehefrau den Mut hat, sie zu verprügeln. Wenn er die um 21 Uhr heimkehrende Frau in schuldunfähigem Zustand schlägt, dann ist er wegen Körperverletzung strafbar: Nicht das Schlagen, sondern die Rauschmitteleinnahme unter Einbeziehung ihrer besonderen Gefährlichkeit im konkreten Falle ist die im Ursprung freie Körperverletzungshandlung[9].

§ 330 a (1934) enthielt keine Subsidiaritätsregel; der Wortlaut der Vorschrift hätte nicht gehindert, zwei Straftaten anzunehmen, nämlich zum einen die Berauschung einschließlich der Rauschtat und zum anderen die im Rausch begangene Tat unter dem Gesichtspunkt der a. l. i. c. etwa als Straftat vorsätzlicher oder fahrlässiger Körperverletzung; insoweit wäre also bis zur Neufassung des § 330 a im Jahre 1975 Tateinheit beider Delikte anzunehmen gewesen. Der Bundesgerichtshof[10] hielt das Verhältnis der Tateinheit jedoch nur zwischen fahrlässiger a. l. i. c. und vorsätzlicher Berauschung für richtig: Hier sollte die „zu milde“ Bestrafung der a. l. i. c. durch § 330 a aF aufgefangen werden. Im Falle vorsätzlicher a. l. i. c. hielt der Bundesgerichtshof eine Anwendung des § 330 a (1934) für ausgeschlossen; Sinn und Zweck dieser Vorschrift sei es, eine Lücke zu schließen[11], die darin gesehen wurde, daß nicht jede selbstverschuldete Berauschung als vorsätzliche a. l. i. c. hinsichtlich der Rauschtat bestraft werden konnte.

---

7 BGHSt 9, 390, 398 (1956).

8 Dreher/Tröndle Rn 5; Bockelmann BT S. 212; Hein S. 236.

9 Vgl. Lackner Erl. 8 zu § 20; S/S/Lenckner § 20 Rn 33; Schmidhäuser AT 5/76.

10 BGHSt 2, 14, 18 (1951); derselben Ansicht sind Schröder, GA 1957 S. 300 und Fajen S. 112 f.

11 BGHSt 2, 14, 17 (1951). Freilich läßt sich mit dem Bedürfnis, eine Lücke schließen zu wollen, eine Strafbarkeit wegen des „fragmentarischen Charakters“ des Strafrechts nicht begründen: Hellmuth Mayer, ZStW 59 S. 310.

Nach dem heutigen Gesetzestext des § 323 a ist Tateinheit zwischen der Vollrausch-Straftat und einer als a. l. i. c. strafbaren im Rausch begangenen Tat stets ausgeschlossen; die seit dem 1. 1. 1975 geltende Gesetzesfassung hat die frühere Auslegung des § 330 a (1934) durch den Bundesgerichtshof nur teilweise übernommen. Eine Bestrafung nach § 323 a ist immer ausgeschlossen, wenn die im Rausch begangene Handlung bestraft werden kann, und sei es auch „nur“ unter dem Gesichtspunkt einer fahrlässigen a. l. i. c. — § 323 a vermag also die „milde“ Bestrafung einer Rauschmitteleinnahme als fahrlässige a. l. i. c. nicht mehr aufzufangen[12].

II. Die Kausalität zwischen Berauschung und Schuldunfähigkeit

Für die Bestrafung nach § 330 a (1934) war ein die Schuldfähigkeit ausschließender Rausch und somit die Kausalität zwischen Berauschung und Schuldunfähigkeit vorausgesetzt[13]. Auch die Subsidiaritätsregel in § 323 a I enthält ein Kausalitätserfordernis: Schuldunfähigkeit „infolge des Rausches“. Wäre von der rauschbedingten Schuldunfähigkeit des Täters die Bestrafung nach § 323 a abhängig, müßte im Strafverfahren dreierlei bewiesen werden: erstens der Rausch (dessen Nachweis ohnehin schon für den Unrechtstatbestand vorausgesetzt ist), zweitens die Schuldunfähigkeit zum Zeitpunkt der Rauschtat und drittens die Kausalität zwischen Berauschung und Schuldunfähigkeit. Die Bestrafung nach § 323 a setzt jedoch den Nachweis der Schuldunfähigkeit nicht voraus; ausreichend ist vielmehr, daß die Schuldunfähigkeit nicht ausgeschlossen werden kann. Nur dann, wenn im Strafverfahren festgestellt wird, daß die Rauschtat nicht im Zustand der Schuldunfähigkeit begangen wurde, verhindert die Subsidiaritätsregel eine Bestrafung nach § 323 a. Positiv ausgedrückt: Im Strafverfahren muß sich die Möglichkeit der Schuldunfähigkeit ergeben. Wenn sich nun in einem Strafverfahren die Schuldunfähigkeit des Täters nicht beweisen, sondern lediglich nicht ausschließen läßt, dann kann auch die Kausalität zwischen dem Rausch und der nicht beweisbaren Schuldunfähigkeit nicht bewiesen, sondern allenfalls als nicht ausschließbar erfaßt werden. In diesem Fall kann es also — wenn überhaupt — nur auf die mögliche Kausalität ankommen. Reicht aber die mögliche Kausalität für die Verknüpfung der möglichen Schuldunfähigkeit mit der Berauschung aus, dann kann im Fall erwiesener Schuldunfähigkeit nichts anderes gelten[14], denn die einzelnen Voraussetzungen eines Straftatbestandes müssen Allgemein-

---

[12] AA S/S/Cramer Rn 31 b und Krey S. 237.

[13] RGSt 70, 85 (1936); zustimmend Scheiff S. 39.

[14] Anders Schewe, BA XIII S. 87, der behauptet, der „objektive Tatbestand“ des § 330 a (1975) fordere die Feststellung, der Rausch sei Ursache der Schuldunfähigkeit gewesen.

gültigkeit besitzen: Wäre für eine Bestrafung nach § 323 a der Nachweis der Kausalität zwischen Rausch und Schuldunfähigkeit vorausgesetzt, dann dürfte in der Subsidiaritätsregel der Fall der nicht ausschließbaren Schuldunfähigkeit nicht genannt sein.

Der Rausch ist im Strafverfahren nachzuweisen. Damit ist notwendigerweise auch der Nachweis erbracht, daß zum Zeitpunkt der Rauschtat die „biologische Komponente" des § 20 vorlag[15]. Selbst wenn im Strafverfahren das Kausalband zwischen der „biologischen" und der „normativen Komponente" des § 20 nicht nachzuweisen sein sollte, so ist diese Kausalität dennoch wegen der Unergründlichkeit psychischer Kausalprozesse nicht auszuschließen. Die Kausalität zwischen Berauschung und Schuldunfähigkeit ist immer möglich. Sie bräuchte daher im Strafverfahren kein eigenständiges Gewicht zu haben — wenn nicht § 323 a als „Auffangtatbestand" aufgefaßt würde, der diejenige Straf-„Lücke" schließen soll, die sich aus § 20, dem Grundsatz „in dubio pro reo" und dem Bedürfnis ergibt, denjenigen nicht mit Straflosigkeit zu belohnen, der sich durch schuldhafte Rauschmitteleinnahme die Anwendung des § 20 auf die Rauschtat zu verschaffen weiß. Dieser Auffassung zufolge bräuchte die Straflosigkeit der Rauschtat, die sich schon aus anderen Gründen als der in § 20 normierten Schuldunfähigkeit ergibt, nicht aufgefangen zu werden: Sonach setzte eine Bestrafung nach § 323 a voraus, daß der Täter *nur* wegen der Anwendung des § 20 bezüglich der Rauschtat straflos bleibt[16].

Wäre dieser Auslegung zu folgen, so wären entgegen dem oben S. 107 formulierten Ergebnis Vorsätzlichkeit und Fahrlässigkeit für die Rauschtat doch bedeutsam. Angenommen, ein Rauschtäter verletze beim Autounfall seinen Beifahrer, und eine Strafbarkeit nach § 230 scheitere an der Schuldunfähigkeit des Täters, so ist zwar die Körperverletzung als rechtswidrige Tat zu bejahen, deren Straflosigkeit braucht aber nicht ausschließlich auf § 20 zu beruhen; sie ergibt sich möglicherweise auch aus § 15: und zwar dann, wenn beim Täter wegen des Rausches Fahrlässigkeit nicht festgestellt werden kann[17]. In diesem Fall gelangt die Lehre vom „Auffangtatbestand" zur gänzlichen Straflosigkeit des Täters. Bedeutung hat diese Lehre insbesondere für den Tatirrtum: Der Irrtum des K im Einleitungsbeispiel auf S. 15 ist für die Rauschtat nach § 303 unbeachtlich[18]. Gleichwohl wäre nach der Lehre vom „Auf-

---

[15] Vgl. oben S. 49.

[16] Dencker, NJW 1980 S. 2161; SK-Horn Rn 10 und 17. Dreher/Tröndle Rn 12: „Die Tat müßte strafbar sein, wenn der Täter schuldfähig wäre". Ebenso zu § 330 a (1934): OLG Oldenburg GA 1959, 186; Gramsch, Tatbestand S. 65; Hográfer S. 105; Bruns, JZ 1964 S. 475.

[17] Vgl. oben S. 100 ff.

[18] Vgl. oben S. 88 ff.

fangtatbestand" eine Strafbarkeit nach § 323 a ausgeschlossen, weil die Straflosigkeit der Sachbeschädigung nicht nur auf § 20, sondern auch auf § 16 I beruht[19].

III. Kritik

Bedenken gegen diese Lehre ergeben sich schon aus ihrer Ähnlichkeit zu dem Gedanken, der Rauschtäter dürfe bei § 323 a nicht schlechter stehen, als er bei einer Verurteilung wegen der Rauschtat stünde. Dieser Gedanke ist oben auf S. 90 bereits verworfen worden, weil die rechtliche Natur der Rauschtat für die Beurteilung der schuldhaften Berauschung bedeutungslos ist[20].

Dem Verständnis des § 323 a als eines „Auffangtatbestandes" wäre nur dann zu folgen, wenn sich aus der Anwendung des § 20 auf Taten, die in selbstverschuldetem Rauschzustand begangen werden, eine Strafbarkeitslücke ergäbe, die es mittels § 323 a zu schließen gälte. § 20 ist aber keine Norm, die über ihren „eigentlichen" Anwendungsbereich hinaus in die Gesamtheit strafwürdiger Taten Bestrafungslücken schlägt. Rechtswidrige Taten eines Schuldunfähigen sind nicht strafwürdig. Dies ergibt sich unmittelbar aus dem Schuldgrundsatz. Warum also die auf § 20 beruhende Straflosigkeit einer Rauschtat durch einen anderen Straftatbestand — nämlich § 323 a — aufgefangen werden sollte, ist nicht einleuchtend. Jeglicher Begründung entbehrt auch die Behauptung Denckers, es entspreche „zwingenden Anforderungen der Gerechtigkeit", § 323 a auf die Fälle zu beschränken, in denen die Rauschtat *nur* wegen § 20 straflos bleibt[21]. § 323 a ist kein „Auffangtatbestand"[22].

Dieses etwas knapp formulierte Ergebnis bedarf noch folgender Erläuterung: Die Subsidiaritätsregel besagt, daß ein Rauschtäter entweder wegen der Berauschung oder wegen der Rauschtat, nie aber wegen beider Taten bestraft wird, und daß eine Bestrafung des Vollrausches hinter eine Bestrafung wegen der Rauschtat zurücktritt. Ob man das durch die Subsidiaritätsregel geschaffene Subsidiaritätsverhältnis als Zurücktreten der Vollrausch-Bestrafung oder als Auffangen der Rauschtat-Straflosigkeit bezeichnet, hängt vom Blickwinkel der Beurteilung ab und ergibt inhaltlich keinen Unterschied. Macht man — ohne daß dies allerdings sachlich geboten wäre — die Straflosigkeit der Rauschtat zum Ausgangspunkt der Beurteilung, so kann man durchaus eine „Auffang-

---

[19] SK-Horn Rn 17, 10, 12.

[20] Krumme S. 284.

[21] Dencker, NJW 1980 S. 2161. Hellmuth Mayer, SchlHA 1962 S. 107 leitet dasselbe Ergebnis aus der verfehlten Annahme ab, der Berauschung komme neben der als a.l.i.c. strafbaren Rauschtat kein selbständiger Unrechtsgehalt zu.

[22] Jakobs, GA 1971 S. 262; Schmidhäuser BT 15/34; Hirsch S. 20.

funktion" der Subsidiaritätsregel konstatieren. In diesem Falle müßte das Ergebnis des Abschnitts lauten: § 323 a hat keine über die Subsidiaritätsregel hinausgehende Auffangfunktion.

B. Absatz 2 als Teil der Subsidiaritätsregel

Die Analyse des Abs. 2 und seines Verhältnisses zur Subsidiaritätsregel setzt Klarheit darüber voraus, welche Bedeutung die Subsidiaritätsregel im Rahmen des Abs. 1 hat. Diese Regel basiert auf der Annahme, daß grundsätzlich das Berauschungs-Unrecht weniger gravierend als das im Rausch begangene Unrecht (die Rauschtat) sei[23]: Kann die „schwerere" Rauschtat bestraft werden (entweder als a. l. i. c. oder weil trotz des Rausches die Schuldfähigkeit nicht ausgeschlossen war), dann wird auf die Bestrafung der „weniger schweren" Berauschung verzichtet. Man mag diese Regelung für sinnvoll halten oder nicht[24] — de lege lata führt an ihr kein Weg vorbei.

Drei Grundkonstellationen sind im Rahmen des Abs. 1 möglich: Erstens: Der Täter kann wegen der Rauschtat bestraft werden; dann bleibt die Berauschung straflos. Zweitens: Der Täter versetzt sich schuldhaft in einen Rausch und begeht in diesem Zustand eine Rauschtat, die von seiner Schuld umfaßt ist, gleichwohl aber aus einem von der Schuld unabhängigen Grunde nicht bestraft werden kann; auch für diesen Fall, der anschließend an Hand zweier Beispiele veranschaulicht wird, schreibt die Subsidiaritätsregel die Straflosigkeit der Berauschung vor, so daß der Täter gänzlich straflos bleibt. Als erstes Beispiel stelle man sich vor, daß ein Täter sich schuldhaft berauscht und im Rausch Widerstand gegen Vollstreckungsbeamte leistet (§ 113), wobei seine Schuldfähigkeit nicht ausgeschlossen ist; nimmt man an, die Diensthandlung sei nicht rechtmäßig, so kann die Rauschtat gemäß § 113 III nicht bestraft werden. Nach dem Wortlaut der Subsidiaritätsregel entfällt aber auch eine Bestrafung nach § 323 a, weil die Straflosigkeit der Rauschtat auf einem anderen Grund als der nicht ausschließbaren Schuldunfähigkeit beruht. Als zweites Beispiel soll ein Täter dienen, der sich schuldhaft berauscht und dabei auf Grund konkreter Umstände wissen könnte, daß er im Rausch möglicherweise eine Sache beschädigen wird, wie es dann auch geschieht. Die Sachbeschädigung ist als fahrlässige a. l. i. c. verschuldet, gleichwohl aber nach § 303 nicht strafbar, weil dort für eine Bestrafung Vorsätzlichkeit vorausgesetzt ist. Der Täter bleibt straflos, weil die Rauschtat von seiner Schuld umfaßt ist,

[23] So auch BGH NStZ 1984, 74, 75.

[24] Siehe zur Kritik unten S. 159 f.

und deshalb eine Bestrafung nach § 323 a von der Subsidiaritätsregel verhindert wird. Die dritte Grundkonstellation im Rahmen des Abs. 1 umfaßt alle Fälle, die nicht schon in den ersten beiden Konstellationen enthalten sind; sie läßt sich so beschreiben: Der Täter versetzt sich schuldhaft in einen Rausch und begeht in diesem Zustand eine Rauschtat, bezüglich derer ihm eine Schuld nicht nachgewiesen werden kann. Hier nun steht die Subsidiaritätsregel einer Vollrausch-Bestrafung nicht entgegen, und alles, was im folgenden zu Abs. 2 gesagt wird, betrifft nur diese dritte Grundkonstellation.

Bei der Auslegung des Abs. 2 ergeben sich zwei Darstellungsschwierigkeiten: Zum einen beruht das Auslegungsergebnis auf einem recht komplizierten Gedankengang, der nur an Hand eines Beispiels[25] anschaulich zu vermitteln ist; da auf dieses Beispiel mehrfach (zum Teil in Gestalt von Abwandlungen) zurückgegriffen wird, ist der Leser zu gelegentlichem Zurückblättern genötigt. Zum anderen finden sich in Rechtsprechung und Literatur zahlreiche Äußerungen zur Auslegung des Abs. 2, die dem Verständnis des in dieser Arbeit beschrittenen Auslegungsweges nicht dienen, gleichwohl aber nicht übergangen werden können. Um der gebotenen Kürze willen werden die vielfältigen fremden Ansichten nachfolgend im Rahmen einer Kategorisierung dargestellt, die sich aus den drei möglichen Auslegungen des Abs. 2 ergibt. Abs. 2 kann als Strafrahmenregel (I), Strafzumessungsregel (II) und als Strafbegrenzungsregel (III) ausgelegt werden. Diese drei Termini bieten sich an, weil in ihnen der Kern der drei Auslegungsinhalte prägnant zum Ausdruck kommt; sie werden nur der erleichterten Darstellung wegen verwandt. Da ihnen eigenständiges begriffliches Gewicht nicht zukommt, erübrigt es sich, auf die — zum Teil abweichende — Verwendung der drei Termini in der allgemeinen Strafrechtslehre einzugehen.

I. Absatz 2 als Strafrahmenregel

Verschiedentlich wird die in Abs. 2 enthaltene Bestimmung als bedeutsam für den Strafrahmen[26] der Vollrausch-Straftat angesehen. Einerseits wird die Auffassung vertreten, daß der Strafrahmen des Abs. 1 durch Abs. 2 gemildert oder durch den Strafrahmen der Rauschtat beeinflußt werde[27]. Andererseits wird Abs. 2 auch so verstanden, daß

---

[25] Vgl. unten S. 147 f.

[26] Zum Begriff des Strafrahmens vgl. Jescheck Lb S. 103 und Schmidhäuser Lb 20/29.

[27] Zeiler S. 58; Hográfer S. 27; Grasmann S. 24; Bruns, Leitfaden S. 130. Sieg S. 549 befürwortet eine Milderung des Abs.-1-Strafrahmens auf 1/3 der Höhe des Rauschtat-Strafrahmens und meint, dies damit begründen zu können, daß der Totschlag im Rausch statt mit 15 höchstens mit 5 Jahren Frei-

der Strafrahmen des Vollrausches unmittelbar dem der Rauschtat zu entnehmen sei[28]. Dies alles ist aber abzulehnen; das Unrecht des Vollrausches liegt ausschließlich in der in Abs. 1 geschilderten Berauschung, so daß auch als Strafrahmen nur der des Abs. 1 in Betracht kommt. Außerdem kann es für ein und dieselbe Straftat des Vollrausches nicht mehrere Strafrahmen geben.

II. Absatz 2 als Strafzumessungsregel

Der in § 323 a I bestimmte Strafrahmen wird durch Abs. 2 weder ersetzt noch verändert; möglicherweise hat Abs. 2 aber innerhalb dieses Strafrahmens die Bedeutung einer Strafzumessungsregel[29]. Üblicherweise sind mit Strafzumessungsregeln jene „Regelbeispiele" gemeint, wie sie etwa § 243 für den besonders schweren Fall des Diebstahls aufzählt[30]. Im Zusammenhang mit § 323 a II hingegen soll der Terminus „Strafzumessungsregel" besagen, daß dem Abs. 2 ein Regelungsinhalt für die richterliche Strafzumessung zu entnehmen sei, womit die Rauschtat zum Strafzumessungsumstand im Sinne des § 46 II wird. Wenn man Abs. 2 als Strafzumessungsregel auslegt, dann ist über eine zusätzliche Strafbegrenzungsfunktion, die vom Wortlaut des Abs. 2 nahegelegt und unten[31] erörtert wird, noch nichts gesagt.

---

heitsstrafe bestraft werden könne. Unklar Stratenwerth, Strafrecht Rn 554: „Die Höhe der Strafdrohung" richte sich nach der Schwere der Rauschtat. Ebenso unklar spricht Bockelmann BT S. 209 von einer „Anlehnung an die Strafdrohung für die Rauschtat". Die Behauptung von Maurach/Schroeder S. 303, Abs. 2 bedeute „im Ergebnis, daß die selbstverschuldete Unzurechnungsfähigkeit nur im Wege einer Strafmilderung berücksichtigt wird", ist schon deshalb falsch, weil für eine Bestrafung nach § 323 a keine „Unzurechnungsfähigkeit" des Rauschtäters vorausgesetzt ist; vgl. oben S. 22.

[28] OLG Hamburg VRS 33, 206, 209 (1967); OLG Köln OLGSt § 330 a StGB S. 79 (1979); Dreher/Tröndle Rn 18; Olshausen § 330 a Anm. 12 a; Niederreuther, ZfWR I S. 290; Middendorf S. 107; Cramer, Vollrauschtatbestand S. 111 und S/S/Cramer Rn 29 (Begründung: die Rauschtat sei „nicht nur Indiz für das Bestehen, sondern auch für den Umfang der Rauschgefährlichkeit; vgl. dazu oben S. 70 f.). In diesem Sinne sind wohl auch Roeder S. 231 und Welzel Lb S. 475 (2 a) zu verstehen.

[29] Als Strafzumessungsregel wird Abs. 2 beispielsweise aufgefaßt von Gramsch, Tatbestand S. 75, K. Schäfer, DJ 1938 S. 258, Hellmuth Mayer, ZStW 59 S. 306 und Ehmcke S. 161. Ähnlich auch Sauer S. 599 und SK-Horn Rn 23. Das OLG Braunschweig GA 1957, 413, 414 will die Rauschtat und deren Folgen für die Strafzumessung heranziehen, und der BGH (bei Spiegel, DAR 1979, 173, 180 [Nr. 5 c]) meint, Art, Umfang und Auswirkungen der Rauschtat könnten bei der Strafzumessung „mit"-berücksichtigt werden. Wessels S. 193 glaubt, nach Abs. 2 sei es für die Strafzumessung bedeutsam, ob der Rauschtäter „gezielt (= § 212) oder ... nur aus Versehen ... (= § 222)" getötet habe.

[30] Zum Begriff der Strafzumessungsregel bei § 243: S/S/Eser § 243 Rn 1—3; Schmidhäuser AT 3/73.

[31] Vgl. dazu unten S. 145 ff.

Als Strafzumessungsregel bedeutet Abs. 2 für den Richter, daß dieser bei der Strafzumessung die Begehung mehrerer Rauschtaten in ein und demselben Rausch wie auch die besondere Schwere der Rauschtat berücksichtigen kann[32]. Der Bundesgerichtshof schränkt die Bedeutung des Abs. 2 als Strafzumessungsregel allerdings in der Weise ein, daß zwar die Folgen der Rauschtat „als etwas objektiv Gegebenes" beachtlich seien, nicht aber die Motive und die Gesinnung des Täters, die zu diesen Folgen geführt haben, denn nicht die Rauschtat, sondern nur die schuldhafte Berauschung sei Gegenstand der Verurteilung[33].

Für die Auslegung des Abs. 2 als Strafzumessungsregel finden sich in Rechtsprechung und Schrifttum fünf verschiedene Begründungen. Erstens wird auf die Strafrechtspraxis und deren Bräuche verwiesen: Hardwig[34] hält es für wirklichkeitsfremd, zu meinen, daß der Richter sich bei der Strafzumessung nicht von der Rauschtat und deren Folgen beeinflussen lasse. Auch Stree[35] begnügt sich mit der Feststellung, die nach § 323 a zu verhängende Strafe falle je nach Schwere der Rauschtat verschieden aus. Der Bundesgerichtshof gibt zu bedenken, daß man ohne Berücksichtigung der Rauschtat beim ersten Vollrausch eines Täters kaum noch ein Strafzumessungskriterium besitze[36]. Mit dem Mangel an sachgerechten Strafzumessungskriterien lassen sich allerdings andere — möglicherweise sachwidrige — Kriterien nicht begründen. Ebenso besagt richterlicher Usus bei der Strafzumessung nichts für die Richtigkeit desselben.

Zweitens wird der schon oben mehrfach erwähnte Satz, daß der Berauschte nicht schlechter stehen dürfe als der Nichtberauschte[37], zur Strafzumessungsmaxime erhoben, die sich, so meint Gerland[38], aus dem

---

[32] Gramsch, Tatbestand S. 86; Arkenau S. 325; Klee, JW 1939 S. 548; Schaad S. 94 und 96; BGH bei Dallinger, MDR 1972, 196, 198 (2 StR 465/64); BGH VRS 34, 349 (1968); BGH VRS 41, 93, 96 (1971); BGH Urt. vom 2. 6. 1982 (2 StR 182/82), zit. bei Dreher/Tröndle Rn 18; OLG Stuttgart NJW 1971, 1815. Bruns (Strafzumessungsrecht S. 426 und Leitfaden S. 130) spricht von einer „bei groben Trunkenheitsexzessen erwünschte(n) Strafschärfung". Ist die Rauschtat im Straßenverkehr begangen, so sollen für die Strafzumessung die besonderen für die Verkehrsdelikte anerkannten Grundsätze gelten: BayObLG bei Mühlhaus, DAR 1965, 141, 144 Nr. 3 d und Hentschel/Born Rn 488.

[33] BGHSt 23, 375, 376 f. (1970); BGH bei Spiegel, DAR 1977, 141, 142 (Nr. 9) und 1982, 194, 200 (Nr. 3). Zustimmend Bruns, Strafzumessungsrecht S. 427.

[34] Hardwig, GA 1964 S. 145 f.

[35] Stree, Deliktsfolgen S. 43.

[36] BGHSt 23, 375, 376 (1970).

[37] OLG Stuttgart NJW 1964, 413, 414; K. Schäfer, JW 1936 S. 1130 und DJ 1938 S. 258; Stutzer S. 251; Schröder, DRiZ 1958 S. 221; Dahs S. 557; Bruns, JZ 1964 S. 474; Hardwig, GA 1964 S. 149.

[38] Gerland S. 798. Ebenso Gramsch, Tatbestand S. 87; Niederreuther, GS 114 S. 343; Schmid S. 65; Berresheim S. 13; Hölz S. 17.

Abs. 2 ergebe. Konnte diesem Satz im Rahmen der Tatbestandsauslegung nicht gefolgt werden, so ist er als Grundlage einer richtigen Strafzumessung ebenso unbrauchbar: Die Berauschung als das unrechte und schuldhafte Tun des Rauschtäters läßt sich nicht sinnvoll vergleichen mit der Rauschtat, die von einem Nichtberauschten begangen wird. Der Berauschte und der Nichtberauschte tun etwas rechtlich ganz Verschiedenes[39].

Drittens wird die Bedeutung der Rauschtat für die Strafzumessung aus ihrer vermeintlichen Funktion als Gefährlichkeitsindiz abgeleitet[40]. Mit dieser „Indizfunktion“ wird beispielsweise auch die auf S. 142 erwähnte Unterscheidung begründet, derzufolge nur objektive Rauschtatelemente strafzumessungsrelevant sind, nicht aber Motive und die Gesinnung des Täters bei der Rauschtat[41]. Auf die „Indizfunktion“ läßt sich jedoch die Bedeutung der Rauschtat für die Strafzumessung nicht stützen, da durch die Rauschtat die Rauschgefährlichkeit nicht indiziert wird[42].

Viertens soll nach Ansicht des Oberlandesgerichts Karlsruhe das Unrecht der Berauschung wesentlich durch Schwere und Auswirkungen der Rauschtat mitbestimmt werden[43], womit die Relevanz der Rauschtat für die Strafzumessung unmittelbar einsichtig wäre. Schon oben S. 58 ff. wurde jedoch dargelegt, daß die Rauschtat nicht unrechtsrelevant ist, daß sich also der nach § 323 a erhobene Schuldvorwurf ausschließlich auf die Berauschung bezieht[44]. Daher kann auch Abs. 2 aus der Rauschtat keinen Teil des Berauschungs-Unrechts machen.

---

[39] Hellmuth Mayer, ZStW 59 S. 310; Richard Lange, ZStW 59 S. 592. Gegen das Schlechterstellungsverbot auch RG HRR 1936 Nr. 448, Boldt S. 1036 und Hogräfer S. 39. Zu Recht hält Brandenberger S. 124 das Schlechterstellungsverbot für unvereinbar mit der herrschenden Meinung, die die Rauschtat als objektive Strafbarkeitsbedingung versteht.

[40] BGH VRS 34, 349 (1968) und 41, 93, 96 (1971); OLG Stuttgart NJW 1971, 1815; Gerland S. 798; Wilhelm S. 22; Bruns, Strafzumessungsrecht S. 427; ähnlich auch Lackner Erl. 5 b.

[41] BGH bei Dallinger, MDR 1974, 12, 15; Bruns, Leitfaden S. 135.

[42] Vgl. dazu oben S. 70 f.

[43] OLG Karlsruhe NJW 1975, 1936; ähnlich schon BGHSt 2, 14, 18 (1951). Dahm S. 268 meint, Abs. 2 zeige, daß die Rauschtat als solche Strafe verdiene. Auch Roeder S. 240 und Arthur Kaufmann, JZ 1963 S. 428 schließen vom Abs. 2 auf die Unrechtsrelevanz der Rauschtat. Cramer, Vollrauschtatbestand S. 110 schließlich will die Rauschtat nicht „schlechthin als ‚unrechtsneutral‘“ bezeichnen.

[44] BGHSt 1, 124, 126 (1951), 1, 275, 277 (1951), 16, 124, 127 (1961); OLG Braunschweig OLGSt § 330 a StGB S. 19, 20 (1966), Stuttgart S. 27, 28 (1968), Frankfurt S. 31, 33 (1969), Koblenz S. 57 (1975). Krill S. 84 leitet hieraus die Forderung ab, die Schwere der Rauschtat solle für das Strafmaß nicht „wegleitend“ sein. AA BGH JR 1958, 28 und OLG Oldenburg VRS 23, 46, 52 (1961): die Rauschtat sei für den Schuldgehalt der Berauschung regelmäßig mitbestimmend.

Fünftens wird die Bedeutung der Rauschtat für die Strafzumessung auf das Argument gestützt, der äußere Erfolg einer Straftat habe von jeher einen wesentlichen Strafzumessungsumstand dargestellt[45]. In einem Beschluß des Bundesgerichtshofs[46] heißt es: „Wer schuldhaft eine gefahrenschwangere Lage geschaffen hat, wer schuldhaft gewissermaßen das Tor geöffnet hat, durch das mannigfaches unbestimmtes Unheil eindringen konnte, den darf man, wenn das Unheil eingedrungen ist, im Bereich der Strafzumessung ohne Verletzung des Schuldgrundsatzes dafür verantwortlich machen." In zwei späteren Urteilen des Bundesgerichtshofs wird dieser Grundsatz auf § 323 a angewendet: Da der Täter den Rausch als gefahrenschwangere Lage schuldhaft herbeigeführt hat, kann er auch für die Folgen der Rauschtat verantwortlich gemacht werden; diese Folgen sind somit für die Strafzumessung bedeutsam[47]. Auch Puppe meint, der Erfolg der einzelnen Rauschtat könne dem Täter als Gefahrrealisierung vorgeworfen und daher auch zur Strafzumessung im konkreten Fall herangezogen werden[48].

Die Übereinstimmung mit dem Schuldgrundsatz, die der Bundesgerichtshof seiner eigenen Auffassung bescheinigt, bedarf der Überprüfung. Der Schuldgrundsatz besagt, daß der schuldlos Handelnde straflos bleibt, und daß das Maß der Strafe die Schuld nicht übersteigen darf; der Täter darf nur für das bestraft werden, was ihm zum Vorwurf gemacht werden kann[49]. Da der Schuldgrundsatz Verfassungsrang hat und aus Art. 2 I GG folgt[50], kann es nicht „fehlerhaft" sein, ihn „zu sehr in den Vordergrund zu rücken"[51]. Dem nach § 323 a zu bestrafen-

---

[45] OLG Braunschweig NJW 1954, 1052; OLG Frankfurt VRS 28, 352 (1964). Das OLG Stuttgart NJW 1955, 1042 stellt folgende Behauptung auf: Es sei „allgemein bei der Strafzumessung zulässig, die Folgen einer Tat, mithin bei dem Gefährdungsdelikt der Volltrunkenheit auch den Grad der Gefährdung durch die Rauschtat, zu berücksichtigen". Hier werden auf unzulässige Weise zwei voneinander unabhängige Gefährdungen verquickt: erstens die mit der Berauschung verbundene Gefahr und zweitens — sofern die Rauschtat dem Unrechtstatbestand eines Gefährdungsdelikts entspricht — die durch die Rauschtat hervorgerufene zusätzliche Gefahr für ein Tatobjekt.

[46] Großer Senat für Strafsachen, BGHSt 10, 259, 264 (1957)

[47] BGHSt 16, 124, 127 (1961); noch deutlicher in BGHSt 23, 375, 376 (1970). Zustimmend LK-Lay 9. Auflage § 330 a Rn 92. Schon Bruns, JZ 1958 S. 110 meint, der Beschluß des Großen Senats passe gut für die Rauschtatfolgen, läßt aber offen, ob diesem Beschluß zugestimmt werden kann.

[48] Puppe, GA 1974 S. 106.

[49] Jescheck Lb S. 17; Stree, JuS 1965 S. 466.

[50] BVerfG NJW 1967, 195, 196.

[51] So aber OLG Hamm DAR 1969, 79. Ebensowenig kann Bertram S. 106 gefolgt werden, der in bezug auf die Verantwortlichkeit des Rauschtäters meint, deren ethische und natürliche Grundlage könne nicht „das auf die Interessen des Individuums abgestellte Prinzip eines bis ins letzte verfolgten Schuldgrundsatzes (sein) und des darin wurzelnden Sichauslebens der Verantwortungslosen ..., sondern das sichere Beieinanderwohnen freier Menschen".

den Täter wird die Berauschung vorgeworfen und sonst nichts. Jede Strafe, die über die mit der Berauschung verwirklichte Schuld hinausginge, verstieße gegen den Schuldgrundsatz und wäre daher unzulässig. Die straferhöhende Berücksichtigung der Rauschtat bei der Strafzumessung stellt einen solchen Verstoß gegen den Schuldgrundsatz dar[52]. Für die Auslegung des Abs. 2 als Strafzumessungsregel läßt sich keine Begründung finden; sie ist abzulehnen.

III. Absatz 2 als Strafbegrenzungsregel

Der Schuldgrundsatz verbietet eine Strafe, die das Maß der Schuld übersteigt, gebietet aber nicht, daß bei der Strafzumessung das Maß der Schuld ausgeschöpft werde[53]. Daher kann die Rauschtat für das Strafmaß nur insoweit bedeutsam sein, als sie die Strafe auf ein Maß reduziert, durch welches die Schuld der Berauschung nicht ausgeschöpft wird. Der Strafrahmen des Vollrausches ist deshalb ausschließlich dem Abs. 1 zu entnehmen. Das nach Abs. 1 zu ermittelnde Strafmaß wird durch Abs. 2 lediglich nach oben begrenzt[54]; Abs. 2 ist eine Strafbegrenzungsregel.

Damit ist freilich das Entscheidende noch nicht gesagt: Worauf die Strafe begrenzt wird. Dem Wortlaut des Abs. 2 ist hierzu nicht viel zu entnehmen, denn „für die im Rausch begangene Tat" ist gar keine Strafe angedroht: Die Rauschtat ist infolge der Anwendung des § 20 immer straflos. Die Bestimmung des Abs. 2 bedarf daher der Auslegung[55]. Zwei ganz unterschiedliche Begriffe der „angedrohten Strafe" im Sinne des Abs. 2 sind denkbar.

Erstens könnte darunter die Höchststrafe zu verstehen sein, die das Gesetz für die Bestrafung einer der Rauschtat entsprechenden Straftat

---

[52] Ähnlich Schultz, Behandlung S. 45; Hardwig, Studien S. 465; Lackner, JuS 1968 S. 221; Dreher/Tröndle Rn 18; Bruns, Strafzumessungsrecht S. 409 und Leitfaden S. 135; Wolter, NStZ 1982 S. 56 hält den BGH-Beschluß für unhaltbar, und auch Gunther Weber, Volltrunkenheit S. 91 meint zu Recht, der BGH habe den Schuldgrundsatz außer Kraft gesetzt. Allerdings hält Weber diese „Ausnahme vom Schuldprinzip" beim Delikt des Vollrausches für geboten.

[53] Müller-Dietz S. 38.

[54] BVerfG Beschluß vom 27. 9. 1978 (bei Sieg, MDR 1979 S. 549); RGSt 69, 189, 190 (1935); RGSt 70, 42 (1935); BGHSt 9, 390, 397 (1956); OLG Braunschweig OLGSt § 330 a StGB S. 19, 20 (1966); OLG Hamm NJW 1973, 1424, 1425; Ehmcke S. 76. Hellmuth von Weber, MDR 1952 S. 642 meint, die Rauschtat sei maßgeblich für das „Höchstmaß" der Vollrausch-Strafe.

[55] Große Bedeutung dürfte einer Wortinterpretation ohnehin nicht beigemessen werden: Schon in § 330 a (1934) wurde eine „untechnische Ausdrucksweise" (Hográfer S. 71) verwendet: Die Rauschtat wurde als „mit Strafe bedrohte Handlung" bezeichnet, obwohl das Tun des Berauschten gerade nicht mit Strafe bedroht ist; so auch Reuter S. 40.

vorsieht. Wenn beispielsweise der Rauschtäter eine Sache zerstört, dann dürfte wegen der Berauschung im Hinblick auf das in § 303 I festgesetzte Höchstmaß keine Freiheitsstrafe von mehr als 2 Jahren ausgesprochen werden. Bei dieser Auslegung hätte die „angedrohte Strafe" somit die Bedeutung einer „Rauschtathöchststrafe".

Zweitens ist aber auch eine Auslegung denkbar, derzufolge die Vollrausch-Strafe auf ein Maß begrenzt wird, das hypothetisch oder fiktiv für die konkret begangene Rauschtat festgesetzt wird. Bei dieser Auslegung wäre es erforderlich, eine Strafe so zu bilden, als ob für die Rauschtat eine Strafe festzusetzen wäre, und diese hypothetisch oder fiktiv ermittelte Strafe würde gemäß Abs. 2 die Vollrausch-Strafe nach oben begrenzen. Ob diese „Strafzumessung" hypothetisch oder fiktiv wäre, hinge davon ab, ob im Strafverfahren die Schuldunfähigkeit des Täters bei der Rauschtat als sicher oder nur als möglich ermittelt wird. Wurde die Rauschtat im Zustand erwiesener Schuldunfähigkeit begangen, dann ergäbe sich die Notwendigkeit einer fiktiven „Strafzumessung", denn es wäre als falsche Prämisse die Schuldfähigkeit des Rauschtäters zu unterstellen. Dieselbe Unterstellung wäre zwar auch nötig, wenn die Schuldunfähigkeit im Strafverfahren weder bejaht noch verneint werden kann; da die Prämisse in diesem Fall aber nicht falsch zu sein braucht, ist sie keine Fiktion, sondern eine Hypothese. Somit hätte bei der zweiten Auslegungsalternative die „angedrohte Strafe" im Sinne des Abs. 2 die Bedeutung einer „unterstellten Rauschtatstrafe".

Bevor im folgenden (unter 2.) die „unterstellte Rauschtatstrafe" und danach (unter 3.) die „Rauschtathöchststrafe" behandelt werden, ist Klarheit zu gewinnen, welchen Zweck Abs. 2 erfüllt; denn nur so läßt sich die Frage beantworten, ob die Vollrausch-Strafe auf die „unterstellte Rauschtatstrafe" oder auf die „Rauschtathöchststrafe" zu begrenzen ist.

1. Der Zweck des Absatzes 2 im Hinblick auf Absatz 1

Setzt man Abs. 2 in Bezug zum Unrechts- und Schuldtatbestand der Berauschung, so vermag die in Abs. 2 normierte Strafbegrenzung nicht einzuleuchten: Bei einer Geldstrafe wegen Diebstahls etwa käme auch niemand auf den Gedanken, die Höhe eines Tagessatzes auf den Wert des Diebegutes zu begrenzen.

Naheliegender ist schon der Versuch, die Strafbegrenzungsregel des Abs. 2 damit zu erklären, daß die Vollrausch-Straftat von der Rauschtat als objektiver Strafbarkeitsbedingung abhängt. Die Rauschtat wurde oben[56] aus drei Gründen als sachgerechtes Strafwürdigkeitskriterium

[56] Auf S. 61 f. und 71 ff.

bezeichnet: Sie erhöht in ihrer Funktion als Merkmal der Straftat die Wirksamkeit staatlichen Strafens, dient der Strafökonomie und verbessert die generalpräventive Bedeutung des § 323 a. Auf diese Gründe läßt sich jedoch die in Abs. 2 enthaltene Regelung nicht stützen, denn eine Strafmaßbegrenzung dient weder der Strafökonomie noch der mit § 323 a bezweckten Generalprävention und erhöht auch die Wirksamkeit staatlichen Strafens nicht. Der Abhängigkeit der Vollrausch-Straftat von der Rauschtat ist eine Begründung für die in Abs. 2 enthaltene Regelung nicht zu entnehmen. Ebensowenig, wie selbst bei schweren Rauschtatfolgen das Strafmaß die Berauschungsschuld übersteigen darf, darf auch das für die Berauschungsschuld angemessene Strafmaß nicht ohne sachlichen Grund unterschritten werden. Denn durch eine willkürliche Strafmaßverringerung wird zwar möglicherweise der Schuldgrundsatz nicht verletzt; sie ist aber gegenüber all jenen Fällen ungerecht, in denen die schuldangemessene Strafe nicht verringert wird, und entspricht daher nicht jenen „höchsten Anforderungen“, die auf dem Gebiet der Strafrechtspflege an die Gerechtigkeit zu stellen sind[57].

Möglicherweise ist die in Abs. 2 enthaltene Strafbegrenzung mit der Subsidiaritätsregel zu begründen. Dieser Regel zufolge hängt die Vollrausch-Strafbarkeit davon ab, daß wegen der Rauschtat keine Strafe ausgesprochen wird, weil der Richter § 20 anwendet. § 20 findet sowohl dann Anwendung, wenn die Schuldunfähigkeit des Täters zum Zeitpunkt der Rauschtat erwiesen ist, als auch dann, wenn die Schuldunfähigkeit im Strafverfahren weder bewiesen noch ausgeschlossen werden kann. Diese Beweisschwierigkeit geht nicht zu Lasten des Rauschtäters, weil er („in dubio pro reo“) in bezug auf die Rauschtat freigesprochen wird. Dies bräuchte die Bestrafung wegen Vollrausches nicht zu berühren, wenn § 323 a I nicht die Subsidiaritätsregel enthielte.

Die Verquickung dieser Regel mit dem „in-dubio“-Satz führt deshalb zu Schwierigkeiten, weil sie den Vollrauschtatbestand in ein Rangverhältnis zu anderen — unterschiedlich schweren — Straftatbeständen stellt. Hat man ein Gesetz X und ein milderes Gesetz Y, so bereitet eine Verurteilung in dubio pro reo aus Y kein Problem; anders bei § 323 a: In einigen Fällen ist die Vollrausch-Strafdrohung milder, in anderen ist es die für die Rauschtat „angedrohte“ Strafe[58].

Der Verdeutlichung des aus der Subsidiaritätsregel resultierenden Problems dient nachfolgendes **Ausgangsbeispiel:** A berauscht sich und

[57] BVerfGE 45, 187, 228 (1977).

[58] Zutreffend Jakob S. 262. Heiß S. 69 hingegen schließt aus Abs. 2, daß das Strafmaß des Vollrausches das der Rauschtat nicht übersteigen könne; die Unrichtigkeit dieser Behauptung ergibt sich aus der folgenden Darstellung.

fährt im Rausch Auto, wobei seine Schuldfähigkeit vermindert ist (§ 21). **1. Variante:** Im Strafverfahren läßt sich die Schuldfähigkeit des A während der Fahrt nicht aufklären. Eine Bestrafung nach § 316 I entfällt, weil nicht auszuschließen ist, daß A schuldunfähig war. Somit wird A nach § 323 a I bestraft. Strafrahmen: bis zu 5 Jahren Freiheitsstrafe. Der Richter hält eine Strafe von 1½ Jahren für schuldangemessen, weil A sich in besonders vorwerfbarer Weise berauscht hat. **2. Variante:** Die Beweisaufnahme führt zur Überzeugung des Richters, A sei im Zustand verminderter Schuldfähigkeit gefahren. A ist nach § 316 zu bestrafen, wodurch wegen der Subsidiaritätsregel eine Bestrafung nach § 323 a ausgeschlossen ist. Bei dieser Variante ist der Strafrahmen dem § 316 zu entnehmen; er reicht nur bis zu einem Jahr Freiheitsstrafe. Dem Richter erscheinen 9 Monate Freiheitsstrafe schuldangemessen.

Gäbe es Abs. 2 nicht, so würde sich das non-liquet in Var. 1 zu Lasten des A auswirken — ein merkwürdiges Ergebnis. Diese Merkwürdigkeit beruht nach Meinung Denckers darauf, daß die Fälle nicht feststehender Schuldunfähigkeit in den Anwendungsbereich des § 323 a einbezogen seien[59]. Mit dieser Äußerung erweckt Dencker den Eindruck, als werfe die Subsidiaritätsregel nur deshalb Probleme auf, weil außer in den Fällen erwiesener auch in den „einbezogenen" Fällen möglicher Schuldunfähigkeit eine Bestrafung aus § 323 a erfolgen kann. Irreführend ist hier bereits der Gebrauch des Wortes „Einbeziehung". Die Schuldunfähigkeit kann aus Gründen der Logik kein Merkmal der Rauschtat sein[60]; folglich bezieht die Subsidiaritätsregel nicht irgendwelche Fälle in den Anwendungsbereich des § 323 a ein; vielmehr schließt sie aus diesem die Fälle erwiesener (verminderter) Schuldfähigkeit aus. Im Ausgangsbeispiel wird A durch die Subsidiaritätsregel nicht etwa in Var. 1 unangemessen belastet, sondern in Var. 2 in einer Weise begünstigt, die angesichts seiner Berauschungs-Schuld recht eigentümlich erscheint.

Der Zweck des Abs. 2 kann es nun nicht sein, diese Besserstellung in Var. 2 zu verhindern; selbst wenn sie als sachwidrig zu beurteilen wäre[61], so müßte sie gleichwohl Grundlage einer Auslegung des Abs. 2 sein, da sie sich unmittelbar aus dem Wortlaut der Subsidiaritätsregel ergibt. Hiernach kann Abs. 2 nur die folgende Bedeutung haben: nämlich die Strafe in Var. 1 so zu begrenzen, daß das Mißverhältnis zwischen Var. 1 und Var. 2 verringert oder wenn möglich beseitigt wird: Es geht nicht an, daß A bei erwiesener verminderter Schuldfähigkeit mit 9 Monaten, bei einem non-liquet aber mit 18 Monaten Freiheits-

---

[59] Dencker, NJW 1980 S. 2165; ähnlich schon Cramer, JuS 1964 S. 364.

[60] Vgl. hierzu oben S. 53.

[61] Siehe unten S. 159 f.

strafe bestraft wird. Danach ergibt sich eine Auslegung des Abs. 2, derzufolge die in Var. 1 zu verhängende Strafe so begrenzt wird, wie wenn die in Var. 2 beschriebene Beweislage bestünde. Der Zweck des Abs. 2 beschränkt sich also auf diejenigen Strafverfahren, bei denen die Schuldunfähigkeit des Täters zum Zeitpunkt der Rauschtat weder bejaht noch verneint werden kann, und besteht darin, daß der Täter trotz dieses non-liquets nicht strenger bestraft wird, als er es beim Nachweis voller oder verminderter Schuldfähigkeit würde[62].

2. Begrenzung auf die „unterstellte Rauschtatstrafe"

Eine Auslegung des Abs. 2, die auf den soeben genannten Zweck gerichtet ist, macht eine hypothetische Schuldprüfung nötig: Um festzustellen, wie der Rauschtäter bestraft würde, wenn die Beweissituation eine Bestrafung wegen der Rauschtat zuließe, ist der Richter genötigt, auf der Basis dieser unterstellten Beweissituation eine hypothetische Schuldprüfung und Strafzumessung vorzunehmen. Im Ausgangsbeispiel Var. 1 müßte der Richter die verminderte Schuldfähigkeit des Autofahrers unterstellen und auf der Basis dieser Unterstellung ein Strafmaß festlegen, das der von ihm hypothetisch ermittelten „Schuld" angemessen wäre. Hielte er auf der Grundlage seiner Schuldhypothese 9 Monate Freiheitsstrafe für angemessen, so wäre A in Var. 1 in dieser Höhe zu bestrafen.

Die Notwendigkeit einer hypothetischen Strafzumessung wird besonders deutlich von Dencker bejaht: Nicht nur der Strafrahmen des § 323 a werde durch den der Rauschtat begrenzt, auch das konkrete Strafmaß dürfe nicht höher sein als ein hypothetisch zu ermittelndes Strafmaß der Rauschtat[63]. Die Formulierung Denckers ist nicht glücklich, weil sie den Eindruck erweckt, als habe der erste Teil der Aussage (Begrenzung des Strafrahmens des § 323 auf den der Rauschtat) gegenüber dem zweiten Teil eigenständiges Gewicht. Dem ist aber nicht so: Eine Be-

---

[62] Diese Auslegung des Abs. 2 zeigt, daß § 323 a gegenüber § 330 a (1934) sachliche Änderungen gebracht hat (aA BGH VRS 50, 358 [1975]): § 330 a I (1934) enthält keine Subsidiaritätsregel, auf die sich Abs. 2 hätte beziehen können. Zu Recht wurde daher § 330 a II (1934) als systemwidrig kritisiert von Gramsch, Tatbestand S. 113 (zustimmend Bruns, ZStW 59 S. 469), Wilhelm S. 13, Berke S. 138 f. und Kurt Mayer, Vollrausch S. 13. Kritisch auch Schmidt-Leichner S. 113.

[63] Dencker, NJW 1980 S. 2165. Schon Wöckel S. 45 und 62 hielt es für erforderlich, in „hypothetischer Fragestellung" zu prüfen, ob den Täter, sofern er die Rauschtat in schuldfähigem Zustand ausgeführt hätte, ein Schuldvorwurf treffen würde. Schüler-Springorum S. 366 Fn 21 meint zu § 330 a (1934), Abs. 2 beziehe sich nur auf hypothetisch-vorsätzliche Rauschtaten. Vgl. auch Tröndle S. 144: Abs. 2 solle sicherstellen, daß eine Rauschtat nicht schwerer bestraft wird, „als wenn der Täter sie in voll verantwortlichem Zustand begangen hätte".

grenzung auf die „Rauschtathöchststrafe" erlangt erst dann Bedeutung, wenn die Vollrausch-Strafe nicht auf die „unterstellte Rauschtatstrafe" begrenzt wird, denn letztere kann nie höher sein als die „Rauschtathöchststrafe". Die entscheidende Frage lautet nun, ob die von Dencker befürwortete und dem Zweck des Abs. 2 entsprechende Begrenzung auf die „unterstellte Rauschtatstrafe" mit einer teleologischen Auslegung des § 323 a insgesamt vereinbar ist oder nicht. Die Antwort läßt sich aus den drei nachfolgend erörterten Einzelaspekten gewinnen.

a) Die Unterscheidung zwischen hypothetisch vorsätzlicher und hypothetisch fahrlässiger Rauschtat

Die objektive Strafbarkeitsbedingung Rauschtat ist dann zu bejahen, wenn sich die Handlung eines Rauschtäters unter irgendeinen Unrechtstatbestand subsumieren läßt. Ob die Handlung darüber hinaus noch unter weitere Unrechtstatbestände subsumierbar wäre, spielt im Rahmen des Abs. 1 keine Rolle[64]: Wenn eine Handlung der Schilderung des § 303 I entspricht, so bedarf es für Abs. 1 keiner Prüfung, ob diese Handlung außerdem noch unter § 308 I subsumiert werden kann. Anders ist es, wenn im Rahmen des Abs. 2 für die Rauschtat eine hypothetische Strafe festzusetzen ist. Wenn diese Strafe dem Rahmen des § 303 I entnommen wird, dann ist sie sicherlich niedriger, als wenn der Strafrahmen des § 308 I Anwendung findet. Die hypothetische Strafzumessung setzt also die Individualisierung auf einen bestimmten Straftatbestand voraus[65]. Diese Individualisierung wäre unproblematisch, wenn sie nicht auch das Begriffspaar Vorsätzlichkeit/Fahrlässigkeit umfassen würde.

Das Problem soll an einem Beispiel aufgezeigt werden: Z trinkt einen halben Liter Zwetschgenwasser und gerät daraufhin in Wut auf seine Frau, die er nun mit Fäusten derart traktiert, daß sie ein Auge verliert und einen Monat später stirbt. Wenn sich im Strafverfahren zwar ermitteln läßt, daß sich Z schuldhaft in einen Rausch versetzt hat, nicht aber aufzuklären ist, ob Z zum Zeitpunkt der Faustschläge schuldunfähig war oder nicht, dann ergibt sich folgendes: Vollrausch ist dem Unrechts- und Schuldtatbestand nach zu bejahen; ebenso die Rauschtat, denn die Faustschläge entsprechen der Unrechtsschilderung des § 223 I (und einiger anderer Straftatbestände). Will der Richter nun die hypothetische Strafe ermitteln, die zu verhängen wäre, wenn Z die Rausch-

---

[64] Freilich muß der Rauschtatausschluß wegen Gefahrüberlagerung (vgl. oben S. 119 ff.) für jeden Unrechtstatbestand gesondert geprüft werden. Wenn also von vier verschiedenen Unrechtstatbeständen nur bei dreien das Prinzip der Gefahrüberlagerung eingreift, dann stellt die Handlung des Rauschtäters eine Rauschtat gemäß dem vierten Unrechtstatbestand dar.

[65] Hogräfer S. 92; angedeutet schon in RGSt 69, 189, 190 (1935).

tat in erwiesenermaßen vermindert schuldfähigem Zustand begangen hätte, so ist er zur eindeutigen Zuordnung der Rauschtat zu einem Straftatbestand genötigt, denn neben § 223 I kommen §§ 223 a I, 224 I, 225, 226, 212 I und 222 in Betracht. Der Richter muß also das Tatbewußtsein des Z bezüglich der Körperverletzung und deren Folgen prüfen. Da er noch nicht einmal über die Schuldfähigkeit des Z Klarheit zu gewinnen vermochte, wird er auch zum Tatbewußtsein keine eindeutigen Feststellungen treffen können. In dieser Situation bieten sich für den Richter zwei Wege. Der erste besteht darin, das Tatbewußtsein des Z zum Bestandteil der Hypothese zu machen. Damit begäbe sich der Richter aber auf das Feld der Spekulationen und käme so zu einer „unterstellten Rauschtatstrafe", die keineswegs mehr dem Zweck des Abs. 2 entspräche, den Z vor einer höheren Strafe zu bewahren, als sie ohne das non-liquet zu verhängen wäre. Würde die hypothetische Strafzumessung auf einem unterstellten Tatbewußtsein des Rauschtäters basieren, so würde dem Rauschtäter genau die Wohltat vorenthalten, die ihm nach dem Zweck des Abs. 2 zukommen soll.

Also bleibt nur der zweite Weg, der dem Zweck des Abs. 2 besser zu entsprechen scheint: Da das Tatbewußtsein des Z nicht zu erweisen ist, geht der Richter bei seiner hypothetischen Strafzumessung davon aus, das Tatbewußtsein habe zum Zeitpunkt der Rauschtat nicht vorgelegen. Ebenso muß er Fahrlässigkeit verneinen, denn ohne die Feststellung der Schuldfähigkeit läßt sich auch die Potentialität des Tatbewußtseins nicht feststellen[66]. Dem Richter bliebe im Ergebnis nichts anderes übrig, als eine hypothetische Rauschtatstrafe überhaupt zu verneinen, weil es für § 223 I an der Feststellung der Vorsätzlichkeit und für § 230 an der Fahrlässigkeit fehlt. Die nach § 323 a I gebildete Strafe könnte nicht ausgesprochen werden, weil sie auf null zu begrenzen wäre.

Ein dritter Weg, demzufolge ein der Vorsätzlichkeit oder Fahrlässigkeit „entsprechendes Verhalten" festzustellen wäre[67], ist ebensowenig gangbar. Dies haben die Ausführungen oben auf S. 92 f. und 105 zur quasivorsätzlichen und quasifahrlässigen Rauschtat gezeigt.

Vorsatz und Fahrlässigkeit sind keine sachgerechten Merkmale der Rauschtat[68]. Zu diesem Ergebnis teleologischer Auslegung würde eine Auslegung des Abs. 2 in Widerspruch stehen, die eine hypothetische Strafzumessung erforderlich macht, denn jede Strafe — auch die hypothetische — kann nur einer vorsätzlichen oder fahrlässigen Tat zugemessen werden. Die Vollrausch-Strafe auf die „unterstellte Rauschtat-

[66] Vgl. oben S. 104.
[67] Schulz, Zweifelsfragen S. 12 und Hardwig, Studien S. 477.
[68] Vgl. oben S. 107.

strafe" zu begrenzen, ist daher mit einer teleologischen Auslegung des § 323 a I unvereinbar.

b) Die hypothetische Schuldprüfung

Um festzustellen, ob dieses Ergebnis auf weitere Gründe gestützt werden kann, wird bei der nachfolgenden Überlegung von der Vorsätzlichkeits-/Fahrlässigkeitsproblematik abgesehen. Der Richter im Ausgangsbeispiel Var. 1 (S. 147 f.) ermittelt zunächst die Strafe, die der Berauschungsschuld angemessen ist, und hat nun — dem Zweck des Abs. 2 entsprechend — für eine Straftat (§ 316), die dem A gar nicht nachgewiesen werden kann, eine „schuldangemessene" hypothetische Strafe zu ermitteln. Mit der Unterstellung, A sei in vermindert schuldfähigem Zustand mit mehr als 1,3 ‰ BAK Auto gefahren, hat der Richter noch nicht viel gewonnen: Ohne die Schuld des A zu kennen, fehlt ihm der Maßstab, den er für die Ermittlung einer schuldangemessenen Strafe bräuchte. Mit anderen Worten: Für den Richter in Var. 1 ist es unergründlich, wie A zu bestrafen wäre, wenn die verminderte Schuldfähigkeit bezüglich der Trunkenheitsfahrt erwiesen wäre[69]. Die in Var. 1 auszusprechende Strafe kann daher nicht auf das Maß der Var. 2 begrenzt werden. Besonders deutlich wird dies an Hand der in § 21 ins richterliche Ermessen gestellten Strafmilderung: Ohne Kenntnis der Schuld des Täters kann der Richter sein Ermessen nicht ausüben[70]. „Die Strafe, die verhängt worden wäre" ist kein strafrechtlicher Begriff.

c) Der Unterschied zwischen dem hypothetisch und dem fiktiv zu ermittelnden Rauschtatstrafmaß

Abwandlung des Ausgangsbeispiels (oben S. 147 f.): A fährt im Zustand der Schuldunfähigkeit Auto. Var. 1 bleibt unverändert. In Var. 2 stellt der Richter die Schuldunfähigkeit des A fest; bei der Bestrafung nach § 323 a I hält er wie in Var. 1 eine Freiheitsstrafe von 1½ Jahren für schuldangemessen.

Oben auf S. 149 war festgestellt worden, der Zweck des Abs. 2 beschränke sich auf diejenigen Strafverfahren, bei denen die Schuldunfähigkeit des Täters zum Zeitpunkt der Rauschtat weder bejaht noch verneint werden kann. Diesem Zweck widerspräche es, in Var. 2 der

[69] In einem Urteil des Reichsgerichts aus dem Jahre 1935 (HRR Nr. 448) steht der für die Auslegung des § 323 a bis heute gültige Satz: „Die Feststellung, was sich unter anderen als den gegebenen Voraussetzungen ereignet haben würde oder gar, was der Täter unter anderen Umständen gedacht haben würde, entzieht sich der richterlichen Beurteilung." Und im Strafverfahren sind Umstände eben nur diejenigen, die nach der Überzeugung des Richters erwiesen sind.

[70] Dies übersieht Grasmann S. 90.

Abwandlung die Vollrausch-Strafe auf eine „unterstellte Rauschtatstrafe“ zu begrenzen, denn die Beweislage in Var. 2 ist eindeutig und zweifelsfrei. Den A in Var. 2 mit der schuldangemessenen Strafe zu bestrafen, scheint in Einklang mit Abs. 1 und mit Abs. 2 zu stehen.

Anderes ergibt sich möglicherweise aus einem Vergleich mit Var. 1. Die Beweislage bei Var. 1 ist im Ausgangs- wie im abgewandelten Beispiel dieselbe: Der Richter vermag die Schuldunfähigkeit des A während der Autofahrt weder zu bejahen noch zu verneinen. Er sieht dem Tatgeschehen beidemal nicht an, wie A bei eindeutiger Beweislage zu bestrafen wäre. Also muß er — dem Zweck des Abs. 2 entsprechend — in beiden Fällen für die Rauschtat eine hypothetische Strafzumessung vornehmen. Angenommen, der Richter käme hierbei auf ein hypothetisches Strafmaß von 9 Monaten[71], so wäre die Vollrausch-Strafe hierauf zu begrenzen. Im Ausgangsbeispiel würde A also gleich bestraft, unabhängig von der Beweislage bezüglich seiner Schuldfähigkeit. Im abgewandelten Beispiel hingegen ergibt sich eine Differenz: In Var. 1 wird er mit 9 und in Var. 2 mit 18 Monaten bestraft, obwohl hinsichtlich Berauschungs-Unrecht und -Schuld keine Unterschiede festzustellen sind. Daß ein non-liquet bezüglich eines für die Berauschungsschuld irrelevanten Faktums eine völlig andere Strafe nach sich zieht, als sie bei eindeutiger Beweislage verhängt würde, vermag nicht zu befriedigen: Im abgewandelten Beispiel ist A sowohl in Var. 1 als auch in Var. 2 nach § 323 a zu bestrafen, und beidemal sind alle Voraussetzungen der Vollrausch-Straftat erwiesen — da ist es ungerecht, daß A in Var. 2 doppelt so schwer bestraft wird wie in Var. 1. Dieser Ungerechtigkeit ließe sich dadurch abhelfen, daß die Strafmaßbegrenzung des Abs. 2 auch auf Var. 2 ausgedehnt wird, d. h. auf die Fälle erwiesener Schuldunfähigkeit.

Damit allerdings ergäbe sich für den Richter die Notwendigkeit einer fiktiven Strafzumessung; fiktiv deswegen, weil die Strafzumessung auf einer vom Richter bewußt falsch gesetzten Prämisse beruhen würde[72]. Der Täter ist bezüglich der Rauschtat gemäß § 20 straflos. Die Frage, ob und wie er ohne § 20 zu bestrafen wäre, läßt sich nicht beantworten. Deshalb darf diese Frage — sei sie hypothetisch oder fiktiv — im Strafverfahren keine Rolle spielen.

Zusammenfassend ist festzuhalten: Zwar entspräche die Begrenzung der Vollrausch-Strafe auf die „unterstellte Rauschtatstrafe“ dem Zweck

---

[71] Unberücksichtigt bleiben an dieser Stelle wiederum die Schwierigkeiten, die eine hypothetische Strafzumessung unmöglich machen: vgl. dazu oben S. 152.

[72] Dencker, NJW 1980 S. 2165 (im Text und in Fn 82) verzichtet auf eine Klärung der Begriffe „hypothetisch“ und „fiktiv“ und gebraucht beide Termini synonym.

des Abs. 2. Um diese zu ermitteln, wäre der Richter jedoch zu undurchführbaren Hypothesen und Fiktionen gezwungen. Die „angedrohte Strafe" in Abs. 2 kann daher nicht die Bedeutung einer „unterstellten Rauschtatstrafe" haben.

3. Begrenzung auf die „Rauschtathöchststrafe"

Damit bleibt nur die Auslegung übrig, daß die Vollrausch-Strafe durch Abs. 2 auf die „Rauschtathöchststrafe" begrenzt wird. Im Ausgangsbeispiel Var. 1 wäre A folgendermaßen zu bestrafen: Zunächst ermittelt der Richter die schuldangemessene Strafe gemäß § 323 a I: 1½ Jahre Freiheitsstrafe; danach stellt er die höchste Strafe fest, die für die Rauschtat ausgesprochen werden könnte, sofern diese als Straftat zu bestrafen wäre: Da das Verhalten des A im Rausch nur den Unrechtstatbestand des § 316 I erfüllt, ist die in § 316 I angedrohte Höchststrafe von einem Jahr maßgeblich. Die schuldangemessene Strafe liegt höher als die „Rauschtathöchststrafe": Erstere wird durch letztere begrenzt, und A wird mit einem Jahr Freiheitsstrafe bestraft.

Der Konjunktiv, der nötig ist, um die Ermittlung der „Rauschtathöchststrafe" zu beschreiben, erweckt vielleicht die Befürchtung, daß der Richter auch hier wieder zu bedenklichen Hypothesen oder Fiktionen genötigt sei. Die „Rauschtathöchststrafe" läßt sich jedoch ohne Unterstellung ermitteln. Der Richter im Ausgangsbeispiel Var. 1 weiß zwar nicht, welche Strafe bei der in Var. 2 dargestellten Beweislage verhängt würde, er weiß aber auf Grund des ihm bekannten Sachverhalts, welche Strafe *nicht* verhängt würde: eine Freiheitsstrafe von mehr als einem Jahr.

Aus Straftatbeständen, die schon dem Unrechtstatbestand nach nicht auf die Rauschtat passen, könnte der Rauschtäter auch im Falle erwiesener Schuldfähigkeit nicht bestraft werden. Die „Rauschtathöchststrafe" kann sich daher nur aus solchen Straftatbeständen ergeben, die im Unrechtstatbestand mit der Rauschtat übereinstimmen. Unabhängig von der Schuld des Täters lassen sich also alle diejenigen Strafen als mögliche Rechtsfolge der Rauschtat ausschließen, die die gesetzliche Höchststrafe übersteigen.

Aus dieser Überlegung läßt sich eine andere ableiten, die für die Auslegung des Abs. 2 wesentlich ist: Entspricht die Rauschtat den Unrechtstatbeständen mehrerer Straftatbestände, so ist für die Ermittlung der „Rauschtathöchststrafe" nicht etwa „in dubio pro reo" der Straftatbestand mit der geringsten Höchststrafe maßgeblich[73], sondern

---

[73] So aber Schmidt-Leichner S. 113: Könne die Rauschtat Beleidigung oder versuchte Notzucht sein, so müsse „im Zweifel die Beleidigungsstrafe als Maßstab genommen werden".

derjenige mit der höchsten. Nur diejenigen Strafen, die die höchste Höchststrafe übersteigen, lassen sich ohne Kenntnis der Schuld des Rauschtäters ausschließen. Nichts anderes gilt dann, wenn das Gesetz für fahrlässige Begehung einen kleineren Strafrahmen vorsieht als für vorsätzliche[74]. Für das oben auf S. 150 gebildete Beispiel des wütenden Z ergibt sich sonach folgendes: Seine Faustschläge entsprechen der Schilderung verschiedener Unrechtstatbestände, von denen einige eine höhere Höchststrafe enthalten als § 323 a I: Z ist mit der für die Berauschungsschuld angemessenen Strafe innerhalb des durch Abs. 1 gegebenen Strafrahmens zu bestrafen, und diese Strafe ist nicht durch Abs. 2 begrenzt, weil sie auf jeden Fall niedriger liegt als die „Rauschtathöchststrafe" (nämlich: Beabsichtigte schwere Körperverletzung, § 225: 10 Jahre; Totschlag, § 212 I und Körperverletzung mit Todesfolge, § 226 I: 15 Jahre).

Sicherlich wird die Begrenzung der Vollrausch-Strafe auf die „Rauschtathöchststrafe" nicht dem Zweck des Abs. 2 gerecht, daß der Rauschtäter bei einem non-liquet nicht schwerer zu bestrafen ist, als er bei eindeutiger Beweislage bestraft würde. Dieser Zweck aber ist, wie die Ausführungen zur „unterstellten Rauschtatstrafe" gezeigt haben, gar nicht erreichbar[75]. Die Auslegung des Abs. 2 kann nichts Unmögliches vollbringen. Sie muß sich zwangsläufig damit begnügen, dem Zweck des Abs. 2 so nahe wie möglich zu kommen, ohne sich in Widerspruch zur teleologischen Auslegung des Abs. 1 zu setzen. Die Begrenzung der Vollrausch-Strafe auf die „Rauschtathöchststrafe" entspricht dieser Forderung[76].

Ein Problem, das oben schon in anderem Zusammenhang erwähnt wurde, ist noch zu klären: die Anwendung des Abs. 2 in Fällen erwiesener Schuldunfähigkeit. Zwar ist Abs. 2 für diese Fälle nicht geschaffen. Aus dem auf S. 153 genannten Grunde wäre es jedoch ungerecht, Abs. 2 in den Fällen erwiesener Schuldunfähigkeit nicht anzuwenden. Außerdem legt es der Wortlaut des Abs. 2 nahe, die Strafbegrenzungsregel auf alle nach Abs. 1 strafbaren Fälle anzuwenden.

---

[74] Anders jedoch die amtliche Begründung zum Entwurf 1960 S. 499: Wer im Rausch „durch achtloses Umgehen mit offenem Feuer eine Brandstiftung begeht", könne höchstens mit der für fahrlässige Brandstiftung vorgesehenen Höchststrafe bestraft werden. Nach der hier vertretenen Auffassung kann Abs. 2 jedoch bei Brandstiftung keine Anwendung finden, weil die Strafdrohung des § 308 I höher als die des § 323 a I ist.

[75] Fälschlich behauptet der BGH NStZ 1984, 74, 75, das Gesetz treffe durch die Regelung in § 323 a II „Sorge dafür, daß der Täter der rechtswidrigen Tat im konkreten Fall bei Anwendung dieser Vorschrift nicht schärfer bestraft wird".

[76] Eine Begrenzung auf das Höchstmaß der für die Rauschtat „angedrohten" Strafe befürworten Niederreuther, ZfWR I S. 300, Schulz, Zweifelsfragen S. 11 und Schmidhäuser BT 15/32.

Nach alledem lautet die sachgerechte Auslegung des Abs. 2: Die Vollrausch-Strafe darf nicht höher sein als die höchste Höchststrafe, die im Gesetz für einen der Rauschtat entsprechenden Unrechtstatbestand genannt ist. Was dies für die Lösung von Irrtumsproblemen bedeutet, ist sogleich unter C darzustellen.

C. Irrtumsprobleme und der Einfluß der Subsidiaritätsregel auf ihre Lösung

Die nun folgende abschließende Erörterung der Irrtumsprobleme vollzieht sich in zwei Schritten: Das Prinzip der Gefahrüberlagerung bleibt zunächst außer Betracht und wird erst im zweiten Schritt in die Darstellung einbezogen.

Bewußtseinsinhalte, die mit der Wirklichkeit nicht übereinstimmen, also fehlerhaft sind, heißen Irrtümer[77]. Strafrechtlich bedeutsam sind Irrtümer nur dann, wenn Straf-Rechtsfolgen von bestimmten Bewußtseinsinhalten abhängen. Das 3. Kapitel hat gezeigt, daß die Rauschtat als objektive Strafbarkeitsbedingung keine bestimmten Bewußtseinsinhalte voraussetzt: Weder kommt es auf das Tat- noch auf das Unrechtsbewußtsein an. Demnach sind Tatirrtümer, Verbotsirrtümer sowie Irrtümer über rechtfertigende Tatsachen unerheblich. Das gilt für rauschbedingte ebenso wie für rauschunabhängige Irrtümer. §§ 16 und 17 finden bei der Rauschtat keine Anwendung. Die Bedeutungslosigkeit jeglichen Irrtums des Rauschtäters gilt nicht nur für Abs. 1, sondern auch für Abs. 2, denn die Ermittlung der „Rauschtathöchststrafe" richtet sich nur nach dem der Rauschtat zugrundeliegenden Unrechtstatbestand, für den fehlerhafte Bewußtseinsinhalte ohne Belang sind.

Die Meinung, daß jeglicher Irrtum des Rauschtäters unbeachtlich sei, wird — jedenfalls in neuerer Zeit — von niemandem vertreten und mag auch angesichts des umfangreichen Schrifttums zu Irrtumsfragen bei der Rauschtat überraschen[78]. Sie ist jedoch notwendige Folge einer teleologischen Auslegung des § 323 a und ergibt sich insbesondere aus den Erörterungen oben auf S. 88 ff. zum Tat- und Unrechtsbewußtsein. An dieser Stelle hier ist es nicht mehr sinnvoll, auf einzelne Argumente einzugehen, die im Schrifttum für oder gegen die Beachtlichkeit rauschbedingter oder rauschunabhängiger Irrtümer genannt werden. Denn diese Argumente beruhen allesamt auf Prämissen, die irgendwo in dieser Arbeit widerlegt wurden. Brandenberger beispielsweise glaubt, über

[77] Gössel S. 8; Jescheck Lb S. 246.

[78] Vgl. nur oben auf S. 89 die Fn 34 f. zur Beachtlichkeit des rauschbedingten Tatirrtums!

§ 330 a aF dürfte keine Bestrafung für ein Verhalten erfolgen, für das ein schuldfähiger, irrender Täter straflos bliebe[79]: Diese unrichtige Auffassung läßt sich nicht mit wenigen Worten widerlegen; vielmehr müßte eine Vielzahl von Argumenten, die an der jeweils gebotenen Stelle in dieser Arbeit kritisch erörtert worden sind, wiederholt werden. Da diese Wiederholung keine neuen Erkenntnisse brächte, unterbleibt sie.

Irrtumsfälle, die vom gefundenen Ergebnis scheinbar abweichend zu beurteilen sind, wurden oben auf S. 132 f. im Rahmen der Gefahrüberlagerung besprochen: Sowohl der Irrtum des „Zechprellers" über die Echtheit des Geldes, mit dem er die Bierrechnung begleicht, als auch der Irrtum des berauschten „Verteidigers", der sich gegen den Scherz-Überfall wehrt, führten zur Verneinung der Rauschtat und somit zur Straflosigkeit des Täters. Der Rauschtatausschluß war in diesen Fällen jedoch nicht unmittelbare Folge des Irrtums; hätte sich der Irrtum nicht in einer Situation der Gefahrüberlagerung ereignet, so wäre er unerheblich gewesen. Die zuvor auf S. 156 geäußerte Meinung, jeglicher Irrtum des Rauschtäters sei unbeachtlich, ist nunmehr zu präzisieren: Irrtümer im Rausch, die als solche schon eine Rechtsfolge notwendig nach sich ziehen, die also ohne zusätzliches, eigenständiges Moment beachtlich sind, gibt es nicht.

Fragt man schließlich noch hinsichtlich des irrenden Rauschtäters nach der Bedeutung der Subsidiaritätsregel, so findet sich die Antwort auf S. 156, wo gesagt wird, die Bedeutungslosigkeit jeglichen Irrtums gelte nicht nur für Abs. 1, sondern auch für Abs. 2; in der auf S. 140 beschriebenen dritten Grundkonstellation hat die Subsidiaritätsregel ohne Einbeziehung des Abs. 2 auf die Vollrausch-Strafe keinen Einfluß und somit auch für die Bestrafung des irrenden Täters keine Bedeutung.

Auch aus dem Prinzip der Gefahrüberlagerung ergibt sich nichts anderes: Entweder führt ein Irrtum wegen dieses Prinzips zum Rauschtatausschluß, dann entfällt die Vollrausch-Strafe schon mangels objektiver Strafbarkeitsbedingung, so daß es auf die Subsidiaritätsregel nicht ankommt. Oder der Irrtum des Rauschtäters stellt keinen Fall der Gefahrüberlagerung dar, dann vermag auch die Subsidiaritätsregel die Vollrauschstrafe weder zu mildern noch auszuschließen.

Sollten die verschiedenen bisher gebildeten Beispiele den Eindruck erweckt haben, daß immer bei rauschbedingten Irrtümern die Gefahrüberlagerung zu verneinen und bei rauschunabhängigen Irrtümern zu bejahen sei, so wäre dieser Eindruck unrichtig. Da die Subsidiaritätsregel einschließlich des Abs. 2 bei Irrtümern ohne Bedeutung ist, kommt

---

[79] Brandenberger S. 115.

nicht jeder rauschunabhängige Irrtum dem Rauschtäter ebenso zugute, wie er dem Nüchternen zugute käme[80]. Dies läßt sich an einer Abwandlung des Einleitungsbeispiels auf S. 15 zeigen: Unter den gekauften Bildern befindet sich nun eine Lithographie mit der Seriennummer 25/100. K hat, um bei Besuchern seiner Wohnung einen Überraschungseffekt zu erzielen, aus der Stadtbücherei dieselbe Lithographie ausgeliehen; sie trägt die Seriennummer 52/100. Obwohl K das eigene Bild für das Wohnzimmer vorgesehen hat, hängt er das Bild mit der Nr. 25/100 im Flur und das andere im Wohnzimmer auf; schon während des Aufhängens ist er sich seines Irrtums nicht bewußt. Wie im Einleitungsbeispiel berauscht sich K, fühlt sich von der vermeintlichen Fratze verhöhnt und zertrümmert das im Wohnzimmer hängende Bild; währenddessen macht er sich über die Eigentumsverhältnisse keinerlei Gedanken.

Ein Staatsanwalt, der diesen Fall heute zu bearbeiten hätte, würde trotz des gestellten Strafantrags keine Anklage erheben: Da der Irrtum nicht auf dem Rausch, sondern auf der Verwechslung beim Aufhängen der Bilder beruht, würde der Staatsanwalt „vorsätzliche Sachbeschädigung" als Rauschtat verneinen und nach der Vermeidbarkeit des Irrtums nicht fragen, weil fahrlässige Sachbeschädigung straflos ist. Diese Beurteilung hat die Konsequenz, daß mangels objektiver Strafbarkeitsbedingung K nicht nach § 323 a zu bestrafen ist[81].

Bei teleologischer Auslegung des § 323 a hingegen ist die Zerstörung des Bildes so zu beurteilen: Die Handlung des K begründet im Unrechtstatbestand der Sachbeschädigung (zu dem das Bewußtsein der Fremdheit nicht gehört) die Rauschtat. In der nicht gerechtfertigten Handlung realisieren sich sowohl die Rauschgefahr als auch die Verwechslungsgefahr, die durch gedankliche Eliminierung des Rauschzustandes gewonnen wird. (1. Schritt:)[82] Als Folge der Verwechslung beim Aufhängen sind rechtswidrige Taten zwar möglich, aber nicht sehr wahrscheinlich, und zwar deshalb, weil der Besitzer eines Bildes dieses unabhängig von der Eigentumslage in aller Regel nicht beschädigt und schon gar nicht zerstört. (2. Schritt:) Wenn es zur rechtswidrigen Tat kommt, dann ist eine Handlung, wie sie K begangen hat, nicht wahrscheinlicher als eine größere Zahl anderer rechtswidriger Handlungen: beispielsweise Fallenlassen des Bildes beim Umhängen, Abschneiden des Bildrandes, um das Bild in einen kleineren Rahmen zu stecken; zu denken ist etwa auch an den Besitzer, der um einer hohen Versicherungsleistung willen seine Wohnung samt allem Inventar in Brand

[80] AA beispielsweise Schmidhäuser BT 15/28.

[81] Ebenso die Lösungsvorschläge bei Gunther Weber, Volltrunkenheit S. 165 f. und Wessels S. 194.

[82] Zu den zwei Schritten der Gefahrüberlagerung siehe oben S. 123 f.

steckt, zuvor aber der Stadtbücherei das Bild gibt, das er irrtümlich als das ausgeliehene ansieht, was zur Folge hat, daß das Stadtbücherei-Bild verbrennt. Die Rauschgefahrenlage, die durch gedankliche Eliminierung des Irrtums beim Bildaufhängen gewonnen wird, läßt (im 1. Schritt) irgendwelche rechtswidrigen Taten befürchten und macht (im 2. Schritt) eine Tat wie die von K begangene nicht wahrscheinlicher als eine Fülle anderer rechtswidriger Taten. Die Gefahrabwägung beim zweiten Schritt ergibt ein „Patt", und beim ersten Schritt ist die Rauschgefahr stärker als die Verwechslungsgefahr. Ein Rauschtatausschluß durch Gefahrüberlagerung ist zu verneinen; K ist nach § 323 a zu bestrafen. Somit zeigt sich, daß bei teleologischer Auslegung nicht jeder rauschunabhängige Irrtum dem Täter so zugute kommt, wie er dem Nüchternen zugute käme.

D. Kritik an der Subsidiaritätsregel

Das Verständnis des § 323 a soll durch eine Kritik an der gesetzlichen Regelung abgerundet werden. Die Schwachstelle des Vollrauschtatbestandes ist die Subsidiaritätsregel. Hierzu ein Beispiel: S berauscht sich, um im Rausch eine Sachbeschädigung zu begehen; er begeht sie. Da es sich bei der Tat des S um eine a. l. i. c. handelt, ist er gemäß § 303 I zu bestrafen. Die Subsidiaritätsregel schließt eine Bestrafung nach § 323 a aus, obwohl im übrigen eine Vollrausch-Straftat zu bejahen wäre. Ein Vergleich zwischen den in beiden Straftatbeständen „geschützten" Rechtsgütern zeigt, daß hier die Verletzung aller Rechtsgüter[83] — allgemein gesehen — schwerer wiegt als die spezielle Eigentumsverletzung, die sich in der bewußten Schädigung der Sache dokumentiert. Zu Unrecht meint Maurach[84], das durch § 323 a geschützte Rechtsgut sei „gegenüber den durch die a. l. i. c. vorgetragenen konkretisierten Angriffen subsidiär". Richard Lange hingegen fordert zu Recht, daß es für die Anwendung des § 330 a aF gleichgültig sein müsse, ob die Rauschtat unter dem Gesichtspunkt der a. l. i. c. strafbar sei oder nicht[85]: § 323 a ist gegenüber der Rauschtat-Strafbarkeit kein minus, sondern ein aliud[86]. Dem wird die Subsidiaritätsregel nicht gerecht[87]; sie sollte aus dem Gesetz gestrichen werden[88], womit dann auch Abs. 2 entbehrlich würde.

---

[83] Vgl. oben S. 23 f.

[84] Maurach, JuS 1961 S. 381.

[85] Richard Lange, ZStW 59 S. 591. Verfehlt ist die Annahme von Fajen S. 112, der Vollrauch verletze dieselben Rechtsgüter wie Taten, die als a.l.i.c. zu beurteilen sind.

[86] Wie Lange: Schuppner/Sippel S. 69. AA BGH NStZ 1984, 74, 75, Ranft, JA 1983 S. 198 und Schewe, BA XX S. 531.

Die sachgerechte Konsequenz zeigt sich am Ausgangsbeispiel des berauscht Auto fahrenden A (vgl. oben S. 147 f.): In Var. 1 wäre er (ebenso wie nach der jetzigen Gesetzesfassung) nur nach § 323 a zu bestrafen, und in Var. 2 würde er sowohl nach § 323 a als auch nach §§ 316, 21 bestraft, wobei Tateinheit anzunehmen und gemäß § 52 I auf eine Strafe zu erkennen wäre.

Der Straftatbestand des Vollrausches sollte folgende Fassung erhalten:

§ 323 a I: Wer sich durch Rauschmitteleinnahme in einen Rausch versetzt, wird mit Freiheitsstrafe bis zu vier Jahren oder mit Geldstrafe bestraft, wenn er in diesem Zustand eine rechtswidrige Handlung begeht.

II: Ist die Berauschung fahrlässig herbeigeführt worden, so tritt Freiheitsstrafe bis zu zwei Jahren oder Geldstrafe ein.

III: Rausch im Sinne des Absatzes 1 ist eine schwere Bewußtseinsstörung (krankhafte seelische Störung und tiefgreifende Bewußtseinsstörung, § 20)[89].

[87] Ebenso verfehlt ist die in Abs. 3 enthaltene Regelung, wonach der Vollrausch nur auf Antrag etc. verfolgt wird, wenn die Rauschtat nur auf Antrag etc. verfolgt werden könnte: § 323 a ist ein Gemeingefährdungsdelikt, dessen Verfolgung nicht von einem Strafantrag abhängen darf. Die Zählebigkeit dieser dogmatisch unhaltbaren Vorschrift — sie taucht schon in § 190 des Gegenentwurfs von 1911 auf — ist nicht recht verständlich. Zur Kritik: Gramsch, Tatbestand S. 113 f. (zustimmend Bruns, ZStW 59 S. 469) und Krill S. 85.

[88] So auch Schmidhäuser BT 15/34.

[89] Vgl. oben S. 48 f.

5. Kapitel

Anhang: Strafe

Die Neufassung des § 323 a, die soeben am Ende des 4. Kapitels vorgeschlagen wurde, verzichtet nicht nur auf die Subsidiaritätsregel, sondern enthält auch zwei neue Strafrahmen, die zum einen berücksichtigen, daß die Schuld bei fahrlässiger Berauschung unter sonst gleichen Umständen geringer ist als bei vorsätzlicher[1], und zum anderen dem Umstand Rechnung tragen, daß die Schuld — selbst bei vorsätzlicher Berauschung — außer in Ausnahmefällen erheblich unter dem Maße liegt, das für eine Freiheitsstrafe von 5 Jahren erforderlich wäre[2]. Das Beispiel eines solchen Ausnahmefalls findet sich bei Hellmuth von Weber[3]: Einbrecher betrinken sich im Weinkeller des heimgesuchten Hauses und schlagen nun den sie überraschenden Wächter nieder. Hier steigert die Berauschung die im Einbruch liegende Gefahr so sehr, daß auch eine mehrjährige Freiheitsstrafe gemäß § 323 a nicht unangemessen erscheint.

Auch schon nach geltendem Recht hat sich die Strafbemessung ausschließlich an der in aller Regel geringen Schuld des Täters auszurichten und nicht an dem hohen Strafrahmen des § 323 a I — und schon gar nicht an der Rauschtat, mögen deren Folgen auch noch so schwerwiegend sein[4]. Als abschließendes Beispiel einer verfehlten und doch unerschütterlichen Rechtsprechung sei ein Urteil des Bundesgerichtshofs aus dem Jahre 1971 genannt[5]. Trotz der außergewöhnlichen hohen Freiheitsstrafe von 4 Jahren für vorsätzlichen Vollrausch sucht man im Urteil vergeblich nach Hinweisen auf die hohe Berauschungsschuld des Angeklagten. Im Sachverhalt wird lediglich mitgeteilt, der Angeklagte sei um 5 Uhr morgens mit seinem PKW durch St. Pauli gefahren, „nachdem er die Nacht in mehreren Lokalen verbracht und Bier, Schnäpse und schließ-

---

[1] Nach einem Bericht der Frankfurter Allgemeinen Zeitung vom 27. 11. 1981 hat das Schwurgericht Dortmund einen Arzt wegen fahrlässigen Vollrausches zu 3 Jahren Freiheitsstrafe verurteilt. Diese Strafe ist zu hoch und läßt vermuten, daß die Rauschtat (Totschlag in 3 Fällen) unter Verletzung des Schuldgrundsatzes strafschärfend berücksichtigt worden ist.

[2] Vgl. LK-Lay 9. Auflage § 330 a Rn 91 und oben S. 59, insbesondere Fn 28.

[3] Hellmuth von Weber, GS 106 S. 340.

[4] Haubrich S. 360.

[5] BGH VRS 41, 93 ff.

lich Whisky getrunken hatte“, und bei einer um 7 Uhr entnommenen Blutprobe sei eine BAK von ca. 2,4 ‰ festgestellt worden. Aus den Urteilsgründen ist noch zu erfahren, der Angeklagte habe sich deshalb mit zumindest bedingtem Vorsatz berauscht, weil er, „als er bewußt von Bier und Korn auf Whisky überging, daran dachte, daß er volltrunken oder annähernd volltrunken werde“. Das Hauptgewicht des Urteils liegt auf der Darstellung und rechtlichen Würdigung der Rauschtat (gemäß § 315 c I Nr. 1 a), da deren Schwere „straferhöhend mitzuverwerten“ sei[6].

Die hohe Freiheitsstrafe von 4 Jahren basiert also nicht auf einer außergewöhnlich hohen Schuld bei der Berauschung, sondern auf Handlungen, für die der Täter nicht verantwortlich ist; solch eine eklatante Verletzung des Schuldgrundsatzes sollte endgültig der Vergangenheit angehören.

---

[6] Ebenso OLG Stuttgart NJW 1971, 1815 im Anschluß an BGH VRS 34, 349 (1968, Leitsatz 1).

Literaturverzeichnis

Im Text und in den Fußnoten wird nach den kursiv gedruckten Angaben zitiert. Zitate der vier aktuellen Kommentare zum Strafgesetzbuch (Dreher/Tröndle, Lackner Erl., SK-Horn und S/S/Cramer) ohne Paragraphenangabe beziehen sich auf § 323 a.

Achenbach, Hans	Fallbesprechung: Die folgenschwere Geburtstagsfeier; JuS 1976 S. 592
Amendt, Günter	Haschisch und Sexualität; Beiträge zur Sexualforschung, Band 53; Stuttgart 1974
Arbab-Zadeh, Amir	Zurechnungsfähigkeit, Rauschtat und spezifisches Bewußtsein; NJW 1974 S. 1401
Arkenau	Fragekasten, betr. § 330 a RStGB. NmilBl 1. Jg 1936 S. 325
Arndt, Herbert	Verkehrsverstöße im Rauschzustand; DAR 1954 S. 148
Arzt, Gunther / *Weber*, Ulrich	Strafrecht Besonderer Teil. Ein Lehrbuch in 5 Heften; LH 2: Delikte gegen die Person (Randbereich), Schwerpunkt: Gefährdungsdelikte; Bielefeld 1983
Aschaffenburg, Gustav	Strafrecht und Strafprozeß; in: Handbuch der gerichtlichen Psychiatrie, herausgegeben von A. Hoche; 3. Auflage Berlin 1934 S. 1
Backmann, Leonhard E.	Anwendbarkeit des § 330 a StGB bei unterlassener Hilfeleistung im Zustand des Vollrausches — BayObLG, NJW 1974, 1520; JuS 1975 S. 698
Bash, K. W.	Zur Psychopathologie akuter symptomatischer Psychosen; Der Nervenarzt 1957 S. 193
Baumann, Jürgen	Kritische Gedanken zur Beseitigung der erfolgsqualifizierten Delikte; *ZStW 70* (1958) S. 227
—	(zit.: *Lb*) Strafrecht, Allgemeiner Teil, 8. Auflage Bielefeld 1977
Becker, W.	Straftaten im Rauschzustand; Die Medizinische Welt 1937 S. 1438
Bemmann, Günter	Zur *Frage* der objektiven Bedingungen der Strafbarkeit; Göttinger rechtswissenschaftliche Studien, Heft 20; Göttingen 1957

Bemmann, Günter — Welche Bedeutung hat das Erfordernis der Rauschtat im § 330 a StGB? *GA 1961* S. 65

Beringer, Kurt — Der Meskalinrausch; Berlin 1927

Berke, Claus — Über die strafrechtliche Haftung des Vollberauschten — § 330 a StGB —; Diss. Köln 1954

Berner, Peter — Psychiatrische Systematik. Ein Lehrbuch; Bern 1977

Berresheim, Gunther K. — Der Irrtum des Rauschtäters; Diss. Bonn 1951

Bertram, F. — Zur Bestrafung der im Vollrausch begangenen Straftaten im Entwurf 1960 des StGB (§ 351); MSchrKrim 1961 S. 101

Blei, Hermann — Strafrecht II, Besonderer Teil; 12. Auflage München 1983

Bleuler, Eugen — Lehrbuch der Psychiatrie; 14. Auflage, neubearbeitet von Manfred Bleuler Berlin 1979

Bockelmann, Paul — Über das *Verhältnis* von Täterschaft und Teilnahme; Göttingen 1949

— *Gesprächsbeitrag* zum Thema: Mißbrauch von Rauschgiften; in: Niederschriften über die Sitzungen der Großen Strafrechtskommission; Bonn 1956—1960; Band 8 S. 147

— (zit.: *BT*) Strafrecht Besonderer Teil / 3 (Ausgewählte Delikte gegen Rechtsgüter der Allgemeinheit); München 1980

Boldt, Gottfried — Zur Handlung des Zurechnungsunfähigen in § 330 a Strafgesetzbuch; DR 1939 S. 1035

de Boor, Wolfgang — Bewußtsein und Bewußtseinsstörungen; Berlin 1966

Brandenberger, Werner — Bemerkungen zu der Verübung einer Tat in selbstverschuldeter Zurechnungsunfähigkeit; Abhandlungen zum schweizerischen Recht, Neue Folge, Heft 391; Diss. Bern 1970

Brauneck, Anne-Eva — Zum Schuldstrafrecht des neuesten Entwurfs eines Strafgesetzbuchs; MSchrKrim 1958 S. 129

Brehm, Wolfgang — Zur Dogmatik des abstrakten Gefährdungsdelikts; Juristische Studien, herausgegeben von Mitgliedern des Fachbereiches Rechtswissenschaft der Universität Tübingen, Heft 48; Tübingen 1973

Bresser, P. H. — Die Beeinträchtigung der Fahrtüchtigkeit durch Rauschmittel; in: Alkohol, Arzneimittel, Rauschgifte und Verkehrssicherheit; Köln 1972 S. 57

Breucker, Kurt — Die Zulässigkeit der Wahlfeststellung, insbesondere zwischen Vorsatz- und Fahrlässigkeitsdelikten und im Bereich des Vollrauschtatbestandes; Diss. Tübingen 1964

Brinkmann, Bernd / *Püschel*, Klaus — Blutalkoholkonzentrationen über 3 ‰ bei Verkehrsdelikten sowie kriminellen Delikten in Hamburg (1969—1979); BA XIX (1982) S. 547

Bruns, Hans-Jürgen — Die Bedeutung des krankhaft oder rauschbedingten Irrtums für die Feststellung „einer mit Strafe bedrohten Handlung“ i. S. der §§ 42 b, 330 a StGB. *DStR 1939* S. 225

— Besprechung der Dissertation von Gramsch: Der Tatbestand des Rauschmittelmißbrauchs nach § 330 a StGB. *ZStW 59* (1940) S. 468

— Zur neuesten Rechtsprechung über die Strafbarkeit der Volltrunkenheit; *JZ 1958* S. 105

— Zur Problematik rausch-, krankheits- oder jugendbedingter Willensmängel des schuldunfähigen Täters im Straf-, Sicherungs- und Schadensersatzrecht (§§ 330 a, 42 b StGB, 829 BGB) *JZ 1964* S. 473

— *Strafzumessungsrecht;* 2. Auflage Köln 1974

— *Leitfaden* des Strafzumessungsrechts; Köln 1980

Bschor, Friedrich — Notzuchtstäter und Sicherungsprobleme; MSchrKrim 1958 S. 146

BT-Drucksache — siehe: Deutscher Bundestag

Busch, Richard — Moderne Wandlungen der Verbrechenslehre; Tübingen 1949

Christiani, E. / *Stübing*, G. — Drogenmißbrauch und Drogenabhängigkeit; 3. Auflage Lövenich 1977

Cramer, Peter — Der *Vollrauschtatbestand* als abstraktes Gefährdungsdelikt; Tübinger Rechtswissenschaftliche Abhandlungen, Band 6; Tübingen 1962

— Fallbesprechung: Der „Rabenvater“; *Jus 1964* S. 360

— Verschuldete Zurechnungsunfähigkeit — actio libera in causa — § 330 a StGB; *JZ 1971* S. 766

Dahm — Zur Bestrafung der Rauschtat nach § 330 a StGB; ZdAkDR 1939 S. 267

Dahs — Leitsätze und Fassungsvorschläge des Strafrechtsausschusses der Deutschen Rechtsanwaltskammern zum Thema: Mißbrauch von Rauschgiften; in: Niederschriften über die Sitzungen der Großen Strafrechtskommission; Bonn 1956—1960; Anhang zu Band 8 S. 555

Dalcke, A. / *Fuhrmann*, Ernst / *Schäfer*, Karl — Strafrecht und Strafverfahren; 37. Auflage Berlin 1961

Dencker, Friedrich — Fallbesprechung: Die erfolgreiche Fahrerflucht; *JuS 1980* S. 210

— Vollrausch und „der sichere Bereich des § 21 StGB"; *NJW 1980* S. 2159

— § 323 a StGB — Tatbestand oder Schuldform? *JZ 1984* S. 453

Denkschrift — Entwürfe zu einem Deutschen Strafgesetzbuch; Dritter Teil: Denkschrift zu dem Entwurf von 1919; Berlin 1920

Derwort, Albert — Die strafrechtliche Verantwortlichkeit des Rauschtäters; Kriminalbiologische Gegenwartsfragen, Heft 6; Stuttgart 1964; S. 70

Deselaers, Andreas — Der Begriff der mit Strafe bedrohten Handlung; Diss. Bonn 1951

Deutscher Bundestag — (zit.: *BT-*) *Drucksache 7/550* vom 11. 5. 1973; Gesetzentwurf der Bundesregierung; Amtliche Begründung zum Entwurf eines EGStGB

Diemer-Nicolaus — Gesprächsbeitrag zum Thema: Mißbrauch von Rauschgiften; in: Niederschriften über die Sitzungen der Großen Strafrechtskommission; Bonn 1956—1960; Band 8 S. 148

Dollinger, Karl — Die *Handlung* des Zurechnungsunfähigen im Strafrecht; Diss. München 1938

— Zur Handlung des Zurechnungsunfähigen in § 330 a Strafgesetzbuch; *DR 1939* S. 1033

Domning, Günter — Mit Strafe bedrohte Handlungen Schuldunfähiger. Ein Beitrag zur Auslegung der §§ 42 b und 330 a StGB. Neue Deutsche Forschungen, Band 239 (Abteilung Strafrecht, Band 4); Berlin 1939

Dorbritz, Walther P. — Die „mit Strafe bedrohte Handlung" des § 330 a StGB als Gegenstand richterlicher Rechtsschöpfung; Diss. Heidelberg 1944

Dreher, Eduard / *Tröndle*, Herbert — Strafgesetzbuch; 41. Auflage München 1983

Duden — Das große Wörterbuch der deutschen Sprache in sechs Bänden; herausgegeben von Günter Drosdowski; Mannheim 1976—1981

Dürrbaum, Klaus-Friedrich — Alkoholbedingte Delinquenz unter statistischen Aspekten; Diss. Frankfurt/M. 1966

Ehmcke, Paul-Friedrich — Das Vergehen des Vollrausches (§ 330 a StGB); Diss. Göttingen 1943

Ellinger, Hans — Betäubungsmittel und Strafbarkeit; Schriftenreihe des Bundeskriminalamtes; Wiesbaden 1974

Engisch, Karl — Der finale Handlungsbegriff; in: Probleme der Strafrechtserneuerung. Festschrift für Eduard Kohlrausch; Berlin 1944; S. 141

Entwurf 1925 — Amtlicher Entwurf eines Allgemeinen Deutschen Strafgesetzbuchs; Zweiter Teil: Begründung; Berlin 1925 S. 175

Entwurf 1960 — Entwurf eines Strafgesetzbuches; Begründung zu § 351 (Vollrausch); BR-Drucksache 270/60; S. 497

Fajen, Hans-Georg — Die Strafbarkeit des Rauschtäters; Diss. Göttingen 1957

Feser, Herbert / *Kohler*, Bernd / *Rehm*, Willy — Alkoholkonsum, Alkoholmißbrauch; 2. Auflage Ulm 1978

Feuerbach, A. Ritter v. — Aktenmäßige Darstellung merkwürdiger Verbrechen; Zweiter Band; Gießen 1829

Flegel — Anmerkung zum Urteil des Reichsgerichts JW 1936, 514; NmilBl 1. Jg. 1936 S. 300

Flück, Christmuth M. — Alkoholrausch und Zurechnungsfähigkeit; Basler Studien zur Rechtswissenschaft, Heft 82; Basel 1968

Fraeb, Walter Martin / *Wolff*, Paul — Die straf- und zivilrechtliche Stellungnahme gegen den Rauschgiftmißbrauch; Leipzig 1927

Fuld, Ludwig — Soll die Trunkenheit als solche strafrechtlich verfolgt werden? Verhandlungen des Einundzwanzigsten Deutschen Juristentages. Erster Band; Berlin 1890 S. 97

Gantefũhrer, Felix — Trunkenheit und Strafzumessung; Diss. Münster 1970

Gegenentwurf — zum Vorentwurf eines deutschen Strafgesetzbuchs. Aufgestellt von W. Kahl, K. von Lilienthal, F. von Liszt, J. Goldschmid; Berlin 1911

Gerchow, Joachim — Zur Schuldfähigkeit Drogenabhängiger; *BA XVI* (1979) S. 97

Gerchow, Joachim — Sogenannte berauschende Mittel und ihre medizinisch-rechtliche Problematik; in: *Festschrift für* Werner *Sarstedt* zum 70. Geburtstag; Berlin 1981 S. 1

— *Kriminalität* und Sucht; in: Sozialisationsstörungen und Sucht, herausgegeben von Wilhelm Feuerlein; Wiesbaden 1981 S. 95

Gerchow, Joachim / *Heberle*, Britta — Alkohol Alkoholismus; Lexikon; Hamburg 1980

Gerland, Heinrich — Der Rauschmittelmißbrauch nach § 330 a StGB. ZStW 55 (1936) S. 784

Göhler, Erich — Ordnungswidrigkeitengesetz; 6. Auflage München 1980

Gollner, Günther — „Zurüstungen" bei § 330 a StGB; MDR 1976 S. 182

Gössel, Karl Heinz — Über die Bedeutung des Irrtums im Strafrecht; Erster Band; Schriften zum Strafrecht, Band 18; Berlin 1974

Graf, Ludwig — Aus der Praxis zur Rauschtat; DRiZ 1934 S. 235

Gramsch, Gernot — Der *Tatbestand* des Rauschmittelmißbrauchs nach § 330 a StGB; Strafrechtliche Abhandlungen, Heft 395; Breslau-Neukirch 1938

— Versuch und Teilnahme beim Rauschmittelmißbrauch nach § 330 a Strafgesetzbuch; *JW 1938* S. 779

Grasmann, Otto — Die mit Strafe bedrohte Handlung in § 330 a StGB mit einem Ausblick auf die §§ 42 b, 48, 49 StGB unter besonderer Berücksichtigung neuerer Lehrmeinungen zum Aufbau der Straftat; Diss. München 1951

Gruhle, Hans W. — Motiv und Ursache in der Kriminologie; MSchrKrimPsych 1936 S. 113

Grünberger, Josef — Psychodiagnostik des Alkoholkranken; Wien 1977

Grüner, Oskar — Zur Frage tatbestandsmäßigen Handelns unter Alkoholeinfluß; *BA II* (1963/64) S. 274

— Zur Anwendbarkeit des § 330 a StGB bei chronischen Alkoholikern; *BA XVI* (1979) S. 300

Gülzow, Hagen — Fallbesprechung: Polterabend; JuS 1983 S. 126

Gunne, Lars-M. / *Erikson*, Jan H. — Morphinismus; in: Rauschmittel; Mißbrauch und Wirkungen Abhängigkeit erzeugender Drogen; aus dem Schwedischen übersetzt von Kerstin Grebe; München 1971 S. 19

Haft, Fritjof — (zit.: *BT*) Strafrecht Besonderer Teil; JuS-Schriftenreihe, Heft 78; München 1982

— Eigenhändige Delikte — unter besonderer Berücksichtigung des Vollrausches (§ 330 a); *JA 1979* S. 651

Hafter, Ernst — Normale Menschen? Zurechnungsfähigkeit, Zurechnungsunfähigkeit; ZStR 66 (1951) S. 1

Hardwig, Werner — *Studien* zum Vollrauschtatbestand; Festschrift für Eberhard Schmidt; Göttingen 1961 S. 459

— Der Vollrauschtatbestand; *GA 1964* S. 140

Haring, Claus / *Leickert*, Karl Heinz — Wörterbuch der Psychiatrie und ihrer Grenzgebiete; Stuttgart 1968

Hassemer, Winfried — Einführung in die Grundlagen des Strafrechts; JuS-Schriftenreihe, Heft 77; München 1981

Haubrich, Thomas — Zur Strafzumessung bei Vollrausch-Verkehrsstraftaten; DAR 1980 S. 359

Hein, Thomas — Fortsetzungszusammenhang und Rauschtat; NStZ 1982 S. 235

Heinitz, Ernst — Die rechtlichen Schwierigkeiten bei der Auslegung des § 330 a StGB. *DZgesgerMed 44* (1955/56) S. 509

— Zum Verhältnis der Wahlfeststellung zum Satz in dubio pro reo; *JR 1957* S. 126

— *Anmerkung* zum Urteil des Bundesgerichtshofs BGHSt 10, 247; *JR 1957* S. 347

Heiß, Wolfgang — Verurteilung nach § 323 a StGB trotz Zweifel über das Vorliegen eines Vollrausches? NStZ 1983 S. 67

Heldmann, Hans-Heinz — Zurechnungsfähigkeit, Zurechnungsunfähigkeit und verminderte Zurechnungsfähigkeit; Diss. Freiburg 1956

Hentschel, Peter / *Born*, Renate — Trunkenheit im Straßenverkehr; 2. Auflage Düsseldorf 1980

Hesse, Günter — Die alkoholbedingte Fahrunsicherheit; Berlin 1959

von Hippel, Robert — Deutsches Strafrecht; Erster Band: Allgemeine Grundlagen; Berlin 1925

Hirsch, Hans Joachim — Alkoholdelinquenz in der Bundesrepublik Deutschland; in: Beiträge zum VI. Deutsch-jugoslawischen Juristentreffen in Köln 1980, herausgegeben von Hans-Heinrich Jescheck; Beiheft zur ZStW; Berlin 1981 S. 2

Hodes — Anmerkung zum Urteil des Reichsgerichts JW 1936, 456; *NmilBl* 1. Jg. 1936 S. 310

— — Anmerkung zum Urteil des Reichsgerichts JW 1936, 514; *JW 1936* S. 514

— — Fallen unter § 330 a RStGB. auch Unterlassungen? *ZfWR I* (1936/37) S. 47

— — § 330 a StGB. in der reichsgerichtlichen Rechtsprechung und in der Rechtslehre. *ZfWR IV* (1939/40) S. 129

Hoffbauer, Johann Chr. — Die Psychologie in ihren Hauptanwendungen auf die Rechtspflege nach den allgemeinen Gesichtspunkten der Gesetzgebung oder die sogenannte gerichtliche Arzneywissenschaft nach ihrem psychologischen Theile. Halle 1808

Hogräfer, Rolf — Das Schuldproblem in § 330 a StGB; Berliner Diss. Breslau-Neukirch 1940

Hölz, Hubert — Der Begriff der „Mit Strafe bedrohten Handlung“ in den §§ 42 b, 330 a, 48 und 49 StGB; Diss. Bonn 1951

Horn, Eckhard — Anmerkung zum Urteil des Bundesgerichtshofs BGHSt 26, 363; *JR 1977* S. 210

— — Kann die „mindestens erheblich verminderte Schuldfähigkeit“ den „Rausch“-Begriff i. S. des § 330 a StGB definieren? *JR 1980* S. 1

— — Anmerkung zum Urteil des OLG Hamburg OLGSt § 323 a StGB S. 1; *JR 1982* S. 347

Hruschka, Joachim — Strafrecht nach logisch-analytischer Methode; Studienbuch; Berlin 1983

Jagusch — Anmerkung zum Urteil des Bundesgerichtshofs LM § 330 a StGB Nr. 2 (= BGHSt 1, 124)

Jahrreis, Walter — Alkoholismus; in: Handwörterbuch der Kriminologie, herausgegeben von Rudolf Sieverts; 1. Band; Berlin 1966 S. 30

Jakobs, Günther — Probleme der Wahlfeststellung; *GA 1971* S. 257

— — (zit.: *AT*) Strafrecht Allgemeiner Teil; Berlin 1983

Jarosch, K. — Interpretation höherer Blutalkoholwerte; BA XII (1975) S. 192

Jenny, Rolf — Drogenkonsum und Drogenhandel in der Sicht des Kriminologen; Diss. Zürich 1973

Jescheck, Hans-Heinrich — Die Rechtsprechung des Bundesgerichtshofs in Strafsachen; *GA 1955* S. 97

Jescheck, Hans-Heinrich — (zit.: *Lb*) Lehrbuch des Strafrechts Allgemeiner Teil; 3. Auflage Berlin 1977

Kadečka, Ferdinand — Von der Schädlichkeit zur Schuld und von der Schuld zur Schädlichkeit; ZStR 50 (1936) S. 343

Kaij, Lennart — Halluzinogene; in: Rauschmittel; Mißbrauch und Wirkungen Abhängigkeit erzeugender Drogen; aus dem Schwedischen übersetzt von Kerstin Grebe; München 1971 S. 13

von Karger, Jobst — Ärztliche Überlegungen zum § 330 a StGB; BA I (1961/62) S. 64

Katschajev, A. K. — Zur Abgrenzung der einfachen Trunkenheit vom pathologischen Rausch; in: Der Alkoholiker, herausgegeben von Hans Szewczyk; Medizinisch-juristische Grenzfragen, Band 14; Jena 1979 S. 196

Kaufmann, Arthur — Unrecht und Schuld beim Delikt der Volltrunkenheit; *JZ 1963* S. 425

— *Schuld und Strafe;* Schriftenreihe Annales Universitatis Saraviensis; Rechts- und Wirtschaftswissenschaftliche Abteilung, Heft 22; Köln 1966

— Das *Schuldprinzip;* 2. Auflage Heidelberg 1976

Kern, Eduard — Grundriß des Strafrechts, Besonderer Teil; Berlin 1950

Keup, W. — Cannabis und die Hirnfunktion — zum Stand der Forschung; in: Cannabis heute, herausgegeben von Wilhelm Feuerlein; Wiesbaden 1980 S. 6

Kielholz, Paul — Drogenabhängigkeit des Morphin- und Cannabis-Typs, Terminologie und Begriffsabgrenzung der Sucht; in: Rauschmittel und Süchtigkeit; Probleme im Gespräch, Band 3; Bern 1971 S. 16

Kihlbom, Magnus — Cannabismißbrauch; in: Rauschmittel; Mißbrauch und Wirkungen Abhängigkeit erzeugender Drogen; aus dem Schwedischen übersetzt von Kerstin Grebe; München 1971 S. 51

Klee, Karl — Anmerkung zum Urteil des Reichsgerichts RGSt 73; 11; *JW 1939* S. 547

— Bemerkung zum Aufsatz von Erich Schmidt-Leichner: Zur Problematik des Rauschmittelmißbrauchs, DStR 1940 S. 109; *DStR 1940* S. 118

Knoblach, Walter — § 330 a StGB. im Spiegel der natürlichen und der finalen Handlungslehre. Diss. Erlangen 1953

Koffka — *Erfolgsdelikte;* Niederschriften über die Sitzungen der Großen Strafrechtskommission; Bonn 1958; Band 2 S. 234

Koffka — *Gesprächsbeitrag* zum Thema: Bedingungen der Strafbarkeit; in: Niederschriften über die Sitzungen der Großen Strafrechtskommission; Bonn 1956—1960; Band 5 S. 105

Kohler, Manfred — Kann § 330 a StGB als Vergehen Auffangtatbestand für Übertretungen sein? Diss. Tübingen 1967

Kohlrausch, Eduard — Trunkenheit und Trunksucht im Deutschen Vorentwurf. *ZStW* 32 (1911) S. 645

Kohlrausch, Eduard / *Lange*, Richard — Strafgesetzbuch, 43. Auflage Berlin 1961 (*34. Auflage:* 1938)

Krause, Hans / *Thoma*, Hans — Das neue Strafrecht, Besonderer Teil; Stuttgart 1976

Kreeb, Alfred — Der strafrechtliche Begriff der Handlung, wie er sich vornehmlich aus den §§ 42 b und 330 a RStGB ergibt; Diss. Tübingen 1947

Kreuzer, Arthur — *Drogen* und Delinquenz; Wiesbaden 1975

— *Jugend* — Rauschdrogen — Kriminalität; Theorie und soziale Praxis, Band 5; Wiesbaden 1978

— Zur forensischen Begutachtung „gefährlicher" Drogen; *NJW 1982* S. 1310

Krey, Volker — Strafrecht, Besonderer Teil; Band 1 Besonderer Teil ohne Vermögensdelikte; 5. Auflage Stuttgart 1983

Krill, Rudolf — Zur Frage der Strafbarkeit der in selbstverschuldeter Unzurechnungsfähigkeit verübten Tat; Diss. Bern 1944

Krumme, Elisabeth — Rechtliche Überlegungen zum § 330 a StGB; BA I (1961/62) S. 282

Krümpelmann, Justus — Stufen der Schuld beim Verbotsirrtum; GA 1968 S. 129

Kryspin-Exner, Kornelius — Drogen; Wien 1971

Kurbjuhn, Matthias — Anmerkung zum Urteil des BayObLG NJW 1974, 1520; NJW 1974 S. 2059

Lackner, Karl — Trunkenheit am Steuer als Gefährdungstatbestand; *BA I* (1961/62) S. 217

— Vollrausch und Schuldprinzip; *JuS 1968* S. 215

— Strafgesetzbuch mit *Erl*äuterungen; 15. Auflage München 1983

Ladewig, D. — Eine gutachtliche Stellungnahme zur Frage der Schädlichkeit von Cannabis; in: Cannabis heute, herausgegeben von Wilhelm Feuerlein; Wiesbaden 1980 S. 66

Lang — Inwieweit ist bei Anwendung des § 330 a StGB. die subjektive Seite der Rauschtat nachzuprüfen? DJ 1937 S. 1217

Lange, J. — Spezielle gerichtliche *Psychopathologie;* in: Handbuch der gerichtlichen Psychiatrie, herausgegeben von A. Hoche; 3. Auflage Berlin 1934 S. 406

Lange, Richard — Der gemeingefährliche Rausch; *ZStW 59* (1940) S. 574

— Anmerkung zu den Urteilen des Bundesgerichtshofs BGHSt 1, 124 und des OLG Oldenburg JZ 1951, 460; *JZ 1951* S. 460

— Die Behandlung der Volltrunkenheit in der Strafrechtsreform; *JR 1957* S. 242

Langer, Winrich — Das Sonderverbrechen; Strafrechtliche Abhandlungen, Neue Folge, Band 9; Berlin 1972

Laube, Rudolf — Strafrecht, Besonderer Teil; Schaeffers Grundriß des Rechts und der Wirtschaft; Abteilung II: Öffentliches Recht, 25. Band, 2. Teil; 118.-120. Tausend Stuttgart 1979

Laubichler, Werner / *Klimesch*, Wolfgang — Die alkoholischen Bewußtseinsstörungen aus forensischer Sicht; BA XX (1983) S. 81

Leipziger Kommentar — (zit.: *LK-Lay*) Strafgesetzbuch, Dritter Band §§ 263—370, *9. Auflage* Berlin 1977. Die § 330 a aF enthaltende Lieferung ist 1972 erschienen; Bearbeiter: Werner Lay

— (zit.: *LK-Tröndle*) Strafgesetzbuch, 10. Auflage; 1. Lieferung §§ 1—12 Berlin 1978; Bearbeiter: Herbert Tröndle

Lenckner, Theodor — Anmerkung zum Urteil des BayObLG NJW 1974, 1520; JR 1975 S. 31

Leuner, Hanscarl — Halluzinogene; Bern 1981

LK-... — siehe: Leipziger Kommentar

Maihofer, Werner — Zur Systematik der Fahrlässigkeit; ZStW 70 (1958) S. 159

Maurach, Reinhart — *Schuld* und Verantwortung im Strafrecht; Wolfenbüttel 1948

— (zit.: *AT*) Deutsches Strafrecht, Allgemeiner Teil, *1. Auflage* Karlsruhe 1954

Maurach, Reinhart — Adäquanz der Verursachung oder der Fahrlässigkeit? *GA 1960* S. 97

— Fragen der actio libera in causa; *JuS 1961* S. 373

— (zit.: *BT*) Deutsches Strafrecht, Besonderer Teil, *5. Auflage* Karlsruhe 1969

Maurach, Reinhart / *Gössel*, Karl Heinz / *Zipf*, Heinz — Strafrecht, Allgemeiner Teil, Teilband 2, 5. Auflage Heidelberg 1978

Maurach, Reinhart / *Schroeder*, Friedrich-Chr. — Strafrecht, Besonderer Teil, Teilband 2, 6. Auflage Heidelberg 1981

Maurach, Reinhart / *Zipf*, Heinz — Strafrecht, Allgemeiner Teil, Teilband 1, 6. Auflage Heidelberg 1983

Mayer, Hellmuth — Die folgenschwere Unmäßigkeit (§ 330 a StGB.). *ZStW 59* (1940) S. 283

— Die Übertretung als Rauschtat; *SchlHA 1962* S. 107

Mayer, Kurt — Die im *Vollrausch* begangene Straftat; Diss. Tübingen 1950

Mezger, Edmund — Vom Sinn der strafbaren Handlung; JZ 1952 S. 673

Mezger, Edmund / *Mikorey*, Max — Volltrunkenheit und Rauschtat gemäß § 330 a StGB; MSchrKrimPsych 1936 S. 410

Middendorf, Wolf — Alkohol und Rechtsordnung; BA XV (1978) S. 95

Montenbruck, Axel — Zum Tatbestand des Vollrausches; GA 1978 S. 225

Müller, Arno — Der Trunkenheitstäter im Straßenverkehr der Bundesrepublik Deutschland; *Beiträge* zur empirischen Kriminologie, Band 3; Frankfurt 1976

Müller, Willi — Verwirkung der elterlichen Gewalt und Rauschtat; *JR 1960* S. 10

Müller-Dietz, Heinz — Grenzen des Schuldgedankens im Strafrecht; Freiburger rechts- und staatswissenschaftliche Abhandlungen, Band 26; Karlsruhe 1967

Nebel, Oskar — Anmerkung zum Urteil des Reichsgerichts RGSt 69, 187; JW 1935 S. 2373

Niederreuther — Der Rauschmittelmißbrauch nach § 330 a RStGB. *ZfWR I* (1936/37) S. 284

— Zur Anwendung des § 330 a StGB. *GS 114* (1940) S. 322

— Die Vernachlässigung der Aufsichtspflicht gegenüber Kindern im Strafrecht; *DJ 1943* S. 114

Nittel, Walter F. — Alkoholmißbrauch und Rechtsordnung; Diss. Hamburg 1958

Obermann, W. — Straftaten im Vollrausch. (§ 330 a StrGB.) Der junge Rechtsgelehrte 1936 S. 97

Ochernal, Manfred / *Szewczyk*, Hans — Pathologischer Rausch und pathologisch gefärbter Rausch; in: Der Alkoholiker, herausgegeben von Hans Szewczyk; Medizinisch-juristische Grenzfragen, Band 14; Jena 1979 S. 177

Oehler, Dietrich — Die mit Strafe bedrohte tatvorsätzliche Handlung im Rahmen der Teilnahme; Festschrift der Juristischen Fakultät der Freien Universität Berlin zum 41. Deutschen Juristentag in Berlin; Berlin 1955 S. 255

Olshausen — Kommentar zum Strafgesetzbuch, Ergänzungsband zur 11. Auflage Berlin 1936. Bearbeiter des § 330 a aF: Carl Kirchner

Otto, Harro — Grundkurs Strafrecht. Die einzelnen Delikte. Ein Lernbuch; Berlin 1977

Preisendanz, Holger — Strafgesetzbuch; Lehrkommentar; 30. Auflage Berlin 1978

Puppe, Ingeborg — Die Norm des Vollrauschtatbestandes; *GA 1974* S. 98

— — Neue Entwicklungen in der Dogmatik des Vollrauschtatbestandes; *Jura 1982* S. 281

Ranft, Otfried — Strafgrund der Berauschung und Rücktritt von der Rauschtat; *MDR 1972* S. 737

— — Grundprobleme des Vollrauschtatbestandes (§ 323 a StGB); *JA 1983* S. 193 (Teil 1) und S. 239 (Teil 2)

Rasch, Wilfried — Qualität und Erlebnistönung forensisch relevanter Rauschzustände; BA III (1965/66) S. 583

Reuter — Zur Fassg. des § 330 a RStGB. NmilBl 1. Jg. 1935 S. 40

Rittler, Theodor — Besprechung der Arbeit von Domning: Mit Strafe bedrohte Handlungen Schuldunfähiger. ZStW 59 (1940) S. 665

Roeder, Hermann — Das Schuld- und Irrtumsproblem beim Vollrausch; Rittler-Festschrift; Aalen 1957 S. 211

Rommeney, Gerhard — Die ärztliche Begutachtung der Alkoholdelikte im Rahmen des § 330 a StGB. DZgesgerMed 44 (1955/56) S. 520

Ruoff, Hans-Jörg — Drogenabhängigkeit; in: Drogenmißbrauch — Drogen, Gesellschaft, Recht; Herausgeber: Aktion Jugendschutz; 2. Auflage Stuttgart 1978 S. 5

Sack — Anmerkung zum Urteil des Reichsgerichts JW 1936, 514; NmilBl 1. Jg. 1936 S. 295

Salm, Karl — Das vollendete Verbrechen; Erster Teil, Erster Halbband; Berlin 1963

Sartor, Wolfgang — Die Rauschtat und das Problem des „natürlichen Vorsatzes" in § 330 a StGB. Diss. Frankfurt/M. 1939

Sauer, Wilhelm — System des Strafrechts; Besonderer Teil; Köln 1954

Sax, Walter — „Tatbestand" und Rechtsgutsverletzung (I); JZ 1976 S. 9

Schaad, Pierluigi — Die objektiven Strafbarkeitsbedingungen im schweizerischen Strafrecht; Diss. Winterthur 1964

Schäfer, K. — Anmerkung zum Urteil des Reichsgerichts RGSt 70, 42; *JW 1936* S. 1129

— Wie wird der Täter bestraft, der im Vollrausch mehrere mit Strafe bedrohte Handlungen begeht? *DJ 1938* S. 257

Schäfer, Klaus — Die *Volltrunkenheit* (§ 330 a StGB) im Landgerichtsbezirk Bonn in den Jahren 1952—1954 und im Landgerichtsbezirk Köln im Jahre 1954; Diss. Bonn 1958

Scheiff, Helmut — Straftaten in der Volltrunkenheit; Diss. Köln 1940

Schewe, Günter — *Bewußtsein* und Vorsatz; Neuwied 1967

— *Reflex*bewegung, Handlung, Vorsatz; Kriminalwissenschaftliche Abhandlungen, Band 6; Lübeck 1972

— Juristische Probleme des § 330 a StGB aus der Sicht des Sachverständigen; *BA XIII* (1976) S. 87

— Anmerkung zum Urteil des OLG Karlsruhe, Die Justiz 1978, 439; *BA XVI* (1976) S. 60

— *Alkoholdelinquenz* aus medizinischer Sicht; in: Beiträge zum VI. Deutsch-jugoslawischen Juristentreffen in Köln 1980, herausgegeben von Hans-Heinrich Jescheck; Beiheft zur ZStW; Berlin 1981 S. 39

— Anmerkung zum Beschluß des BGH NStZ 1984, 74; *BA XX* (1983) S. 526

Schlosky — Straftaten in Volltrunkenheit; JW 1936 S. 3425

Schmid, Franz — Die mit Strafe bedrohte Handlung im Unterschied von den eigentlichen strafbaren Handlungen in den §§ 48, 49, 42 b und 330 a StGB; Diss. München 1949

Schmidhäuser, Eberhard — Fluchtverbot und Anzeigegebot bei Verkehrsunfällen; *JZ 1955* S. 433

— *Gesinnungsmerkmale* im Strafrecht; Tübingen 1958

— Objektive Strafbarkeitsbedingungen; *ZStW 71* (1959) S. 545

— Fahrlässige Straftat ohne Sorgfaltspflichtverletzung; in: *Festschrift für* Friedrich *Schaffstein;* Göttingen 1975; S. 129

— (zit.: *Lb*) Strafrecht, Allgemeiner Teil, Lehrbuch. 2. Auflage Tübingen 1975

— Der Verbotsirrtum und das Strafgesetz (§ 16 I Satz 1 und § 17 StGB); *JZ 1979* S. 361

— Die Grenze zwischen vorsätzlicher und fahrlässiger Straftat („dolus eventualis" und „bewußte Fahrlässigkeit"); *JuS 1980* S. 241

— (zit.: *BT*) Strafrecht, Besonderer Teil, Grundriß. 2. Auflage Tübingen 1983

— (zit.: *AT*) Strafrecht, Allgemeiner Teil, Studienbuch. Tübingen 1982

Schmidt-Leichner, Erich — Zur Problematik des Rauschmittelmißbrauchs — nach § 330 a StGB. —; DStR 1940 S. 109

Schober — *Anmerkung* zum Urteil des Reichsgerichts RGSt 69, 189; NmilBl 1. Jg 1935 S. 45

— *Fragekasten.* Setzt die Bestrafg. aus § 330 a StGB voraus, daß der Täter ledigl. den äußeren Tatbestand einer mit Strafe bedrohten Handlg. erfüllt hat? NmilBl 1. Jg. 1935 S. 241

Schönke/Schröder — (zit.: *Schönke/Schröder 17. Auflage*) Strafgesetzbuch; Kommentar begründet von Adolf Schönke, fortgeführt von Horst Schröder; 17. Auflage München 1974

— (zit.: *S/S/...*) Strafgesetzbuch; 21. Auflage bearbeitet von Theodor *Lenckner*, Peter *Cramer*, Albin *Eser* und Walter *Stree*. München 1982

Schreyer, Alfons — Die Volltrunkenheit im heutigen Strafrecht; Diss. München 1937

Schröder, Horst — Verbotsirrtum, Zurechnungsfähigkeit, actio libera in causa; *GA 1957* S. 297

— — Der subjektive Tatbestand des § 330 a StGB; *DRiZ 1958* S. 219

Schüler-Springorum, Horst — Der „natürliche" Vorsatz. Zu seiner Beurteilung durch Richter und Sachverständige; MSchrKrim 1973 S. 363

Schultz, Hans — Die *Behandlung* der Trunkenheit im Strafrecht. Dogmatische Betrachtungen; in: Arbeiten zur Rechtsvergleichung, Heft 8; Frankfurt 1960 S. 17

Schulz, Edgar — *Zweifelsfragen* um § 330 a StGB. Diss. Hamburg 1938

Schuppner, Jürgen / *Sippel*, Kurt — Nochmals: Verurteilung nach § 323 a StGB trotz Zweifels über das Vorliegen eines Vollrausches? NStZ 1984 S. 67

Schwalm, Georg — Die Schuldfähigkeit nach dem Strafgesetzentwurf 1960; MDR 1960 S. 537

Schweikert, Heinrich — Strafrechtliche Haftung für riskantes Verhalten? ZStW 70 (1958) S. 398

Seibert, Claus — Zum Einwand der Trunkenheit; NJW 1954 S. 1028

Sieg, Hans-O. — Zur Strafzumessung bei Vergehen des Vollrausches; MDR 1979 S. 549

Sieverts, Rudolf — Alkohol und Strafrecht; in: Suchtgefahren, 7. Jg Januar 1961 S. 1

Simonis, Werner Christian — Genuß aus dem Gift? Sozialhygienische Schriftenreihe 4, Stuttgart 1971

SK-Horn — siehe: Systematischer Kommentar

Solms, Hugo — Süchtigkeit als individual-pathologisches Schicksal und als allgemeinmenschliches Problem; in: Rauschmittel und Süchtigkeit; Probleme im Gespräch, Band 3; Bern 1971 S. 35

Sperlein — Prozessuale Fragen zu § 330 a StGB; ZdAkDR 1939 S. 569

S/S/... — siehe: Schönke/Schröder

Stierli, Adolf — Die Verübung einer Tat in selbstverschuldeter Unzurechnungsfähigkeit nach Art. 263 (schweiz.) StGB; Diss. Bern 1942

Stratenwerth, Günter — Objektive Strafbarkeitsbedingungen im Entwurf eines Strafgesetzbuchs 1959; *ZStW 71 (1959)* S. 565

— — Gemeingefährliche Straftaten; *ZStR 80* (1964) S. 8

Stratenwerth, Günter — *Strafrecht*, Allgemeiner Teil I, 3. Auflage Köln 1981

Stree, Walter — *Deliktsfolgen* und Grundgesetz; Tübingen 1960

— *In dubio* pro reo; Tübinger rechtswissenschaftliche Abhandlungen, Band 5; Tübingen 1962

— Objektive Bedingungen der Strafbarkeit; *JuS 1965* S. 465

Streng, Franz — Unterlassene Hilfeleistung als Rauschtat? JZ 1984 S. 114

Stringaris, M. G. — Die Haschischsucht; 2. Auflage Berlin 1972

Stutzer — Die „mit Strafe bedrohte Handlung" i. S. d. § 330 a StGB. DStR 1939 S. 250

Systematischer Kommentar (zit.: *SK-Horn*) Systematischer Kommentar zum Strafgesetzbuch, Band 2, Besonderer Teil; 9. Lieferung: Dezember 1980 (Frankfurt). § 323 a kommentiert von Eckhard Horn.

Szasz, Thomas S. — Das Ritual der Drogen; aus dem Amerikanischen übertragen von Brigitte Stein; Frankfurt/M. 1980

Täschner, Karl-Ludwig — Das *Cannabis*-Problem; Wiesbaden 1979

— *Rausch* und Psychose; Stuttgart 1980

— *Haschisch* — Traum und Wirklichkeit; Theorie und soziale Praxis, Band 11; Wiesbaden 1981

Traub, Fritz — § 330 a StGB und die Rechtsprechung des Bundesgerichtshofs zum Verbotsirrtum; JZ 1959 S. 9

Tröndle, Herbert — Erläuterungen zum Thema: Mißbrauch von Rauschgiften; in: Niederschriften über die Sitzungen der Großen Strafrechtskommission; Bonn 1956—1960; Band 8 S. 142

Uhse, Bernd-Rüdiger — Kritik des § 330 a StGB. Diss. Frankfurt/M. 1954

Venzlaff, U. — Alkoholbedingte Bewußtseinsstörung und strafrechtliche Verantwortlichkeit; Münchener Medizinische Wochenschrift 1957 S. 844

Wanke, Klaus / *Täschner*, Karl-Ludwig — Straftaten unter Einfluß von Drogen; Zeitschrift für Rechtsmedizin, Band 83 (1979) S. 209

Weber, Gunther — Das Delikt der folgenschweren *Volltrunkenheit* nach § 330 a StGB; Diss. Saarbrücken 1970

von Weber, Hellmuth — Die Bestrafung der Rauschtat; *GS 106* (1935) S. 329

— Die Bestrafung von Taten Volltrunkener; *MDR 1952* S. 641

von Weber, Hellmuth — Die Bestrafung der Volltrunkenheit; *GA 1958* S. 257

— Trunkenheit am Steuer als Gefährdungstatbestand; *BA I* (1961/62) S. 209

— Die strafrechtliche Verantwortlichkeit für die Rauschtat; in: Studien zur Strafrechtswissenschaft; *Festschrift für* Ulrich *Stock*, herausgegeben von Günter Spendel; Würzburg 1966 S. 59

Welzel, Hans — Studien zum System des Strafrechts; *ZStW 58* (1939) S. 491

— (zit.: *Lb*) Das Deutsche Strafrecht, 11. Auflage Berlin 1969

Wessels, Johannes — Strafrecht, Besonderer Teil — 1; 7. Auflage Heidelberg 1983

Wetterich, Paul / *Plonka*, Helmut — Trunkenheitsverdacht; Polizei aktuell Band 13; 2. Auflage Stuttgart 1978

Wilhelm, Günter — Auslegung und dogmatische Behandlung des Delikts der Volltrunkenheit (§ 330 a StGB.) durch Rechtsprechung und Schrifttum; Diss. Leipzig 1939

Wöckel, Peter — Die Probleme des Irrtums, der Fahrlässigkeit und der Unzumutbarkeit in § 330 a StGB; Diss. München 1954

Wolter, Jürgen — Adäquanz- und Relevanztheorie. Zugleich ein Beitrag zur objektiven Erkennbarkeit beim Fahrlässigkeitsdelikt; *GA 1977* S. 257

— Vollrausch mit Januskopf; *NStZ 1982* S. 54

Zeiler, A. — Anmerkung zum Urteil des OLG Celle JZ 1961, 57; JZ 1961 S. 58

Zühlsdorf, Hans / *Güssow*, Eckhart — Drogenprobleme und Polizei; Reihe: Polizei aktuell, Band 10; Stuttgart 1973

Zutt, J. — Anthropologie von Rausch und Sucht; in: Sucht und Mißbrauch, herausgegeben von W. Steinbrecher und H. Solms; 2. Auflage Stuttgart 1975

FSC
www.fsc.org
MIX
Papier | Fördert gute Waldnutzung
FSC® C083411

Kolibri 360 GmbH
Ferdinand-Jühlke-Straße 7
99095 Erfurt, Deutschland
produktsicherheit@kolibri360.de

Druck:
CPI Druckdienstleistungen GmbH
im Auftrag der
Kolibri 360 GmbH
Ferdinand-Jühlke-Str. 7
99095 Erfurt